Hans Mühlethaler

Die Gruppe Olten
Das Erbe einer rebellierenden Schriftstellergeneration

Hans Mühlethaler

Die Gruppe Olten

Das Erbe einer rebellierenden
Schriftstellergeneration

Verlag Sauerländer
Aarau · Frankfurt am Main · Salzburg

Hans Mühlethaler
Die Gruppe Olten
Das Erbe einer rebellierenden Schriftstellergeneration

Die Herausgabe dieses Werkes wurde in verdankenswerter Weise unterstützt durch:

Oertli-Stiftung
Pro Helvetia
Pro Litteris

Copyright © 1989 Text, Illustrationen und Ausstattung
Verlag Sauerländer, Aarau und Frankfurt am Main
ISBN 3-7941-3024-3
Bestellnummer 09 03024

Umschlagbild: GV Frauenfeld 1988

CIP-Titelaufnahme der Deutschen Bibliothek

Mühlethaler, Hans:
Die Gruppe Olten; d. Erbe e. rebellierenden Schriftstellergenera-
tion / Hans Mühlethaler. – Aarau; Frankfurt am Main; Salzburg:
Sauerländer, 1989
    ISBN 3-7941-3024-3

INHALT

Vorwort

«Gruppe Olten» ist der Name einer schweizerischen Schriftstellervereinigung, die im Jahr 1971 aus einer politisch motivierten Spaltung innerhalb des Schweizerischen Schriftsteller-Vereins hervorgegangen ist. Ich wurde kurz nach der Vereinsgründung Sekretär der damals noch jungen und labilen Organisation und behielt dieses Amt bis Ende 1987.

Der Anlass zu diesem Buch ist ein persönlicher. Ich habe es aus eigener Initiative geschrieben und war daher an keinerlei Auflagen von seiten des Vorstands gebunden. Die Idee dazu entstand aus dem Bedürfnis, den Erfahrungsstoff, der sich in den sechzehn Jahren meiner Amtszeit angesammelt hat, zu ordnen und gedanklich etwas besser zu durchdringen, als es mir unter dem Druck der täglichen Arbeit möglich war. Was mich interessierte, waren gerade nicht die Erfolge, sondern die Spannungen und Schwierigkeiten, mit denen eine Organisation von «Organisationsunwilligen» zu kämpfen hat.

Vielleicht ist meine Hoffnung nicht ganz unberechtigt, daß ich dabei Tendenzen und Eigentümlichkeiten aufzeigen konnte, die auch für andere, ähnliche Organisationen Gültigkeit haben. Das Buch richtet sich daher nicht nur an den engen Kreis der Mitglieder der Gruppe Olten, sondern an alle Personen, die in der Kulturpolitik tätig sind. Aber auch an neugierige Leserinnen und Leser, die gerne einen Blick hinter die Kulissen des Literaturbetriebs werfen möchten.

Während der Arbeit an diesem Werk ist mir immer deutlicher bewußt geworden, daß ich selbst ein Teil dessen bin, was ich beschreibe. Ob es mir gelungen ist, die nötige Distanz zwischen der Rolle des Beobachters und derjenigen des agierenden Funktionärs zu wahren, möge der Leser beurteilen.

Ich spreche allen Personen, die in irgend einer Weise zum Gelingen dieses Buches beigetragen haben, meinen verbindlichsten Dank aus. Frau Yvonne Böhler hat nicht nur die aktuellen Bilder beigesteuert, sondern mich auch in der Auswahl der historischen

Fotos und in der gesamten graphischen Gestaltung beraten. Frau Claire Niggli und Herr Andreas Wolfensberger haben bereitwillig ihr Archiv geöffnet und Aufnahmen aus der Gründungszeit zur Verfügung gestellt. Herr Prof. Dr. Kurt Lüscher von der Sozialwissenschaftlichen Fakultät der Universität Konstanz hat die Arbeit von Beginn an verfolgt, und seine Hinweise haben an mancher Stelle zur Verdeutlichung meiner Gedanken beigetragen. Da die Arbeit an einem solchen Buch kein lukratives Geschäft ist, bin ich der Gruppe Olten, die diese mit einem finanziellen Beitrag unterstützt hat, zu ganz besonderem Dank verpflichtet.

Herrenschwanden bei Bern, September 1988

Hans Mühlethaler

Die Entstehungsgeschichte

Der Austritt aus dem SSV

Die Gründung der Gruppe Olten geht auf ein Ereignis zurück, das ehemals zu einer starken Polarisierung der öffentlichen Meinung geführt hat, heute aber fast vollständig vergessen ist. Im Jahr 1969 wurde ein handliches Büchlein an alle Schweizerhaushalte verteilt, das in den Landesfarben prangte und den Titel «Zivilverteidigung» trug.[1] Als Herausgeber zeichnete das Eidg. Justiz- und Polizeidepartement, dessen Vorsteher ein bodenständiges Geleitwort geschrieben hatte. Verfaßt war die Broschüre von einem Geographielehrer und einem Major der Schweizerarmee unter Beizug einer Anzahl namhafter Persönlichkeiten aus Politik, Journalismus, Geschichtsforschung und Militär. Nebst der deutschen Originalausgabe lagen auch Übersetzungen ins Französische und Italienische vor.

 Das Büchlein löste bei den Intellektuellen, die durch die 68er Revolte für politische Themen sensibilisiert worden waren, einen Sturm der Entrüstung aus. Hätte sich sein Inhalt in einer Anleitung zum richtigen Verhalten der Zivilbevölkerung im Kriegsfall erschöpft, wäre die Reaktion wohl kaum so heftig gewesen. Aber seine Verfasser hatten sich zum Ziel gesetzt, die Bevölkerung nicht nur physisch, sondern auch psychisch für den Ernstfall zu wappnen. Indem sie sachliche Information mit politischer Fiktion vermischten, suggerierten sie dem Leser, eine Vorstufe des Krieges sei schon im vollen Gang, bereits habe eine feindliche Macht, deren Name zwar nicht genannt wurde, die aber eindeutig mit der Sowjetunion zu identifizieren war, ihre Agenten in unser Land geschickt, um es ohne Waffengewalt für den Anschluß reif zu machen. Sie entwarfen ein Szenario, das eine Diffamierung nicht nur der Pazifisten, sondern der Gewerkschaften und der kritischen Intelligenz enthielt, und versuchten auf diese Weise den latenten Antikommunismus großer Teile unserer Bevölkerung zu aktivieren.

Der Rückblick bestätigt, was schon damals jedem aufmerksamen Beobachter der internationalen Politik klar sein mußte: eine derartige Aufputschung des Wehrwillens war durch keine Fakten gerechtfertigt. Anders als in den Vierzigerjahren, wo die Verfasser der Zivilverteidigungsfibel ihr historisches Rüstzeug geborgt hatten, war die Schweiz 1969 weder äußerlich noch innerlich gefährdet. Die Sowjetunion hatte die unter Stalin angestrebte Expansion längst zugunsten einer Stabilitätspolitik aufgegeben.

1 Das Zivilverteidigungsbuch in der Original- und in verschiedenen fremdsprachigen Lizenzausgaben.

Aber aus heutiger Sicht erscheint auch die Reaktion der kritischen Intelligenz auf die plumpe Panikmache des Zivilverteidigungsbuchs als übertrieben. Die unzähligen Presseartikel empörter Journalisten und Schriftsteller haben der umstrittenen Publikation eher genützt als geschadet. Sie haben ihr zu einer Publizität verholfen, die sie auch im Ausland bekannt machte und die bei einigen ausländischen Regierungen das Interesse an Lizenzausgaben weckte. So ist das Büchlein, das seinen Mitbürgern einen bescheidenen Lebensstil predigt, für den Verleger zu einem profitablen Geschäft geworden.

In der welschen Schweiz war die Reaktion auf die Verteidigungsfibel weniger heftig. Die Tatsache, daß die beiden Verfasser aus der deutschen Schweiz stammten, rief ein Gefühl der Schadenfreude und Überlegenheit hervor. Es galt als ein typisches Produkt alemannischer Verkrampftheit. Als jedoch der Waadtländer Schriftsteller und Journalist Franck Jotterand die deutsche und die französische Ausgabe miteinander verglich, machte er eine erstaunliche Entdeckung. In der französischen Fassung trat die antikommunistische Tendenz und die Diskriminierung der Linksintellektuellen als «Landesverräter» noch deutlicher hervor als in der deutschen Originalversion.

Bald stellte es sich heraus, daß der Walliser Schriftsteller Maurice Zermatten der Urheber dieser skandalösen Bearbeitung war. Auf ihn war Jotterand schon ein paar Jahre zuvor, im Zusammenhang mit Recherchen über die Film- und Theaterzensur im Kanton Wallis, aufmerksam geworden.[2] Was die Angelegenheit pikant machte, war die Tatsache, daß Zermatten der Präsident des Schweizerischen Schriftsteller-Vereins (SSV) war. Es handelte sich um die damals noch einzige nationale Berufsorganisation der Schriftsteller, der auch Jotterand als Mitglied angehörte.

Das Image des SSV war zu diesem Zeitpunkt bereits angeschlagen, weil Enthüllungen über seine inhumane Asylpolitik während des zweiten Weltkriegs durchgesickert waren. Ich werde darauf im Kapitel «Das politische Credo der GO» zurückkommen. Zudem schwelte in seiner Mitte ein Konflikt zwischen einer kleinen, aber literarisch bedeutsamen Gruppe von Autoren, die den Verein zu vermehrtem politischem Engagement drängen wollte, und der widerstrebenden, politisch trägen Mehrheit. Zermatten war der Exponent dieser vorherrschenden Aversion gegen die

11

2 *Maurice Zermatten*   3 *Franck Jotterand*

«Contestateurs» der 68er-Bewegung. Er gehörte zu jenen Schriftstellern, die den Wechsel vom Paradigma der geistigen Landesverteidigung, das aus dem zweiten Weltkrieg stammte, zu einer kritischen Haltung gegenüber dem «Sonderfall Schweiz» verpaßt hatten.

Am 27. Oktober 1969 erschien in der «Gazette de Lausanne» ein Protest von 78 Schriftstellern und Professoren aus der französischen Schweiz gegen den «ungehörigen, anstößigen und schädlichen Charakter» des «kleinen roten Büchleins». Drei Wochen später forderten prominente Deutschschweizer Autoren im Zürcher «Sonntags-Journal» Zermattens Rücktritt als Präsident des SSV und die Einberufung einer außerordentlichen Generalversammlung. Darauf sah sich der Vorstand genötigt, seinen Präsidenten zur Rede zu stellen. Das Ergebnis dieser Aussprache wurde in der folgenden Mitteilung zusammengefaßt:

Der Vorstand unseres Vereins hat in seiner Sitzung vom 13. Dezember die Fragen erörtert, welche im Zusammenhang mit der Mitarbeit des Vereinspräsidenten an der französischen Fassung des Buches «Zivilverteidigung» aufgeworfen worden sind. Dabei hat er vom Präsidenten alle wünschbaren Aufschlüsse erhalten und überdies festgestellt, daß durch dessen rein persönliche Mitarbeit an dieser Veröffentlichung unser Verein als solcher nicht berührt wird. Nach Abschluß der eingehenden Ausspra-

12

4 *Kurt Marti*   5 *Jörg Steiner*

che sprach der Vorstand Professor Maurice Zermatten einstimmig sein volles Vertrauen aus.[3]

Somit war klar, daß der Vorstand die Forderungen der Prominenz ablehnte. Er stärkte seinem Präsidenten den Rücken, so daß sich dieser nicht veranlaßt sah, von seinem Amt zurückzutreten. Aber auch die a. o. GV kam nicht zustande. Statt dem Begehren nach einer solchen zu entsprechen, veranstaltete der Vorstand unter den Mitgliedern eine Umfrage über deren Wünschbarkeit. Das Resultat – die überwiegende Mehrheit lehnte eine a. o. GV ab – wirkte sich ebenfalls als Vertrauensbeweis für Zermatten aus. Zwar setzte der Vorstand das Thema «Zivilverteidigungsbuch» auf die Traktandenliste der ordentlichen Generalversammlung, die für Mai 1970 geplant war, aber in Anbetracht der durch die Mitgliederbefragung deutlich gewordenen Machtverhältnisse hielt Jotterand die Diskussion für sinnlos.

Im Frühjahr 1970 gelangte er an zwei ihm persönlich bekannte Schriftsteller der deutschen Schweiz, nämlich an Kurt Marti und Jörg Steiner, um mit ihnen den Austritt aus dem SSV zu organisieren. Jeder nahm mit befreundeten Kollegen Kontakt auf und informierte sie über die geplante Aktion. Es wurde ein Communiqué entworfen, das drei Tage vor der ordentlichen GV des SSV in der Presse erschien und den folgenden Wortlaut hatte:

13

Schweizer Schriftsteller haben im Herbst 1969 die geistige Landesverteidigung, wie sie im Zivilverteidigungsbuch gefordert wird, abgelehnt. Manche von ihnen sind der Meinung, Maurice Zermatten habe sich durch seine Mitarbeit an diesem Buch als Präsident des Schweizerischen Schriftsteller-Vereins disqualifiziert. Dennoch sprach ihm der Vorstand des SSV sein Vertrauen aus, und die Mehrheit der Mitglieder hielt den Fall nicht für wichtig genug, um eine außerordentliche Generalversammlung einzuberufen. Wir glauben jedoch, die Situation in unserem Lande verlange die aktive Teilnahme der Schriftsteller. Auch auf internationaler Ebene waren Arbeiter, Intellektuelle und Schriftsteller an den Befreiungsbewegungen der letzten Jahre beteiligt. Gerade gegen diese Gruppen wird im Zivilverteidigungsbuch Mißtrauen gesät. Wir meinen, daß die seinerzeitige Beteiligung Maurice Zermattens an der Theaterzensur des Kantons Wallis heute den SSV daran hindert, glaubwürdig für die Opfer von Repression und Zensur in anderen Staaten einzutreten. Unter diesen Bedingungen fühlen wir uns als Schriftsteller durch den SSV nicht mehr repräsentiert und erklären deshalb unsern Austritt: Peter Bichsel, Jeanlouis Cornuz, Walter Matthias Diggelmann, Friedrich Dürrenmatt, Ernst Eggimann, Jürg Federspiel, Dieter Fringeli, Max Frisch, Walter Gross, Vahé Godel, Ludwig Hohl, Franck Jotterand, Peter Lehner, Kurt Marti, Adolf Muschg, Werner Schmidli, Jörg Steiner, Yves Velan, Walter Vogt, Otto F. Walter, Walter Weideli, Heinrich Wiesner.[4]

Da die drei Initianten selektiv vorgegangen waren, hatten nicht alle austrittswilligen Mitglieder von ihrer Absicht erfahren. Einige folgten nachträglich den 22 Dissidenten, andere hielten dem SSV aus Trotz und Empörung, daß sie übergangen worden waren, die Treue. Es gehört zu den Eigentümlichkeiten dieser Aktion, daß in ihr echtes politisches Engagement mit elitärem Gehabe und mit einem sichern Instinkt für einen publikumswirksamen Abgang verbunden war. Sie richtete sich weniger gegen den Ungeist des Zivilverteidigungsbuchs und seine plumpe Bearbeitung durch den volksnahen Walliser Schriftsteller als gegen einen Verband, der durch seine Passivität und Trägheit versagt hatte. Die prominenten Autoren nahmen den Starrsinn des Präsidenten Zermatten zum

Anlaß, um sich aus einer Berufsorganisation wegzustehlen, die ihnen nichts mehr bot und von deren Überflüssigkeit sie schon längst überzeugt waren. Zugleich distanzierten sie sich von der Masse der unbekannten Schreiber, die den Verband zu nichts anderem benötigten als zur Bestätigung ihrer Stellung als Schriftsteller. Diese bildeten innerhalb des SSV die überwiegende, politisch desinteressierte oder konservative Mehrheit, von der sich die Zweiundzwanzig dadurch unterschieden, daß sie durch die 68er-Bewegung politisiert worden waren und sich als links oder zumindest als progressiv einstuften.

Rückblickend läßt sich feststellen, daß die Ideologie des Zivilverteidigungsbuchs durch den demonstrativen Austritt der Zweiundzwanzig nicht erschüttert worden ist. Der Glaube an eine bevorstehende Kriegskatastrophe scheint bei der Mehrheit der Schweizer Bevölkerung nach wie vor ungebrochen zu sein. Jedenfalls ist der Zivilschutz in den letzten Jahren systematisch ausgebaut worden und nimmt immer groteskere Formen an. Hingegen hat das Verhalten der Zweiundzwanzig zu einer grundlegenden Änderung der Organisationsstruktur der Schriftsteller in unserem Land geführt. Es schuf die Voraussetzung für die Erneuerung des SSV wie für die Gründung einer Parallelorganisation, nämlich der «Gruppe Olten». Ich sage deutlich: die Voraussetzung. Denn mit dem Austritt war noch kein neuer Schriftsteller-Verband gegründet. Solches wurde von Jotterand auch gar nicht ins Auge gefasst. Seine Aktion war nicht durch ein zielgerichtetes Verhalten gesteuert. Vielmehr handelte es sich um eine Demonstration im Stil der 68er Bewegung: spontan, spektakulär, ohne längerfristige Perspektive.

Maurice Zermatten erklärte nach dem Austritt der Zweiundzwanzig, es handle sich um das Manöver einer «schwachen Minderheit», unter deren Druck er niemals demissionieren werde. *Ich werde in jedem Fall dafür sorgen, daß die demokratischen Traditionen, die ins Herz eines jeden wahren Schweizers geschrieben sind, geachtet werden,* ließ er sich vernehmen.[5] Solche Worte lösten bei den Ausgetretenen nur Hohngelächter aus.

Ratlosigkeit

An der turbulenten Jahresversammlung des SSV im Mai 1970 in Bad Ragaz wurde nach langem Hin und Her ein Antrag des Dramatikers Schwengeler angenommen, «es sei eine baldige offene Aussprache mit der dissidenten Gruppe wünschbar, um vor allem Fragen der künftigen Struktur und Aufgaben des Vereins zu diskutieren».[6] Ein paar Tage später bat Sekretär Franz W. Beidler die Ausgetretenen in einem freundlichen Schreiben, ihre «Vorstellungen von Wesen, Struktur und Aufgaben eines umfassenden, repräsentativen Verbandes der Schriftsteller in unserm Lande Punkt für Punkt als Grundlage für die in Aussicht genommene Diskussion schriftlich zu präzisieren».[7]

6 Generalversammlung des SSV vom 23./24. 5. 1970 in Bad Ragaz. Stehend: Maurice Zermatten. Im Hintergrund links: Herbert Meier. Rechts (mit Pfeife) Dr. Ulrich Uchtenhagen, Direktor der Suisa.

16

In der Reaktion auf dieses Schreiben zeigen sich zwei Tendenzen. Max Frisch schrieb:

Ich bin ausgetreten mit der Begründung, daß Maurice Zermatten diesen Verein präsidiert, wohl auch repräsentiert. Daran will ich ja nichts ändern, nur nicht dabei sein. Und da ich sehe, dass Maurice Zermatten weiterhin Präsident ist nach dem Willen des Vereins, gibt es doch nichts zu verhandeln. Wer will eigentlich was von wem? Die Angelegenheit kommt mir erledigt vor und nicht schwerwiegend, von meiner Seite beispielsweise keine Kampfansage; es gibt doch Vereine, wo man sich als Mitglied nicht eignet.[8]

7 *Max Frisch*

Peter Bichsel kam, unabhängig von Frisch, zu ähnlichen Erkenntnissen, ebenso Jörg Steiner. Sie legten Wert auf die Feststellung, daß sich die Ausgetretenen zu keiner «Gruppe» formiert hätten und deshalb auch kein Kollege in ihrem Namen sprechen oder gar verhandeln könne.

8 *Peter Bichsel*   9 *Werner Schmidli*   10 *Peter Lehner*

Eine andere Fraktion unter den Zweiundzwanzig hielt zumindest das Gespräch über die entstandene Situation nicht für sinnlos. Aus eigener Initiative lud der Basler Schriftsteller Werner Schmidli anfangs Juni 1970 die Ausgetretenen und ein paar ihrer Kollegen, die aus Skepsis gar nie in den SSV eingetreten waren, in den «Rathskeller» nach Olten zu einer Lagebesprechung ein. Der Eisenbahnknotenpunkt Olten, ungefähr in der Mitte zwischen Basel, Bern und Zürich gelegen und auch von der Westschweiz aus leicht erreichbar, war für solche Zusammenkünfte besonders geeignet.

Für mich hat dieses erste Oltener-Treffen, wie ich es im Hinblick auf die nachfolgende Entwicklung nennen möchte, eine besondere Bedeutung. Zusammen mit Mani Matter war ich von Peter Lehner an die Veranstaltung mitgeschleppt worden. Da ich ebensowenig wie Matter Mitglied des SSV gewesen war, hatte ich auch nicht austreten können. Ich hätte es sonst ebenfalls getan. In der Empörung über das Zivilverteidigungsbuch fühlte ich mich mit den Zweiundzwanzig einig.

Es war ein schwüler Sonntagnachmittag im Juni. Im «Rathskeller» floß das Bier reichlich. Mich enttäuschte, daß von den Prominenten nur Adolf Muschg gekommen war. Der Brief von Beidler lag vor und wurde diskutiert. Ich hatte den Eindruck, daß die Debatte chaotisch und ohne greifbare Ergebnisse verlief. Werner Schmidli brachte später das Kunststück zustande, das diffuse Gespräch in einem Zirkularschreiben wie folgt zusammenzufassen:

Auf das Angebot zu Verhandlungen wird grundsätzlich eingetreten, doch wird dem SSV vorerst mitgeteilt, daß sich die Dissidenten untereinander beraten müssen. Es wird eine aus Hans Boesch, Mani Matter, Adolf Muschg und Werner Schmidli bestehende Kommission gebildet, die Vorschläge ausarbeiten wird, welche als Basis für die Verhandlungen mit dem SSV dienen sollen.[9]

Mir ist heute nicht mehr klar, ob es unter den in Olten versammelten Autoren tatsächlich Verhandlungswillige gab oder ob die Gesprächsbereitschaft nicht bloß zum Zweck des Zeitgewinns signalisiert wurde. In einem Brief an Schmidli präzisierte Bichsel seine Abneigung gegen Verhandlungen mit dem SSV wie folgt:

Meine Meinung geht dahin, daß die Mitglieder (und nicht die Nichtmitglieder) einen Verein zu verändern haben.[10]

Ich erlaube mir hier eine Episode einzufügen, die zwar mit der Gründung der Gruppe Olten nicht unmittelbar zu tun hat, aber eng mit meinem Werdegang als Schriftstellerfunktionär verknüpft ist. Kurz nach der ersten, von Schmidli einberufenen Zusammenkunft der Dissidenten fand in Olten eine andere Versammlung statt, welche die Gründung einer «Gewerkschaft Kultur» zum Ziel hatte. Die Initianten dieser Gruppierung waren linksstehende Mitglieder des «Verbands des Personals öffentlicher Dienste» (VPOD), die sich vor allem aus Zürich rekrutierten. Der VPOD stand damals im Rufe, eine progressive und nach links tendierende Leitung zu besitzen, die sich durch die eher konservative Basis nicht binden lasse. Der Berner Schriftsteller Sergius Golowin hatte mich an diese Zusammenkunft mitgenommen, und er schlug mich auch als Mitglied des Vorstands der jungen Organisation vor, da er selber keine Verpflichtungen als Verbandsfunktionär eingehen wollte.

Die «Gewerkschaft Kultur» konstituierte sich als neue Sektion des VPOD, und so wurde ich, obschon ich meine Angestelltenkarriere als Lehrer ein Jahr zuvor beendet hatte und mich als

freier Schriftsteller zu etablieren versuchte, Mitglied einer Ange-
stelltengewerkschaft. Die 68er-Bewegung hatte die Gewerkschaft
als Kampfform der Ausgebeuteten gegen das Kapital wiederent-
deckt, und so gehörte es unter den Linken zum guten Ton, seine
Solidarität mit den Werktätigen durch Beitritt zu ihren Organisationen unter Beweis zu stellen.

Von der «Gewerkschaft Kultur» spaltete sich gleich zu
Beginn die «Schweizerische Journalisten-Union» (SJU) ab, die als
Konkurrenzorganisation zum «Verband der Schweizer Journalisten» bis heute besteht. Im Prinzip hätte die «Gewerkschaft Kultur»
ein Sammelbecken für alle möglichen kulturellen Berufe sein
sollen, aus dem sich dann die einzelnen Berufsgruppen hätten
formieren und zu selbständigen Sektionen des VPOD werden
können. Wegen eines Abstimmungskampfes über einen Kredit des
Schauspielhauses Zürich wird es später zu einem Konflikt mit der
Verbandsleitung kommen, und infolge dieses Zerwürfnisses wird
sich die «Gewerkschaft Kultur» vom VPOD lösen. Sie wird unter
dem Namen «Gewerkschaft Kultur, Erziehung, Wissenschaft»
noch ein paar Jahre dahinserbeln und in den Achtzigerjahren endgültig eingehen. Ein mißglücktes Experiment. Mir hat die Vor-
standsarbeit während der Aufbauphase Erfahrungen vermittelt, die
ich, auch wenn sie mehrheitlich negativ waren, bei meiner spätern
Sekretärstätigkeit sehr gut gebrauchen konnte.

Nachdem Beidler auf sein freundliches Angebot einer
Mitsprache bei der Erneuerung des SSV praktisch nur ablehnende
Antworten erhalten hatte, gelangte er an Otto F. Walter mit der
Bitte um ein Gespräch über die entstandene Situation. Dieser sagte
zu. Das Gespräch fand im Sommer 1970 ebenfalls in Olten statt. Ich
bezeichne es im Zusammenhang mit der nachfolgenden Entwicklung als «Zweites Oltener-Treffen». Von seiten des SSV nahm
Beidler daran teil, von den Ausgetretenen waren Bichsel, Muschg
und Walter anwesend.

In einem zwei Jahre später verfaßten Brief an einen Kollegen wird Walter seine Erinnerungen an dieses Treffen wie folgt
zusammenfassen:

Dr. Beidler schlug uns vor, wir sollten gemeinsam mit unseren ebenfalls ausgetretenen Kollegen an der bevorstehenden GV des SSV erscheinen; er sei überzeugt, daß wir eine grundsätzliche Neuorientierung und Neuorganisation des SSV ohne grosse Mühe durchbringen könnten. Nach etwa zwei Stunden war indessen uns Vieren klar, daß die gewiß wohlgemeinte Initiative von Dr. Beidler ohne Ergebnis bleiben mußte; wir hatten dargelegt, warum wir keine Ansätze zu einer Mitwirkung innerhalb des SSV sähen. Dr. Beidler verabschiedete sich. Zu dritt unterhielten wir uns weiter. Adolf Muschg wies darauf hin, daß doch eigentlich zum erstenmal eine grössere Autorengruppe, die auch politisch eine linke oder jedenfalls kritische Haltung gemeinsam habe, in der Schweiz nun vorhanden sei, lose verbunden durch den gemeinsamen Austritt aus dem SSV. Wir fragten uns, ob jetzt wieder jeder von uns wie eh und je Einzelläufer bleiben oder ob wir nicht jedenfalls den Versuch einmal unternehmen sollten, eine permanente Verbindung zwischen uns zu konstituieren. Peter Bichsel und ich, mit allen Zweifeln, waren uns einig, daß dieser Versuch gemacht werden sollte. Muschg erzählte von der letzten Zusammenkunft mit Werner Schmidli, Hans Boesch, Herbert Meier, Manfred Schwarz und anderen Kollegen, die sich kurz zuvor getroffen und beschlossen hatten, einen Fragebogen an uns alle zu verschicken. Wir waren uns dann einig, daß Muschg den Vorschlag zu einem Treffen (zur freien Diskussion der Frage einer lose organisierten Autorenvereinigung) in den geplanten Fragebogen der Einfachheit halber gleich einbringen sollte; als Treffpunkt solle Olten vorgeschlagen werden, als Zeitpunkt ein Datum etwa im Oktober 1970.[11]

Wir sehen jetzt schon deutlich, daß sich zwei Entwicklungsstränge verfolgen lassen, die zur Gründung der GO führten. Der eine setzt mit der von Schmidli einberufenen Zusammenkunft im «Rathskeller» von Olten an, der andere mit der von Walter beschriebenen Unterredung zwischen Beidler und den drei prominenten Ausgetretenen. In beiden Fällen kam der Impuls vom übereifrigen SSV-Sekretär her, der seine Schäfchen unbedingt wieder unter dasselbe Dach bringen wollte. Es läßt sich deshalb mit gutem Recht die Ansicht vertreten, der ungeschickt agierende Beidler habe ungewollt gerade zu dem Resultat beigetragen, das er

11 *Franz W. Beidler* 12 *Adolf Muschg* 13 *Otto F. Walter*

mit allen Mitteln verhindern wollte, nämlich zur Gründung einer Konkurrenzorganisation.

Auf der Seite der «Oltener» war es Muschg, der die Fäden miteinander verknüpfte. Er ist in dieser Phase die treibende Kraft, der die Zusammenkünfte organisiert und die Rundschreiben verfaßt. Auch der von Walter erwähnte Fragebogen ist von ihm entworfen worden. Er war an die Zweiundzwanzig und an ein paar Zugewandte gerichtet und enthielt die folgenden drei Fragen:

1. Sind Sie an einer Organisation schweizerischer Schriftsteller – in irgend einer Form – interessiert?

2. Sollen sich die aus dem SSV Ausgetretenen treffen

a) im Hinblick auf Verhandlungen mit dem SSV

b) zur Bildung einer Gruppe, wobei spätere Verhandlungen zum Eintritt in den SSV nicht ausgeschlossen werden

c) zur Bildung einer eigenen Gruppe außerhalb des SSV?

3. Wären Sie damit einverstanden, daß zu diesem Treffen auch andere Nichtmitglieder des SSV eingeladen werden?

Im Begleitschreiben zu diesem Fragebogen schrieb Muschg:

Der SSV unterstellt, daß wir eine Gruppe seien (die «Dissidenten»). Nur einer solchen kann er Verhandlungen anbieten, was er inzwischen getan hat. Der Schwarze Peter, heißt es, liege nun bei uns ...

Von uns her gefragt (es ist ja wirklich die Hauptfrage): sind wir, über den Anlaß unseres Austritts hinaus, eine «Gruppe», wollen wir eine sein? Darüber haben wir einander, von zufälligen Gesprächen abgesehen, noch keine Auskunft gegeben und können sie darum auch niemand anders geben ...

Wir meinen allerdings, daß der gleichzeitige Austritt von 22 Schriftstellern und ihre Unterschrift unter eine gemeinsame Erklärung eine öffentliche, also politische Sache gewesen ist, daß uns also ein stiller Rücktritt von dieser Gemeinsamkeit (so frei er jedem stehen muß und so gute Gründe sich dafür finden lassen) ebenfalls und mit Recht politisch ausgelegt würde: als faktischer Verzicht auf die angemeldeten Forderungen und als Bekräftigung des landesüblichen Klischees vom Künstler-Individualismus ...

Sollte uns daran liegen, daß unsere Gruppe im SSV als handlungsfähige, nicht majorisierbare Kraft erhalten bleibt, so erinnern wir daran, daß seine Statuten «Fachsektionen» vorsehen, die eine solche Autonomie ermöglichen, wenn auch im heutigen Wortlaut durchaus nicht garantieren. Hier ließe sich auf dem Verhandlungsweg ein Raum schaffen – z.B. unter dem Stichwort «Literatur und Gesellschaft», von dem aus ein Umbau des SSV auf demokratischem Weg unternommen werden kann. Jedenfalls müßten in einer solchen «Sektion» unsere Überzeugungen handlungsfähig bleiben, ohne diejenigen anderer zu tangieren. Der SSV wäre z.B. als Dachorganisation verschiedener solcher Sektionen zu denken, deren gemeinsame – gewerkschaftliche – Interessen er wahrnimmt, ohne ihre besonderen und unvereinbaren zu berühren.[12]

Es fällt auf, daß Muschg, im Gegensatz zu Bichsel und Walter, eine Rückkehr zum SSV nicht ausschließen mochte. Er entwickelt hier das Konzept einer für die Interessenvertretung zuständigen Dachorganisation, innerhalb welcher die einzelnen Fach- oder Gesinnungsfraktionen möglichst autonom agieren können. Es ist anzunehmen, daß auch Beidler ähnliche Pläne entwickelt hatte oder daß sogar er der eigentliche Urheber der Muschg'schen Konzeption war.

In ihren Antworten zeigen die Befragten ein grundsätzliches Interesse an einer Organisation. Eine Mehrheit lehnte Verhandlungen mit dem SSV ab, doch sollte eine spätere Rückkehr nicht ausgeschlossen sein. Bei der Frage, ob auch andere Nicht-Mitglieder des SSV einzuladen seien, votierten die meisten für «später», was zur Folge hatte, daß ich und ein paar andere zum nächsten, dem dritten Oltener-Treffen, nicht eingeladen wurden.

Dieses fand am 4. Oktober 1970 im Kellertheater «Am Zielemp» statt. Für Olten entschloß man sich nicht nur der günstigen Verkehrslage wegen, sondern auch deshalb, weil einem die Atmosphäre in dem Kellergewölbe und in den Altstadtbeizen behagte. Diese Underground-Stimmung hat während der ganzen ersten Phase der Gruppe Olten angehalten und sich mit dem, was politisch und gesellschaftskritisch beabsichtigt war, genau gedeckt. «Wir meinen, es gelte jetzt eine Chance wahrzunehmen, die sich im Schweizer Kulturleben noch nie geboten hat», schrieb Muschg in seiner Einladung, und er drückte damit die Überzeugung der meisten Kollegen aus, daß man an der Schwelle einer neuen Ära, einer Zeit des gemeinsamen, engagierten Handelns stehe.

Über den Inhalt der Gespräche gibt es zwei schriftliche Dokumente. Das eine ist das «Kurzprotokoll» des nachfolgenden, nämlich des 4. Oltener-Treffens, auf das ich zurückkommen werde, und das andere ein Schreiben von Muschg an den SSV mit einem offiziellen und einem privaten, für Beidler bestimmten Teil. Beide trafen am 6. Oktober auf dem Sekretariat des SSV ein.

Eine Reihe von Kollegen – nicht nur sogenannte dissidente, die den Vorstand hiermit bitten, ihren Austritt auch sprachlich zur Kenntnis zu nehmen – haben mich beauftragt, Ihren Brief vom 4. Juni 1970 zu Handen des Vorstandes wie folgt zu beantworten:

«Nach einer Aussprache am vergangenen Wochenende in Olten sind sich die Unterzeichneten einig, daß sie auf die vom Schweizerischen Schriftstellerverein gewünschten Verhandlungen nicht eintreten wollen. Sie können seine politische Indifferenz nicht gutheißen und betrachten seine gewerkschaftlichen Bemühungen als unzureichend. Eine neue Zusammenkunft wurde beschlossen.»

Diese Erklärung geht gleichlautend an die Schweizer Presse. Sie ist unterzeichnet von : Peter Bichsel, Jean-Louis Cornuz, Walter

M. Diggelmann, Friedrich Dürrenmatt, Ernst Eggimann, Jürg Feder-
spiel, Dieter Fringeli, Max Frisch, Vahé Godel, Walter Gross, Ludwig
Hohl, Franck Jotterand, Roger-Louis Junod, Peter Lehner, Kurt Marti,
Herbert Meier, Adolf Muschg, Werner Schmidli, Manfred Schwarz,
Jörg Steiner, Yves Velan, Walter Vogt, Alexandre Voisard, Otto
F. Walter, Walter Weideli, Heinrich Wiesner.

    Weitere Schriftsteller französischer und deutscher Sprache, die
nicht Mitglieder des Vereins sind, haben sich uns angeschlossen.[13]

    Liest man Muschgs Begleitschreiben an Beidler, so kann
man sich des Eindrucks nicht erwehren, er habe sich in der Haut des
Übermittlers dieser Unglücksbotschaft sehr unwohl gefühlt. Er,
der Verhandlungswillige, hatte in Olten eine Niederlage erlitten.
Die SSV-Gegner, aus welchen Gründen auch immer, hatten sich
durchgesetzt. In seinem Brief an Beidler heißt es:

    Ich selbst hatte das Ausmaß dieser Ungeduld, wie es sich in Olten
zeigte, nicht voraussehen können. Der wahrhaft athletische Starrsinn des
Präsidenten war nur der Auslöser, der dem lange schwelenden Malaise
zum Durchbruch verhalf – daß er so viel fertigbrachte, mag sich Herr
Zermatten immerhin an den Hut stecken. Aber im Grunde stand er in
Olten kaum mehr zur Diskussion. Viel markanter war das Bedürfnis nach
einer aktiven Kollegialität und kulturpolitischen Wirksamkeit, das der
Verein offenbar nicht einmal hatte dulden, geschweige denn befriedigen
können. Man blickte darum in Olten kaum mehr nach ihm, man formu-
lierte Themen und Probleme, deren Dokumentation und Diskussion der
neuen Gruppe jenen Inhalt, jene konkreten Möglichkeiten zum Eingriff
geben könnten, den und die man im SSV vermißt hatte ...

    Der Verein wird jetzt zusehen müssen, wie er sich an Haupt und
Gliedern – so viel von beidem übrig ist – reformiert. Ob er das auf eigene
Faust will oder kann, weiß ich nicht – ich glaube nur zu wissen, daß er
andernfalls – und wohl auch ohnehin – mit einem weiteren massiven
Exodus rechnen muß. Vielleicht ist sein Problem nur dadurch zu lösen,
daß er sich selber auflöst.[14]

    Der Exodus aus dem SSV, den Muschg vorausgesagt hatte,
fand nicht statt. Wer hatte gehen wollen, war gegangen. Der
Verband stabilisierte sich auf einem Mitgliederbestand, der im

Vergleich zu dem des kleinen Abtrünnigengrüppchens immer noch ansehnlich war. Der erbitterte Beidler kommentierte den Brief der Oltener in einem Zeitungsartikel:

Die Ausgetretenen haben die freundlich dargereichte Hand ausgeschlagen. Auch diesmal haben sie sich nicht damit zufrieden gegeben, ihren Entschluß der Gegenseite schlicht mitzuteilen, sondern ihn gleichzeitig als Erklärung an die Adresse der Öffentlichkeit bekanntgegeben. Die aufs neue gewählte Form einer Sprengbombe mag dem Zeitalter der Ultrapublizität angemessen sein – kollegial ist sie gewiß nicht. Schon vorher hatten sie von den vielen Möglichkeiten, die sich boten, um den Verband von innen heraus zu reformieren und mehr nach ihrem Bilde zu formen, keinerlei Gebrauch gemacht, ja nicht einmal den Versuch dazu unternommen ...

Der Verein wird also bis auf weiteres auf ihre Mitarbeit verzichten müssen, wobei sogleich anzumerken ist, daß manche von ihnen trotz Jahr um Jahr wiederholten Bitten nie dazu zu bewegen waren, sich für die Vereinsleitung zur Verfügung zu stellen.

Es fragt sich nun, ob die offensichtlich angestrebte Sprengwirkung erzielt wird. Wohl kaum. Auch wenn weitere Austritte erfolgen sollten, verbleibt dem Berufsverband ein ansehnlicher Bestand von rund 400 Mitgliedern aus allen Sparten literarischen Schaffens ... Man kann also nicht behaupten, daß er in seiner ganzen Existenz bedroht oder gar erschüttert ist, so bedauerlich es auch sein mag, daß fortan eine beträchtliche Zahl namhafter und vorwiegend jüngerer Autoren abseits steht.[15]

Nachdem also der Versuch Beidlers, die Abtrünnigen zur Rückkehr zu bewegen, gescheitert war, fand die für den Herbst 1970 geplante außerordentliche Generalversammlung des SSV nicht statt. Der alte Vorstand unter Zermatten, reduziert um die beiden Mitglieder Gerda Zeltner und Herbert Meier, die ins gegnerische Lager übergelaufen waren, blieb am Ruder. Er wird erst im März 1971, an der ordentlichen Generalversammlung von Rüschlikon, zurücktreten. Zwischen dem opportunistischen Beidler und dem halsstarrigen Zermatten kam es zum Zerwürfnis. Zermatten wird in Rüschlikon seinen Präsidentenstuhl zwar räumen, zugleich aber seinen Willen durchsetzen, daß Beidler ebenfalls gehen muß.

Ein neuer Vorstand und ein neuer Sekretär werden den Auftrag erhalten, die Totalrevision der Statuten vorzubereiten. Mit einem Jahr Verspätung wird der SSV auf die Zivilverteidigungsbuch-Affäre reagieren, zu einem Zeitpunkt, da die Gründung der Gruppe Olten schon vollzogen sein wird.

Kehren wir in den Herbst 1970 zurück. Anfangs Dezember fand in Olten eine literarische Veranstaltung statt mit Lesungen, Diskussionen und Aktionen vor Publikum, die zwar mit dem Entstehungsprozeß der Gruppe Olten keinen unmittelbaren Zusammenhang hat, aber die doch dazu beitrug, die Bindung zwischen den Ausgetretenen und ihren Sympathisanten zu festigen. Durch alle Gespräche wehte der Geist der 68er-Bewegung: als Opposition gegen das Bestehende – also auch gegen den SSV – und als Sehnsucht nach einem neuen Zusammenschluß, nach einem starken Rückhalt im Schoße von Gleichgesinnten.

14 Peter Lehner, Hans Mühlethaler, Dieter Fringeli, Manfred Schwarz, Wilfrid Jaensch, Clemens Mettler, Silvio Baviera, Werner Schmidli, Christoph Mangold an den «Oltener Literaturtagen» 13.-15. November 1970 im Kellertheater «Am Zielemp».

15 *Silvio Baviera, Werner Schmidli, Ueli Kaufmann, Christoph Mangold an den «Oltener Literaturtagen».*

16 *Adolf Muschg, Peter André Bloch, Dres Balmer an den «Oltener Literaturtagen».*

Die Tage der Begeisterung

Der Durchbruch zur Gründung einer eigenen Schriftsteller-Organisation wurde am vierten Oltener-Treffen vom 19./20. Dezember 1970 erzielt. Die gesamte Prominenz der Schweizer Literatur war an dieser zweitägigen Versammlung anwesend, mit Ausnahme von Dürrenmatt, der während der ganzen Episode eine Außenseiterrolle gespielt hat und zwar aus dem SSV ausgetreten, aber nie Mitglied der neuen Organisation geworden ist.

Meine Erinnerung an die Tagung beschränkt sich auf ein paar allgemeine Eindrücke, so daß ich bezüglich der Ergebnisse auf das von Elisabeth Kuhn verfaßte «Beschlußprotokoll» angewiesen bin. Otto F. Walter leitete die Versammlung. Er beeindruckte mich durch seine Fähigkeit, dem Chaos von persönlichen Meinungen eine übersichtliche Struktur zu geben und die endlosen Debatten in klare Beschlüsse ausmünden zu lassen. Die Entwicklung wird zeigen, daß damit die Meinungsdifferenzen nicht aus der Welt geschafft waren. Die Standpunkte waren durchaus kontrovers, auch wenn das Protokoll den Eindruck erweckt, es habe in allen wichtigen Fragen vollkommene Einigkeit geherrscht.

In diesem Dokument taucht erstmals der Name «Gruppe Olten» auf. Er ist von Bichsel, vermutlich schon an der Oktobertagung, als provisorische Bezeichnung vorgeschlagen worden und hat zwei Ursprünge. Zum ersten erinnert er an das «Oltener Komitee», welches 1918 den Generalstreik ausgerufen hat. Die verklärte Sicht auf dieses Ereignis, das als Vorstufe einer nie stattgefundenen sozialistischen Revolution in unserem Land verherrlicht wird, gehört zum ideologischen Rüstzeug der 68er Generation. Im Aufstand der Gewerkschaften gegen das im ersten Weltkrieg erstarkte Bürgertum sah diese ein Symbol ihrer eigenen Sehnsucht nach gesellschaftlicher Veränderung. In diesem Sinn verkörpert der Name «Gruppe Olten» ein politisches Programm.

Die zweite Assoziation bezieht sich auf die «Gruppe 47». Da der Wunsch nach einem schweizerischen Pendant zu dieser berühmten Schriftsteller-Vereinigung in der Frühzeit der Gruppe

Olten immer wieder auftaucht, möchte ich diese kurz charakterisieren. Entstanden war die Gruppe 47 in einer besondern historischen Situation, nämlich nach dem Krieg im Jahr 1947, und allein schon diese Tatsache zeigt, daß sie nur schwer kopierbar war. Einmalig war auch die Persönlichkeit des Gründers Hans Werner Richter. Seine Autorität gründete sich auf die Tatsache, daß er als Kriegsgefangener ein Opfer der Nazizeit gewesen war und jener Generation angehörte, die nach 1945 das Vertrauen in die deutsche Nation wieder hergestellt hat.

Marcel Reich-Ranicki schreibt:

Was die Gruppe 47 nicht war, läßt sich leicht sagen: kein Verein und kein Verband, kein Klub und keine Gesellschaft. Sie hatte nie eine Satzung – und deshalb konnte sie so lange existieren. Sie hatte nie ein Programm – und deshalb konnte sie die unterschiedlichsten Schriftsteller vereinen. Sie hatte nie eine Mitgliedliste – denn die Zusammensetzung der Gruppe veränderte sich von Jahr zu Jahr. Sie hatte nie einen Vorstand oder ein Präsidium. Sie hatte immer nur einen Chef, dessen Autorität von allen und ohne Abstriche anerkannt wurde: eben Hans Werner Richter.[16]

Nach der Absicht ihres Gründers hätte die Gruppe 47 eine Werkstatt sein sollen, eine Gelegenheit für Autoren, sich gegenseitig unveröffentlichte Texte vorzulesen. Aber dann gesellten sich die professionellen Kritiker dazu und machten die Tagungen zu einem Anlaß, in dem sie selber die wichtigste Rolle übernahmen. Später nahmen auch die Verleger teil, wodurch sich die Zusammenkünfte immer mehr zu einer Börse entwickelten, an welcher jeder Autor nach seinem Marktwert gehandelt wurde. Wer durchfiel, tat einen tiefen Sturz. Einige Mitglieder waren unterdessen berühmt geworden: Böll, Grass, Eich, Walser, und das lockte die Journalisten, die Fotografen und Fernsehleute an. Die Tagungen wurden zu einer öffentlichen Angelegenheit: die Medien berichteten darüber wie über eine Gipfelkonferenz. So ging die Gruppe an ihrem eigenen Erfolg zugrunde.

Im Herbst 1967, an der seither berühmt gewordenen Tagung in der Pulvermühle, verlangten nicht nur die demonstrierenden Studenten, sondern auch einige Prominente eine Rückkehr zu den Prinzipien der Nachkriegszeit, nämlich zu einer klaren marxistischen Position. Dem widersetzte sich Hans Werner Richter. *«Es waren Tendenzen aufgetreten, die die Gruppe 47 über kurz oder lang zerstören mußten: ideologische Verkrampfung auf der einen Seite, hochentwickelter Formalismus auf der anderen. In den Mühlsteinen zwischen den beiden konnte die Gruppe 47 nicht existieren»*, schreibt er in seinem Erinnerungsbuch.[17] Er wartete von da an nur noch den Zeitpunkt zu einem würdigen Begräbnis ab. Zehn Jahre später wird er sie nach langem Unterbruch mit einer Abschiedstagung auflösen.

Über eine Rückkehr zum SSV oder über eine Mitwirkung bei dessen Erneuerung wurde am 4. Oltener-Treffen nicht gesprochen. Das Thema galt mit der öffentlichen Erklärung vom 4. Oktober als erledigt. Wer den SSV noch erwähnte, tat es höchstens mit einer abschätzigen Bemerkung. Es schien, als ob die Oltener die Energie zur eigenen Gruppenbildung durch die Geringschätzung und Herabwürdigung desjenigen Verbands zu gewinnen versuchten, aus dem sie sich soeben losgelöst hatten. Die Tatsache, daß fast alle renommierten Autoren, zumindest was die deutsche Schweiz betraf, auf der eigenen Seite standen, förderte auch bei den Erfolglosen eine gewisse Überheblichkeit und das Gefühl, auf dem richtigen Dampfer zu sitzen.

Nachdem sich die Oltener gegen die Rückkehr in den SSV entschieden hatten, stellte sich die Frage, welche Wege zu einer bessern Wahrnehmung der beruflichen Interessen sonst noch offen stünden. Die Stimmung läßt sich als ein Hin- und Herschwanken zwischen einem Gewerkschaftsbeitritt und der Bildung einer lockern Verbindung in der Art der Gruppe 47 beschreiben. In diesem Zusammenhang muß ich etwas nachholen. Bereits am Oktobertreffen war die Idee eines Anschlusses an eine Gewerkschaft aufgetaucht, was daraus hervorgeht, daß zur Tagung im Dezember der damals in Linkskreisen populäre Gewerkschaftssekretär und Nationalrat Max Arnold eingeladen wurde. Er hielt am ersten Tag ein Referat, in welchem er den VPOD vorstellte. Es war dies die einzige Gewerkschaft, die sich um die Organisation und die Interessenvertretung von Kulturschaffenden bemühte. Ich habe weiter oben über die Gründung der «Gewerkschaft Kultur» als einer Fachsektion des VPOD berichtet, deren Vorstandsmitglied ich war. Max Arnold hatte auch deren Präsidenten, den Zürcher Rechtsanwalt Franz Schumacher, an die Versammlung mitgebracht. Dieser hätte nur allzu gern die prominenten Schriftsteller in seine Sektion eingegliedert. Aber es kam nicht dazu. Zwar brachten die Oltener dem VPOD viel Sympathie entgegen, aber gegenüber der jungen Kultur-Sektion bestand ein gewisses Mißtrauen. Als größtes Hindernis betrachteten sie die Tatsache, daß die Verlautbarungen zu allgemeinen politischen Fragen der Gewerkschaftsleitung zur Genehmigung vorgelegt werden mußten. Da die Oltener noch ganz unter dem Eindruck des Konflikts mit dem SSV-Vorstand standen, wollten sie die Autonomie der politischen Meinungsäußerung nicht schon wieder dem Anschluß an eine Körperschaft opfern, in der sie majorisiert werden konnten. Daher wurde beschlossen, die Diskussion über einen Beitritt zum VPOD auf später zu verschieben.

Aber auch der «Freundeskreis», der vermutlich am meisten geheime Befürworter hatte, konnte sich als künftige Form eines engeren Zusammenschlusses nicht durchsetzen, ja er stand in Olten nicht einmal zur Diskussion. Ich sehe vor allem zwei Gründe für die Nichtberücksichtigung dieses Modells. Zum einen war es die Erkenntnis, daß sich ein Freundeskreis nicht durch einen Mehrheitsbeschluß herbeiführen läßt. Reich-Ranicki hat recht, wenn er schreibt, dieser brauche keine Satzung, kein Programm und keinen Vorstand. Derartige Zirkel beruhen auf gegenseitiger Sympathie, sie wachsen und zerfallen wie biologische Systeme. Sie sind das Ergebnis von Spontaneität, also von Reaktionen, die sich nicht befehlen lassen. Aber in einem Freundeskreis gibt es auch Ausgeschlossene, und daß sie zu diesen gehören würden, mögen gerade die «kleinen Fische» befürchtet haben. Sie strebten ein Modell an, das ihnen die Zugehörigkeit zum Kreis der Berühmtheiten garantierte. Sie wollten nicht den Launen eines Gruppenchefs ausgeliefert sein, der sie nach eigenem Gutdünken einladen oder übergehen konnte.

Den andern Grund sehe ich darin, daß unter den Oltenern ein starkes Bedürfnis nach politischem Engagement vorhanden war. Deshalb wäre ihnen die Form eines «Freundeskreises» zu unverbindlich gewesen. Muschg hat es im Rundschreiben vom 27. August klar ausgedrückt: der Protest gegen Zermatten hatte Erwartungen geweckt, nun galt es diese einzulösen. Es sollte sich zeigen, ob der große Abgang aus dem SSV nur ein Theatercoup gewesen war oder ob ein ernsthaftes Anliegen dahinter steckte.

In seinem Brief an Beidler läßt Muschg durchblicken, daß der Wunsch nach politischer Profilierung am Oktobertreffen sehr intensiv gewesen sei. «Man formulierte Themen und Probleme, deren Dokumentation und Diskussion der neuen Gruppe jenen Inhalt, jene konkreten Möglichkeiten zum Eingriff geben könnten, den und die man im SSV vermißt hatte.» Im Protokoll der Dezembertagung findet sich ebenfalls ein Hinweis auf dieses Anliegen. Er lautet:

Zum politischen Komplex hält Otto F. Walter folgende von der Gruppe am 4. Oktober 70 skizzierten gemeinsamen Ziele fest:
1. Wir lehnen ab die bestehenden gesellschaftlichen Verhältnisse Vgl. S. 155
2. Wir respektieren innerhalb des Zusammenschlusses divergierende Standpunkte
3. Wir intendieren eine Änderung der bestehenden Verhältnisse.

Es war klar, daß eine Gruppe, welche eine Änderung der bestehenden Verhältnisse anstrebt, sich nicht mit der Pflege der Freundschaft und der Kollegialität begnügen kann. Sie hätte sich sonst unglaubwürdig gemacht. Durch solche Deklarationen manövrierten sich die Oltener in eine Situation hinein, in welcher sie, trotz aller Abneigung gegen formale Strukturen, gezwungen waren, sich selbst eine verbindliche Organisationsform zu geben.

Welches war diese Form? Im Protokoll heißt es:

Als geeignete juristische Form beschließt man einstimmig die Konstitution eines Vereins.

Ich erinnere mich, daß über diese Einstimmigkeit, die tatsächlich zustande kam, alle überrascht waren. Eine paradoxe Situation! Waren doch die Oltener mit großem Knalleffekt aus einem Verein ausgetreten, weil sie dessen Spielregeln als zu rigide empfunden hatten, und gründeten jetzt einen ebensolchen Verein. War denn der Verein, den sie zu bilden beabsichtigten, ganz anders als der SSV? War er besser?

Hier muß ich einfügen, daß derjenige, der zu dieser juristischen Form riet, der Berner Liedermacher und Jurist Mani Matter war. Im Grunde stand gar keine andere Wahl offen. Das Vereinsmodell nach Artikel 60 ff des Zivilgesetzbuches liefert eine universelle Struktur für alle gesellschaftlichen Systeme vom Jodlerklub bis zur politischen Großpartei oder Gewerkschaft, welche den Status einer juristischen Person und somit die Handlungsfähigkeit erlangen wollen. Dies wußte Matter mit überzeugender Klarheit darzulegen, und daher ist die überraschende Einstimmigkeit des Gründungsbeschlusses in ersten Linie seiner Autorität zuzuschreiben.

17 Mani Matter

Das Protokoll ist in bezug auf die Überlegungen, die zu diesem Entscheid geführt haben mögen, sehr interpretationsbedürftig. Es heißt darin, es seien zwei Organisationsformen mit verschiedenen Zielen ins Auge gefaßt worden, nämlich eine gewerkschaftliche und eine inhaltlich bedingte Form. Die «gewerkschaftliche Form», womit der Anschluß an eine Gewerkschaft gemeint ist, wurde aus den oben erwähnten Gründen abgelehnt. Der Begriff «inhaltlich bedingt» ist ohne Zweifel eine Anspielung auf das beabsichtigte politische Engagement. Der neue Verein sollte nicht, wie es beim alten SSV der Fall gewesen war, durch verkrustete Strukturen die politische Aktivität verhindern. Seine Struktur sollte nicht Selbstzweck sein. Der Inhalt, das politische Ziel, stand im Vordergrund, nicht die Form. Diesem Anliegen scheint nun freilich der Zweckartikel zu widersprechen, der im Protokoll wie folgt formuliert ist:

Ziel des Vereins ist die Wahrung oder Vertretung beruflicher Interessen auf der Basis gegenseitiger Solidarität. *Zweckartikel*

Die Formulierung legt den Schluß nahe, die Oltener hätten die Schaffung eines reinen Interessenverbands beabsichtigt. Doch der Schein trügt. An einer andern Stelle des Protokolls werden die drei Bereiche, in denen die Gruppe tätig werden will, wie folgt umschrieben:

1. *Sie verficht berufliche, syndikalistische Interessen.*
2. *Sie äußert sich zu politischen Problemen.*
3. *Sie verficht literarische Interessen.*

Aus dieser Stelle geht hervor, daß der Zweckartikel nur einen der drei geplanten Tätigkeitsbereiche abdeckt. Die beiden andern fielen nicht der Vergeßlichkeit oder der Eile zum Opfer, sondern dem Bestreben, strittige Punkte vorerst auszuklammern. Dieses Bemühen stand im Zeichen einer bestimmten Strategie, die darauf ausgerichtet war, den innern Zusammenhalt der Gruppe zu stärken. Begriffe wie «Solidarität» und «Einstimmigkeit» beherrschten die Szene. Die Gruppe war noch nicht konfliktfähig. Wenn es in der politischen Absichtserklärung heißt: «Wir respektieren innerhalb des Zusammenschlusses divergierende Standpunkte», so deu-

Ad 2

tet dies ebenfalls darauf hin, daß der Gruppe ihre eigene Kohärenz wichtiger war als die Klärung strittiger Fragen.

A d 3 Auch bezüglich des dritten, des literarischen Interessenbereichs, wurden an der Oltener Tagung keine konkreten Vorstellungen entwickelt. Eine Einigung wäre hier ebensowenig möglich gewesen wie in den politischen Belangen. Jeder Schriftsteller bringt seine eigenen Vorstellungen über die formalen und inhaltlichen Aspekte der Literatur mit, und das muß so sein, wenn diese in ihrer Gesamterscheinung farbig und vielgestaltig bleiben soll. Diskussionen über solche Themen wird es später in der Gruppe Olten zwar geben, aber nie ein gemeinsames literarisches Programm. Die GO hat keine literarische Schule begründet. Ihre Mitglieder repräsentieren das ganze Spektrum der modernen Literatur.

Nachdem der Entscheid zur Vereinsbildung gefallen war, stellte sich die Frage, wer dazugehören sollte. Eine Abgrenzung drängte sich nicht nur im Hinblick auf die künftigen Vereinsstatuten, sondern auch in Anbetracht der an der Oltener Tagung vorhandenen Situation auf. Diese zeichnete sich durch eine große Offenheit aus. Nebst den bekannten Persönlichkeiten waren auch unbekannte Personen anwesend, und niemand, der sich an der Debatte beteiligte, wurde gefragt, ob er überhaupt Schriftsteller sei. Nur die Presse war ausgeschlossen. Im Protokoll heißt es:

Die Sitzungen finden auf einstimmigen Beschluß hin unter Ausschluß der Presse statt.

Als einer, der nicht zum engern Kreis der Oltener gehörte, profitierte ich von diesem «Prinzip der offenen Tür». Aber bei einigen prominenten Autoren war deutlich ein Mißbehagen darüber zu spüren, daß hier Leute mitredeten, die literarisch ebensowenig zu bedeuten hatten wie die von ihnen verachteten «Banausen» des SSV. Deshalb entwickelte sich eine längere Diskussion über dieses Problem. Sie ist im Protokoll wie folgt zusammengefaßt:

Konstitutionsberechtigt sind die 22 Dissidenten des SSV. Sie beschließen, daß sich der Verein aus festen Mitgliedern und potentiellen Mitgliedern, Kandidaten, zusammensetzt. Das Plenum der Mitglieder entscheidet über die Aufnahme von Kandidaten.

Ein bestimmtes Erlebnis, das mit dieser Debatte zusammenhängt, ist in meinem Gedächtnis haften geblieben. Irgendwann im Verlauf der Verhandlungen wurde ich zusammen mit einigen andern mir unbekannten Leuten vor die Tür geschickt, denn drinnen sollte beraten werden, ob wir bloße Kandidaten bleiben oder den Status eines «Mitglieds» erhalten sollten. Als wir nach einer Weile zurückkehren durften, wurde uns eröffnet, wir seien in die Gruppe aufgenommen worden. Mich berührte das Prozedere eigenartig, denn ich hatte die Diskussion über eine Vereinsgründung bis zu diesem Zeitpunkt als ein Spiel betrachtet. Nun war dieses unerwartet in die Realität umgekippt.

Das Problem der Mitgliederaufnahme war mit dem oben erwähnten Beschluß der 4. Oltener Tagung nicht erledigt. Es wird später noch viel zu reden geben und auch zum ersten ernsthaften Konflikt innerhalb der GO führen. Da nicht alle zweiundzwanzig Ausgetretenen in Olten anwesend waren und es die Protokollführerin verpaßte, die Namen der neu Aufgenommenen zu verzeichnen, bestand in der ersten Phase keine Klarheit darüber, wer nun dem neuen Verein eigentlich angehörte. Das erste offizielle Mitgliederverzeichnis, es ist im Anhang aufgeführt, wird erst nach meiner Wahl zum Sekretär im Sommer 1971 erstellt werden.

An solchen Unzulänglichkeiten nahm auch niemand Anstoß, denn die GO war anfänglich ohnehin nur als eine Organisation auf Zeit gedacht. Das Protokoll hält dazu fest:

Der Verein konstituiert sich vorerst auf vier Jahre.

In diesem Entscheid drückt sich ein wesentliches Anliegen der Oltener aus. Der juristischen Form eines Vereins wurde nur zugestimmt unter der Voraussetzung, daß es sich um ein Provisorium handle. Die Vorstellung, daß man sich in einer Übergangszeit befände, in einer «vorrevolutionären Phase», in welcher jede gesellschaftliche Einrichtung nur provisorischen Charakter haben könne, war eine der grundlegenden Ideen der 68er Generation. Das Provisorium der Gruppe Olten muß vor diesem ideologischen Hintergrund gesehen werden. Die privilegierte Stellung der Schriftsteller und Künstler innerhalb der Gesellschaft war nach

Überzeugung der 68er ebenfalls nur eine vorübergehende Erscheinung. Sie stellten sich vor, in einer neuen Gesellschaft würde jedermann frei schöpferisch tätig sein, und eine besondere Kaste von Künstlern und Schriftstellern werde es nicht mehr geben. Die Aufgabe des Künstlers bestehe also darin, sich selbst überflüssig und die Kunst zur Sache aller zu machen. In der neuen Gesellschaft werde somit auch ein Berufsverband von Schriftstellern keine Daseinsberechtigung mehr haben.

Konsequenterweise besaß der provisorische Verein auch ein provisorisches Sekretariat. Das Protokoll nennt zwei Männer aus Olten als «vorläufige» Sekretäre, von denen der eine diese Funktion aus Gründen, die mir unbekannt sind, nie ausgeübt hat. Der andere jedoch war, wie sich später herausstellen sollte, für dieses Amt nur bedingt geeignet.

Zum Entwurf der Statuten und zur Vorbereitung der eigentlichen Gründungsversammlung wurde ein provisorischer Ausschuß eingesetzt, dessen Zusammensetzung bereits den Proporz des spätern Vorstands vorwegnimmt. Er bestand aus zwei Repräsentanten der sprachlichen Minderheiten, nämlich Roger-Louis Junod und Nicolas Bouvier, sowie drei Vertretern der deutschen Schweiz. Bei letzteren handelte es sich um Adolf Muschg, Mani Matter und Ueli Kaufmann, einen jungen Basler Lyriker und Verleger. Zu den Obliegenheiten dieses Ausschusses gehörte auch die Suche nach einem geeigneteren Namen, was ihm jedoch nicht gelingen wird.

Die Exponenten dieser kleinen Arbeitsgruppe waren Muschg und Matter. Mit letzterem hatte ich in der folgenden Zeit regelmäßig Kontakt, denn er verfaßte die Statuten, und ich hatte mich bereit erklärt, das Abtippen und den Versand zu übernehmen. Auf diese Weise leistete ich meinen ersten bescheidenen Beitrag zur administrativen Arbeit in der neu gegründeten Organisation.

Überblicken wir jetzt noch einen Augenblick die Resultate des 4. Oltener-Treffens. Es war erstaunlich viel geleistet worden an dieser anderthalbtägigen Zusammenkunft. Der Eifer für die gemeinsame Sache war förmlich spürbar. Die Teilnehmer wollten nicht auseinandergehen, solange nicht die Grundlage für ein kollektives Handeln geschaffen war. Denn sie waren des Debattierens müde und wollten endlich Taten sehen, und dazu, so glaubten sie, sei die Gründung eines Vereins der erste Schritt. Es wird in der Geschichte der Gruppe Olten nie mehr vorkommen, daß die gesamte literarische Prominenz sich zwei Tage lang zu einer Arbeit zusammenfindet, die das gemeinsame Interesse der Schriftsteller zum Ziel hat.

Mani Matter als Statutenmacher

Bald nach der Oltener-Tagung tauchten Bedenken auf, ob mit der Vereinsgründung wirklich der richtige Weg eingeschlagen worden sei. Ich erwähne in diesem Zusammenhang drei Dokumente, die ich in chronologischer Reihenfolge zitiere. Zuerst Muschg in einem Rundbrief vom 18. März 1971:

Bevor weitere Tatsachen geschaffen sind, möchte ich noch ein paar persönliche Gedanken − genauer: mein Unbehagen − anmelden. Dieses Unbehagen ist mir zwar erst beim Studium verschiedener Vereinsstatuten ganz bewußt geworden, also in einem sachlichen Kontext, war aber, privat, schon vorher da. Die entzündlichste Stelle war von Anfang an: die Aufnahmepraxis. Diese Frage drohte uns schon in Olten zu einem Verein im schäbigen Sinn zu machen. Und ich glaube, dieses heikle Problem versteckt ein tieferes. Auf die Gefahr hin, mir zu widersprechen oder eigene Initiativen zu desavouieren: viele von uns sind aus dem SSV ausgetreten, a) weil er eben so ein Verein war, und b) weil sie in keinem solchen Verein sein wollten. Gründen wir wieder einen, so bringen wir alle jene Zwänge wieder in Gang, die wir im SSV als Last empfunden haben − so sehr, daß die meisten von uns sie praktisch nicht angerührt haben. Machen wir uns nichts vor: im Augenblick, wo wir einen neuen Verein haben, wird die innere Emigration daraus wieder einsetzen, aus Gründen, die in der Eigenart unseres Metiers, der Schwierigkeit unserer Psychologie, auch schlicht: in der Belastung jedes einzelnen von uns liegen.

Die Problematik einer Vereinsgründung ist wohl in keinem der mir zur Verfügung stehenden Dokumente besser dargestellt worden als in diesem. Ob Muschg mit Recht vor der in Olten eingeschlagenen Richtung gewarnt hat, wird sich zeigen. Sicher ist, daß er die Abkehr der Prominenz richtig vorausgesagt hat.

Auf einer andern Ebene bewegte sich ein Vorschlag von Walter Vogt, der in einem langen Brief an den Gründungsausschuß, datiert vom 23.3.71, den folgenden Plan erläuterte:

Wir gründen die «Vereinigung Schweizer Schriftsteller» (VSS) juristisch als Verein. Mit Vorstand und Sekretariat. Beitrittsberechtigt ist jedermann. Der Mitgliedsbeitrag ist hoch aber nicht prohibitiv anzuset-

zen. Ob ein Minimum an politischer Progressivität verlangt werden soll, möchte ich dahinstellen. Ich warne jedoch vor einer extremen Formulierung der Zweckklausel, weil wir sonst zu einem politisch bedeutungslosen Vegetieren à la PdA verdammt sind.

Innerhalb des VSS bilden sich zwei Organe.

1. Der «Berufsverband Schweizer Schriftsteller». Ihm gehört jedes Mitglied des VSS an, das nachweislich mindestens 51% seines Gesamteinkommens aus Schriftstellerei im eigentlichen Sinn, also nicht Redaktionstätigkeit, Lektorat, Professur etc. bezieht.

2. Die «Akademie Schweizer Schriftsteller». Sie würde am ehesten einer freien, ad hoc mobilisierbaren Gruppe entsprechen, wie sie bisher ohne besonderes Statut auch existierten und die zum Beispiel die Namen hergeben könnte für Aufrufe etc. Die Aufnahme in die Akademie ist von der schriftstellerischen Qualität abhängig zu machen, die durch einen Ausschuß ernsthaft zu prüfen und für alle Mitglieder periodisch neu zu überprüfen ist ... In der Kunst gibt es keine Demokratie – und auch ein Zusammenschluß von Künstlern geht nicht, ohne daß einmal offen über die Pickordnung gesprochen wird, sonst wird sie erst recht zu einer stets spürbaren, nie faßbaren Größe, die schließlich alles und jedes bestimmt.

18 Skizze in einem Brief von Walter Vogt vom 23.3.71, in dem er das «Organisationsschema» einer neuen Schriftsteller-Vereinigung entwickelt.

19 Walter Vogt   *20 Walter Matthias Diggelmann*

Vogt geht in seinem Vorschlag von der richtigen Annahme aus, daß es einen Interessengegensatz zwischen professionellen und nichtprofessionellen Schriftstellern gibt, was eine differenzierte Struktur als notwendig erscheinen läßt. Mit seiner Idee einer exklusiven Gruppe, einer «Akademie», und seiner Bemerkung über die «Pickordnung» macht er auf ein Problem aufmerksam, das der Gruppe Olten noch viel zu schaffen geben wird. Aber er kam mit seinem Konzept zu früh. Die Gruppe, die es zu strukturieren galt, war zahlenmäßig zu klein für die von ihm vorgeschlagene Dreiteilung. Aber als langfristige Perspektive hätte sein Vorschlag mehr Beachtung verdient. Leider blieb er in einer Schublade liegen. Ich weiß nicht, ob es Zufall oder Absicht war.

Ein besseres Schicksal war einem Brief von Walter Matthias Diggelmann beschieden, der vom 27.3.71 datiert ist und der sich auf das oben zitierte Rundschreiben von Muschg bezieht. Dieser wurde an alle Oltener verschickt. Darin heißt es unter anderem:

Wir gründen keinen Verein. Wir entwerfen keine Statuten. Wir bleiben ein loser Haufen von Schreibern, die sich gegenseitig mögen oder die gemeinsame Probleme haben und solche gemeinsam zu lösen versuchen. Würde am 24./25. April dennoch ein Verein gegründet, würde ich mit aller Sicherheit nicht dessen Mitglied.

Ich erinnere mich, daß Matter mir gegenüber sein Befremden über die Briefe von Muschg und Diggelmann äußerte. Er hielt den in Olten eingeschlagenen Weg für richtig und war nicht bereit, den Zickzackkurs seiner prominenten Kollegen mitzumachen. Sein Statutenentwurf war unterdessen fertiggestellt und an die Mitglieder des Gründungsausschusses verschickt worden. Anfangs März tagte dieser in Bern. Das Resultat der Beratungen ist in einem ausführlichen Rechenschaftsbericht zusammengefaßt, der wiederum aus der Feder, oder besser gesagt: aus der Schreibmaschine von Muschg stammt. Das Dokument beweist, daß sich Matter mit seinen Ideen durchgesetzt und daß Muschg nachgegeben hatte.

Der Ausschuß schlägt die Gründung eines Vereins vor, wie es in Olten beschlossen worden war. Er nennt ihn «Provisorische Arbeitsgemeinschaft der Schriftsteller» (PAS). In seinem Bericht heißt es:

Wir nahmen an, daß die PAS zunächst nur sich selbst ins Auge faßt (also Anschluß-Gedanken nach irgendeiner Seite zurückstellt) und daß es zunächst um etwas einfach Scheinendes geht: die Konsolidierung einer Gruppe von ca. 50 Schriftstellern in einer Struktur, die so verbindlich wie nötig und so frei wie möglich ist. Die PAS braucht nach unserer Ansicht ein Vereinsstatut, um eine Adresse zu haben, das heißt: für die Öffentlichkeit identifizierbar zu sein und als korporativer Partner von Pro Helvetia, andern Arbeitnehmer-Organisationen, unsern verschiedenen «Arbeitgebern», ausländischen Schriftstellervereinigungen etc. in Frage zu kommen und um unter Ausnützung dieser Position und ihrer Möglichkeiten in unserem Sinn politisch, gewerkschaftlich und kollegial handlungsfähig zu sein. Trotz dieses Vereinsstatuts darf die PAS weder Selbstzweck sein noch sich als Definitivum verstehen. Über die Notwendigkeit, ihren provisorischen Charakter zu bewahren, scheint unter uns Einigkeit zu bestehen. Wir erstreben ein Maximum an Wirkung bei einem Minimum an Organisation. Nur ein bewegliches Statut erlaubt der PAS, ein «Verein ohne Vereinscharakter» zu bleiben und gegebenenfalls mit anderen Organisationen – von Fall zu Fall oder definitiv – zusammenzuarbeiten, die unsere Interessen auf einer breiteren Basis wahrnehmen helfen.

Das Konzept des Gründungsausschusses geht aus diesen Zeilen klar hervor. Er befürwortete die Autonomie in bezug auf die Wahrnehmung der politischen Präsenz und die Delegation der beruflichen Interessenvertretung an eine Gewerkschaft, in der Meinung, daß dafür eine breitere Basis gefunden werden müsse und daß die PAS für eine solche Tätigkeit nicht geeignet sei. Um die organisatorischen Aspekte dieses «Vereins auf Zeit» zur Darstellung zu bringen, drucke ich hier die von Matter entworfenen Stauten in ihrem vollen Wortlaut ab.

1. Die Gruppe Olten ist ein Verein schweizerischer Autoren zur solidarischen Wahrung ihrer Interessen.

2. Die Gruppe Olten gliedert sich in Regionalgruppen. Diese schlagen neue Mitglieder vor und wählen einen oder zwei Delegierte in den Vorstand.

3. Mindestens einmal jährlich oder sooft eine Regionalgruppe oder ein Zehntel der Mitglieder es verlangen, lädt der Vorstand die Gruppe Olten zu einer Generalversammlung ein.

Die Generalversammlung entscheidet über die Bildung von Regionalgruppen und die Zahl ihrer Mitglieder, über den Mitgliederbeitrag, über Statutenänderungen und über gemeinsame Projekte und Aktionen. Sie bestimmt jährlich eine Regionalgruppe als Vorort. Der Vorort soll abwechselnd zwei Jahre in der deutschen Schweiz und ein Jahr in einem anderen Sprachgebiet liegen.

Die Generalversammlung bildet ferner Projektgruppen, die einzelne Sachgebiete bearbeiten.

Bei Auflösung des Vereins entscheidet sie über die Verwendung des Vermögens.

4. Die Delegierten der Regionalgruppen bilden den Vorstand. Dieser führt die laufenden Geschäfte, bereitet die Generalversammlung vor, koordiniert die Tätigkeit des Vereins und vertritt diesen nach außen. Er ist verantwortlich für die Verwaltung der Finanzen.

5. Der Delegierte der Vorortsgruppe ist Präsident. Er überwacht das zentrale Sekretariat, das die notwendigen administrativen Arbeiten erledigt und für die Information der Mitglieder sorgt.

44

Mit diesen «Mini-Statuten» ist es Matter gelungen, ein völlig durchstrukturiertes Organisationsmodell zu schaffen, das einerseits an das föderalistische Vorortsprinzip der Tagsatzung der Alten Eidgenossenschaft anknüpfte, andrerseits an das Rätesystem, das von den revolutionsbegeisterten 68er-Ideologen als Gegenstück zum demokratischen Parlamentarismus propagiert wurde. Das Schwergewicht des innern Aufbaus ruhte auf der regionalen Basis, welche er sich als «Stammtisch» vorstellte, als zwangsloses, aber regelmäßiges Treffen von Kollegen, die sich gut mögen und die in ihrer politischen Gesinnung übereinstimmen. In bezug auf das Vereinsganze kommen den Stammtischen zwei wichtige Funktionen zu: Sie entsenden Delegierte in den zentralen Vorstand (Rätesystem) und nehmen neue Mitglieder auf. Letzteres widerspricht dem durch Beschluß des 4. Oltenertreffens eingeführten Aufnahmemodus. Matter stand offensichtlich unter dem Eindruck des Rundbriefs von Muschg, in welchem gerade das Aufnahmeprozedere von Olten, das Vor-die-Tür-Schicken von Kollegen, kritisiert worden war. Er glaubte, solche Demütigungen ließen sich vermeiden, wenn es den Kandidaten ermöglicht werde, am Stammtisch in den Kreis der Kollegen hineinzuwachsen. Dann werde eine formelle Aufnahme gar nicht mehr nötig sein. Die Stämme sollten bei der Aufnahme autonom handeln. Die GV legte nur das Mitgliederkontingent fest. Leider wird diese Regelung, wie wir später sehen werden, nie funktionieren.

Es fällt auf, daß Matter das Provisorium, das in Olten beschlossen worden war und das im Bericht des Gründungsausschusses so sehr betont wird, fallen ließ. Daher übernimmt er auch nicht den vom Ausschuß vorgeschlagenen Namen «Provisorische Arbeitsgemeinschaft der Schriftsteller», sondern hält sich an die inzwischen zur Tradition gewordene Bezeichnung «Gruppe Olten». Die Erwähnung des provisorischen Charakters in den Statuten war auch deshalb nicht nötig, weil eine Auflösung nach den Regeln des Vereinsrechts jederzeit möglich sein würde.

Im Zweckartikel hält er sich an die in Olten beschlossene Formulierung. Die politische Aktivität, auf die sowohl im Proto-

koll der Dezembertagung wie auch im Bericht des Gründungsausschusses so großes Gewicht gelegt wird, ist darin nicht erwähnt.
Matter war ebensowenig wie Vogt ein Freund von linken Glau-
bensbekenntnissen. Die Ausformulierung eines politischen Grund-
satzpapiers wollte er einer Projektgruppe überlassen.

Als Gegengewicht zum föderalistischen Vorortsprinzip,
welches den jährlichen Präsidentenwechsel vorsah, führte Matter
ein zentrales, an keinen Vorort gebundenes Sekretariat ein. Seine
Statuten geben jedoch keinen Hinweis darauf, wer dieses einzusetzen hatte, was schon bald zu Schwierigkeiten führen wird. Das
zentrale Sekretariat sollte bloß administrative Aufgaben wahrnehmen und keine eigene Aktivität entfalten. Der Vorstand hatte
ebenfalls eine schwache Position. Die einzelnen Geschäfte sollten
von den Projektgruppen vorbereitet werden, welche direkt an die
Generalversammlung gelangen konnten, was der antiautoritären
68er Ideologie entsprach, die jegliche zentrale Machtkonzentration
ablehnte. Es versteht sich von selbst, daß eine solche Struktur sehr
aufwendig ist und im Gegensatz steht zu dem im Bericht des Gründungsausschusses geforderten Grundsatz der maximalen Wirkung
bei einem Minimum an Organisation.

Die «Grube Olden»

An der Generalversammlung vom 25. April in Biel führte Matter den Vorsitz. Ich schrieb das Protokoll, das erste einer langen Reihe von Generalversammlungsprotokollen, die ich bis zu meinem Rücktritt im Jahr 1987 geschrieben habe. Ich war aber nur ein ad-hoc-Sekretär.

In Biel ging es darum, daß sich die GO als Verein konstituierte. Die Matter'schen Statuten gaben Anlaß zu einer mühsamen Debatte. Für viele war dies schon ein Abstieg in die Niederungen der Vereinsmeierei. Am Organisationsprinzip wurde nichts geändert, jedoch verlangten die welschen Mitglieder einen Zusatz zum Zweckartikel, den die deutschen ablehnten. So entstand das Kuriosum, daß die deutsche und die französische Fassung einen unterschiedlichen Wortlaut aufweisen. In der französischen lautet der Zweckartikel wie folgt: «Le Groupe d'Olten est une association d'auteurs suisses réunis pour la défense solidaire de leurs intérêts et *des libertés intellectuelles*.» Wegen dieser Textbereinigung mußte die Verabschiedung der Statuten auf die nächste GV verschoben werden. Trotzdem kann Biel als eigentliche Gründungsversammlung gelten.

Als sich im Verlauf der Diskussionen die Regionalgruppen zu einer kurzen Sondersitzung zurückzogen, um ihren Delegierten zu bestimmen, zeigte es sich, daß die innere Emigration, die Muschg in seinem Rundschreiben prophezeit hatte, schon Tatsache geworden war. Keiner der prominenten Autoren ließ sich in das leitende Gremium wählen. Der erste Vorstand setzte sich wie folgt zusammen:

Anne Cuneo und Nicolas Bouvier (Romandie)
Werner Schmidli (Regionalgruppe Basel)
Manfred Schwarz (Regionalgruppe Zürich)
Hans Mühlethaler (Regionalgruppe Bern)

Der Vorort ging in die Westschweiz, und so wurde Anne Cuneo die erste Präsidentin der Gruppe Olten. Der erste Mitgliederbeitrag betrug Fr. 10.– für die Unbemittelten und Fr. 50.– für

Adolf Muschg
Massimo Hauswirth

Ringstrasse 2 a
4600 Olten

An alle Mitglieder der (vorläufig) "Gruppe Olten"

Liebe Kollegen,

(die französischsprachigen bitten wir, hoffentlich zum letzten Mal, um Nachsicht: wenn wir organisiert sind, werden wir auch "offiziell" zweisprachig sein.)

Die Kommission zur Vorbereitung der Statuten unseres Vereins wird sich im März treffen, um einen Vorschlag auszuarbeiten, der Euch dann zur Diskussion und Korrektur zugestellt wird.

Für die Plenarversammlung, an welcher der Kommissionsentwurf bereinigt, die Beitragspflicht geregelt und – wenn wir einig werden – der Verein mit allem nötigen Zubehör gegründet werden soll, möchten wir Sonntag, den 25. April in Aussicht nehmen. Ort: Biel/Bienne. Details folgen. Bitte, haltet Euch das Datum ganztägig frei. Wir sollten möglichst vollzählig sein.

Bis dahin ist die Handlungsfähigkeit des Vereins beschränkt. Bitte denkt daran, wenn Ihr ihn für eine Aktion in der Oeffentlichkeit in Anspruch nehmen möchtet. Einstweilen ist – für Manifeste etc. – die direkte Unterschriftensammlung, die nicht über das provisorische Sekretariat führt, vorzuziehen.

Im März tagt der SSV. Es ist anzunehmen, dass er seinen Vorstand neu bestellt und ein Reformprogramm beschliesst. Wir müssen auf diese neue Situation vorbereitet sein, und wir bitten jeden von Euch, sich damit auseinanderzusetzen.

Bei der Vorbereitungsarbeit für unsere Statuten stösst man immer wieder auf folgenden Widerspruch: Exklusivität (nach welchen Kriterien?) einerseits – wirksame Vertretung der Autoren anderseits. Wie weit gehört die Fusion mit einem grossen Verband, bzw. die Selbstbefristung unseres Vereins zu seiner Substanz, d.h. in den Vereinszweck ?

Auch dieses Problem kann an keine Kommission delegiert werden. Wir müssen es gemeinsam lösen, das bedeutet aber auch: jeder bei sich selbst.

Bitte, denkt über einen Namen für den Verein nach.

Die Korrespondenz geht, soweit sie das Technische der Gründung betrifft, wie immer über das prov. Sekretariat.

Mit kollegialen Grüssen

Massimo Hauswirth und Adolf Muschg

Olten und Meilen/ZH, den 18. Februar 1971

21 Einladung zur Gründungsversammlung der «Gruppe Olten» vom 25. April 1971 in Biel.

48

22 *Anne Cuneo*   23 *Nicolas Bouvier*   24 *Manfred Schwarz*

Normalverdiener, was natürlich viel zu wenig war. Von den Vermögenden erwartete man eine freiwillige Spende. Dazu ist es jedoch nie gekommen. Die im Zweckartikel beschworene Solidarität sollte sich in Geldangelegenheiten nicht bewähren.

Wie erwähnt, sah das Matter'sche Organisationsschema Projektgruppen vor, welche in den einzelnen Sachbereichen aktiv werden sollten. In Biel wurden die folgenden Gruppen gebildet (der jeweilige Verantwortliche steht in Klammer):

Kontakt mit dem SSV (Bichsel)
Gewerkschaftspostulate (Mühlethaler)
Übersetzungen (Cornuz)
Auslandkontakte (Gross)
Solidarität / Unterstützungen (Voisard)

Die Gruppe «Gewerkschaftspostulate» setzte sich zusammen aus Leuten von Zürich, Lausanne, Basel und Genf. Als ich eine Sitzung ansetzte, ließen sich alle entschuldigen. Soviel mir bekannt ist, hat auch keine der andern Projektgruppen jemals getagt. Sie scheiterten alle an der fehlenden Motivation und an den großen Distanzen. So entpuppte sich ein wesentlicher Teil des Matter'schen Organisationsschemas als funktionsunfähig. Natürlich war dies nicht ein Fehler von Matter. Er hatte nicht voraussehen können, daß der erste Elan so bald verflogen sein würde.

Schriftsteller, nach Olten umsteigen!

Der desavouierte Präsident Maurice Zermatten ging, unter dem neuen, Giovanni Bonalumi, fand sich ein neuer Vorstand. Eine Totalrevision der Statuten wurde begonnen, ein Dialog mit den «Dissidenten» postuliert — trotz dieser Anstrengungen des *Schweizer Schriftstellervereins* gibt es seit dem letzten Sonntag zwei Gremien: die Oltener Gruppe der freien Schriftsteller hat sich als *«Gruppe Olten»* fest konstituiert. Auch sie gibt sich Statuten, wenn auch möglichst einfache. Sie hat ein Programm, dessen Akzent der gewerkschaftliche ist. Das Beispiel der deutschen Schriftstellergewerkschaft wird nicht ohne Einfluss gewesen sein. Unter den Arbeitsgruppen der neuen Vereinigung gibt es denn auch eine, die sich dem Kontakt mit ausländischen Schriftstellerverbänden widmet. Aus mit der *splendid isolation,* wenn auch die Gruppe, die sich mit dem Thema Uebersetzung befassen wird, besonderes Gewicht auf die innerschweizerischen Beziehungen legt. Statuten, ein Vorstand, Arbeitsgruppen hier wie dort — SSV und «Gruppe Olten» unterscheiden sich nicht so sehr organisatorisch als im Selbstbewusstsein. Dort will man es nur besser, hier anders machen. Nach aussen allerdings ist die Differenz noch deutlicher. Denn macht es im SSV die Masse, macht es bei der «Gruppe Olten» die Repräsentanz: was als Schweizer Literatur heute gilt, hat sich in Olten gefunden. **d. b.**

25 *Zeitungsnotiz von Dieter Bachmann in der «Weltwoche» vom 30.4.71*

26 Pressecommuniqué der «Gruppe Olten» zu ihrer Gründung.

Die Arbeit im Vorstand war nicht weniger frustrierend.
Zur Vorbereitung der nächsten, bereits in Biel beschlossenen
Generalversammlung hielt dieser nur eine einzige Sitzung ab, was
in Anbetracht der vielen ungelösten Probleme völlig ungenügend
war. Niemand übernahm die Aufgabe, die Mitglieder zu informieren, wie es Muschg in der Phase vor Biel getan hatte. Der am vierten
Oltener-Treffen bestimmte vorläufige Sekretär war offensichtlich
nicht willens, Arbeiten zu verrichten, die über das bloße Zukleben
von Briefumschlägen hinausreichten. Es ging das Gerücht, er stehe
mit der Grammatik auf Kriegsfuß, was zwar nicht stimmte, aber
dazu führte, daß die Gruppe Olten von einigen Mitgliedern hä-
misch «Grube Olden» tituliert wurde.

In dieser sehr unbefriedigenden Situation entschloß ich
mich, in Bern ein professionelles Sekretariat aufzubauen. Ich fand
eine ausgebildete Sekretärin, die sich aus Interesse an der Literatur

für diese schwer zu definierende und schlecht bezahlte Stelle zur Verfügung stellte. Als ich an der nächsten Generalversammlung, welche am 13. Juni in Neuchâtel stattfand, meine Kandidatin vorstellte, wurde die Meinung geäußert, man sollte den wichtigen Posten nicht einer unbekannten Person anvertrauen. Nach einigem Hin und Her schlug mich Bichsel als Sekretär der Gruppe Olten vor, und da ich damals keinen festen Job hatte, ließ ich mich überreden, die Wahl anzunehmen. Es wurde mir erlaubt, für die administrativen Arbeiten, für die ich weder die Eignung noch die notwendige Vorbildung besaß, die von mir vorgeschlagene Sekretärin anzustellen. Ich sollte im Sinne eines verantwortlichen Geschäftsführers tätig sein.

Was mich an dieser Stelle reizte, war die Nullsituation, welche mir die Möglichkeit eröffnete, eine Organisation der Schriftsteller von Grund auf zu gestalten. Daß vorläufig nichts funktionierte, war für mich kein Anlaß zur Verzweiflung, sondern wirkte als Ansporn. Ich sah ein weites, noch leeres Arbeitsfeld vor mir. Was zu tun sei, konnte ich niemanden fragen: das musste ich selber wissen. Von meinem Vorgänger erbte ich nichts als einen Ordner, der etwa zu einem Viertel mit Dokumenten aus der Zeit vor der Vereinsgründung gefüllt war. Meine Wahl zum Sekretär hatte den Rücktritt als Delegierter der Regionalgruppe Bern zur Folge. Ich gehörte dem Vorstand von nun an nur noch mit beratender Stimme an.

Zum Glück hatten die Kollegen bei meiner Wahl von mir keine programmatische Erklärung verlangt. Ich war im ersten Moment so überrascht, daß ich nichts zu antworten gewußt hätte. Aber schon am selben Abend setzte ich mir ein Ziel, von dem ich in all den Jahren meiner Sekretärstätigkeit nicht abgerückt bin. Ich wollte etwas ganz Einfaches erreichen: die Verbesserung der materiellen Situation der Schriftsteller. Durch meinen Berufswechsel vom Lehrer zum freischaffenden Autor hatte ich am eigenen Leib erfahren, wie schlecht diese ist. Ich war überzeugt und bin es auch heute noch, daß zwischen der gesellschaftlichen Bedeutung der Literatur und dem materiellen Entgelt für die Arbeit derer, die sie erschaffen, ein viel zu großes Ungleichgewicht besteht. Die Ursache für diesen unbefriedigenden Zustand sah ich in der schlechten Organisation der Schriftsteller, im bisherigen Versagen des SSV. Daher nahm ich mir vor, gewisse Dinge besser zu machen, als sie vor 1970 gemacht worden sind. Ob mir dies gelungen ist, muß ich dem Urteil der Nachwelt überlassen. Ich sehe heute, wie schwer diese Aufgabe ist, und bin deshalb gegenüber dem alten SSV und seinem Sekretär Beidler nachsichtiger geworden. Sicher ist jedoch, daß die erwähnte Zielsetzung mir immer wieder zu einer klaren Orientierung verholfen und mich davor bewahrt hat, mich in unrealistischen Projekten zu verlieren.

An der GV von Neuchâtel wurden die Matter'schen Statuten endgültig verabschiedet, so daß die Gruppe Olten ihre Handlungsfähigkeit als juristische Person nun erlangt hatte. Eine sogenannte Arbeitsgruppe «Manifest» erhielt den Auftrag, ein politisches Programm zu entwerfen, mit welchem die Scharte im Zweckartikel, nämlich das Fehlen einer politischen Absichtserklärung, ausgewetzt werden sollte. Im Gegensatz zu mir lag der großen Mehrheit der Mitglieder weitaus am meisten an einer diesbezüglichen Aktivität. Die Existenzberechtigung der GO schien ihnen nur dann gegeben zu sein, wenn diese im Sinne einer Veränderung der gesellschaftlichen Verhältnisse tätig wurde.

Eine einzige Sitzung der Arbeitsgruppe «Manifest» zeigte jedoch, daß die Meinungen zu weit auseinandergingen, als daß über die sehr allgemeinen Formulierungen des dritten Oltenertreffens hinaus ein gemeinsamer politischer Nenner hätte gefunden werden können. Der Versuch einer anders zusammengesetzten Gruppierung, ein solches Manifest zu entwerfen, scheiterte ebenfalls. Das Projekt wurde sang- und klanglos begraben. Erst in den Statuten von 1974 werden sich einige Elemente eines politischen Programms finden.

Ein weiteres Traktandum der GV von Neuchâtel betraf ein Schreiben des SSV mit dem folgenden Inhalt:

Unsere Generalversammlung vom 27. März 1971 hat den neuen Vorstand unseres Vereins beauftragt,

eine Totalrevision der Statuten vorzubereiten,
den Entwurf zu einem Arbeitsprogramm auszuarbeiten,
  die Gruppe Olten der schweizerischen Schriftsteller zur Mitarbeit hieran einzuladen.

  Der Vorstand hat seinerseits eine besondere Kommission zur Bearbeitung dieser Aufgaben eingesetzt, der auch Nichtmitglieder unseres Vereins angehören. Sie tritt am 25./26. Juni zu einer Sitzung zusammen. Hiermit laden wir Sie zur Mitarbeit und zur Teilnahme an dieser Sitzung ein.

  Der Brief ist unterzeichnet vom neuen Präsidenten Giovanni Bonalumi, vom neuen Sekretär Ernest-François Vollenweider und von seinem Vorgänger Beidler. Daraus läßt sich schließen, daß Beidler der Verfasser des Briefes war und daß er seinen Sessel nur ungern geräumt hatte. Nach seinem Schreiben vom Juni 1970 an alle Ausgetretenen und nach seinem Oltener-Gespräch mit Bichsel, Muschg und Walter handelte es sich um seinen dritten Versuch, die Abtrünnigen zur Rückkehr zu bewegen.

  An der GV von Neuchâtel hatte die Offerte des SSV keine Chance, angenommen zu werden. Die Oltener blieben bei ihrer Absage. Die Tür sollte jedoch nicht für immer zugestoßen werden. Die meisten Mitglieder votierten für eine flexible Haltung.

  Am Tag nach der GV schrieb ich meinen ersten Brief als Sekretär. Es ist das Antwortschreiben an den SSV. Ich zitiere daraus den folgenden Passus:

  Anläßlich ihrer Vollversammlung vom 13. Juni in Neuchâtel hat die Gruppe Olten beschlossen, vorläufig von einer direkten Zusammenarbeit mit dem SSV bei der Revision seiner Statuten abzusehen. Wir meinen, daß die Reformbestrebungen des erneuerten SSV-Vorstandes — die wir begrüßen – im SSV selbst eine solide Basis gefunden haben müssen, bevor ein Kontakt mit der Oltener Gruppe für beide Teile sinnvoll ist. Auf den Prozeß der Meinungsbildung innerhalb des SSV möchten wir keinerlei Einfluß nehmen und darum auch bis auf weiteres auf die Entsendung eines Beobachters verzichten, dessen Mandat beim jetzigen Stand der Diskussion ohnehin kaum zu definieren wäre. Wenn der SSV und die Oltener Gruppe ihre Vorstellungen hinsichtlich eines schweizerischen

Autorenverbands verbindlich entwickelt haben, sind wir zu gegenseitigen Konsultationen bereit.

Es versteht sich von selbst, daß ich, der ich mich nie als Sekretär einer provisorischen Gruppierung sah und der ich bei all meiner Arbeit ein festes Ziel vor Augen hatte, den erneuten Versuch des SSV, die abtrünnigen Oltener in die eigenen Reihen zurückzuholen, als Bedrohung empfand. Ich hatte daher versucht, das Versprechen eines spätern Zusammenschlusses so vage wie möglich zu halten.

Hier füge ich eine kleine Episode ein, die ebenfalls im Zusammenhang mit der Rivalität zwischen dem SSV und der neu gebildeten Oltener Gruppe steht. Ich habe bereits erwähnt, daß Diggelmann vor der GV von Biel in einem Rundbrief vorgeschlagen hatte, keinen Verein zu gründen, sondern ein «loser Haufen von Schreibern» zu bleiben. Als nun trotz seiner Warnung der Verein gegründet worden war, zog er sich nicht etwa in den Schmollwinkel zurück, sondern erwies sich als eines seiner initiativsten Mitglieder. Er vertrat die GO an der Jahresversammlung des Schweizerischen Buchhändler- und Verlegerverbands, vor welchem er aus eigenem Antrieb die Idee eines Periodikums der Gruppe Olten entwickelte. Das Projekt war völlig unrealistisch, sowohl in bezug auf die Marktchancen als auch auf die Bereitschaft und Fähigkeit der Schriftsteller, eine solche Zeitschrift mit «hübschem Klatsch» zu füllen, wie er es sich vorstellte. Als er deshalb einen Aufruf an alle Mitglieder erließ, ihm Material zuzustellen, erhielt er keine einzige Antwort.

Von anderer Seite war inzwischen die Anregung an den Vorstand herangetragen worden, eine Anthologie mit Texten der Oltener Autoren unter dem Namen «Almanach der Gruppe Olten» herauszugeben. Der Vorstand hielt dieses Projekt für realistischer und ließ die Diggelmann'sche Zeitschrift fallen, um seine Anthologie nicht zu konkurrieren. Was daraus geworden ist, werde ich weiter hinten erzählen. Diggelmann jedoch kehrte aus Ärger über die mangelnde Unterstützung seines Projekts in den SSV zurück, nicht ohne die Oltener in einem Schreiben aufzufordern, es ihm gleich zu tun. Es war für den SSV ein Triumph und für den Vorstand der GO eine herbe Enttäuschung.

Was wir befürchten mußten, trat nicht ein. Diggelmanns Übertritt fand keine Nachahmung. Er wird einige Jahre beim SSV verweilen und dann aus Verärgerung über einen bestimmten Vorfall zur Gruppe Olten zurückkehren, wo er bis zu seinem frühzeitigen Tod im Jahr 1979 bleiben wird.

Geldprobleme

Wie ich an anderer Stelle schon erwähnt habe, genügten die Mitgliederbeiträge der etwa 40 Autoren, die in der ersten Zeit der Gruppe Olten angehörten, keinesfalls, um das Sekretariat mit den notwendigen Mitteln auszustatten. An der Generalversammlung von Neuchâtel war dieses Problem erkannt worden, und der Vorstand hatte den Auftrag erhalten, die Pro Helvetia um eine finanzielle Unterstützung anzugehen. Es war den Oltenern bekannt, daß die aus Bundesgeldern finanzierte eidgenössische Kulturstiftung an den SSV Subventionen ausrichtete. Im Jahr 1969 hatten diese Fr. 110 000.– betragen. Im darauffolgenden Jahr, das im Zeichen der Zermatten-Krise stand, wurden sie auf Fr. 150 000.– erhöht. Der Schluß liegt nahe, die Pro Helvetia habe damit den abtrünnigen Autoren eine Lektion erteilen und den konservativ-staatstreuen Schriftstellern des SSV den Rücken stärken wollen. Jedoch ist meines Wissens diese Erhöhung schon vor dem Austritt der Zweiundzwanzig beschlossen worden.

Für uns wäre das eine hohe Geldsumme gewesen. So viel wagten wir gar nicht zu fordern. Aber im Prinzip hielten wir uns ebenfalls für subventionswürdig, da wir der Ansicht waren, daß wir die Schweizer Literatur, zumindest was den deutschsprachigen Teil betraf, besser repräsentierten als der SSV.

In einem fünfseitigen Brief versuchten wir diesen Anspruch zu begründen. Muschg schrieb die wesentlichen Teile. Sam Jaun, damals Kultursekretär der Stadt Bern, beriet uns, die wir noch nie ein solches Gesuch geschrieben hatten, in formaler Hinsicht, und ich steuerte den Abschnitt über die finanzielle Lage bei. Wir beanspruchten einen Unterstützungsbeitrag für die kommenden zwei Jahre in der Höhe von Fr. 76 000.–

In seiner Begründung unserer Subventionswürdigkeit strich Muschg den provisorischen Charakter unserer Organisation heraus, was von seinem persönlichen Standpunkt her begreiflich, aber taktisch unklug war. Er schrieb:

Wir sind der Ansicht, daß Repräsentanz des schweizerischen Geistes vor unserem eigenen Gewissen und in den Augen der Welt nicht nur eine Sache repräsentativer Namen, sondern der geistigen Lebendigkeit und der engagierten Arbeit ist. Wenn uns der jetzige SSV in diesem Punkte beschämt, werden wir uns nach den zwei Jahren, die wir uns geben, mit Freuden auflösen.

Meine Überraschung war groß, als uns die Pro Helvetia den Unterstützungsbeitrag ohne Abstriche bewilligte, freilich nur für ein Jahr, also Fr. 38 000.– Ich hatte einen ablehnenden Entscheid erwartet. Aber ihre Antwort enthielt auch eine bittere Pille. In ihrem Brief stand:

Unsere Stiftung bedauert, Ihrem Gesuch, das sich auf eine Hilfe für zwei Jahre bis zum Sommer 1973 erstreckt, nicht vollständig entsprechen zu können. Pro Helvetia bleibt überzeugt, daß die Spaltung innerhalb des SSV sobald als möglich behoben sein sollte. Unsere Stiftung meint daher, es sollte nicht von vornherein mit einer minimalen Dauer einer Spaltung von zwei Jahren gerechnet werden. Die nächste Generalversammlung des SSV könnte in der Tat bereits die Basis für konstruktive Verhandlungen schaffen. Durch ihren Entscheid möchte die Pro Helvetia das Feld für eine Wiedervereinigung möglichst offen lassen.

Es war offenkundig, daß die Pro Helvetia uns beim Wort nahm. Muschg hatte unsere Auflösung nach einer Frist von zwei Jahren in Aussicht gestellt. Nun forderte sie uns unter Hinweis auf die inzwischen erfolgten Reformen innerhalb des SSV auf, unsere Lebensdauer auf ein Jahr zu beschränken. Wenn sie jedoch unsere Verselbständigung tatsächlich hätte verhindern wollen, wäre sie schlecht beraten gewesen, uns ein Startgeld zu geben, das für die damaligen Verhältnisse recht ansehnlich war. Eine Organisation, die sich auflösen will, braucht kein Geld. Daher nahmen wir den Wunsch der Pro Helvetia nach einer Wiedervereinigung nicht zum Nennwert. Es ist unzweifelhaft ihr Verdienst, durch die kräftige Starthilfe das Entstehen der GO mitbegünstigt – andere würden sagen: «mitverschuldet» – zu haben.

Hier muß ich etwas nachtragen. An der Generalversammlung von Rüschlikon im Frühling 1971 hatte der SSV unter dem

Eindruck des Vorwurfs, er sei eine Organisation dilettierender Schriftsteller, sich selbst ins Provisorium versetzt. Dies war ein durchaus ernst gemeinter Versuch, sich von Grund auf, das heißt von der Mitgliederbasis her, neu zu formieren. Auf dieses Bemühen reagierte die Pro Helvetia sehr ungeschickt, indem sie die Hälfte ihrer Jahressubvention blockierte, mit dem Hinweis, daß ein Verband, der sich selbst ins Provisorium versetze, nicht die volle Subvention beanspruchen könne. Erst auf die Intervention erzürnter und sich geprellt fühlender SSV-Mitglieder im Stiftungsrat der Pro Helvetia ließ diese den Vorbehalt fallen und zahlte die ganze Subvention aus. Ich hatte von dem Vorfall Kenntnis und zog daraus die Lehre, daß auch die GO künftig ihren provisorischen Charakter keinesfalls hervorstreichen dürfe, wie wir es in unserem Subventionsgesuch getan hatten.

Wie im Brief der Pro Helvetia erwähnt, hielt der SSV im Herbst 1971 eine außerordentliche Generalversammlung ab, an welcher er neue Statuten genehmigte und sich einen neuen Namen gab. Er hieß jetzt «Schweizerischer Schriftsteller-Verband» anstelle des bescheideneren «Vereins». Die Namensänderung war durchaus programmatisch gemeint: Er wollte sich mehr mit den beruflichen Belangen befassen und damit einen Hauptpunkt der von den Ausgetretenen geäußerten Kritik erfüllen.

Aber auch in anderer Hinsicht waren die neuen Statuten ganz auf die Bedürfnisse der Oltener zugeschnitten. Sie enthielten und enthalten auch heute noch ein eigenes Kapitel über die «Gruppen». Dieses lautet:

Der SSV setzt sich für die Wahrung spezifischer Interessen der Schriftsteller ein, indem er den Mitgliedern die Möglichkeit bietet, innerhalb des Verbandes Gruppen zu bilden wie zum Beispiel: Regionalgruppen, Fachsektionen, Arbeitsgruppen für gesellschaftliche und andere Aufgaben ... Der Verband wird nach außen durch diese Gruppen nicht vertreten. Statuten oder andere Vorschriften von Gruppen, die Verpflichtungen ihrer Mitglieder mit sich bringen, bedürfen der Genehmigung durch den Vorstand ... Permanente Gruppen haben die Möglichkeit, zur Erfüllung ihrer Aufgaben eigene Mitgliederbeiträge einzuziehen.

Aus dem Zitat geht hervor, daß der GO unter dem Begriff «Arbeitsgruppen für gesellschaftliche und andere Aufgaben» ein Platz innerhalb des SSV eingeräumt werden sollte. Die Absicht, die dahinter steckt, muß ohne Zweifel positiv bewertet werden. Die Gruppe Olten hätte innerhalb des erneuerten SSV durchaus autonom ein gesellschaftspolitisch orientiertes Programm entwickeln können. Die Fußangel schien uns in der Tatsache zu stecken, daß sie für diese Aktivitäten eigene, also zusätzliche Mitgliederbeiträge hätte einziehen müssen und an der Subvention der Pro Helvetia nicht beteiligt gewesen wäre. Deshalb war das Angebot nicht so verlockend, wie es auf den ersten Blick aussah. Jedenfalls war der Vorstand entschlossen, auf der Autonomie zu beharren.

Da die Forderung nach einer Wiedervereinigung diesmal nicht vom SSV ausgegangen war, sondern von derjenigen Behörde, auf deren Wohlwollen die GO infolge ihrer finanziellen Unselbständigkeit angewiesen war, hielt er es für ratsam, seinen ablehnenden Standpunkt durch die Vereinsbasis bekräftigen zu lassen. Daher berief er eine Generalversammlung ein, welche am 18./19. Dezember 1971, ziemlich genau ein Jahr nach dem entscheidenden Oltener-Treffen, auf dem Gurten bei Bern stattfand.

Die Situation war völlig anders als am Plenum von Neuchâtel. Der SSV hatte nun einen neuen Präsidenten, einen neuen Sekretär, neue Statuten, welche der Gruppe Olten den Spielraum für eine selbständige politische Betätigung versprachen, sowie ein soziales Programm. Darin war die Einrichtung einer Krankenkasse und einer Altersvorsorge vorgesehen, welche später auch tatsächlich realisiert wurden.

Nur eines hatte der SSV nicht: neue Mitglieder. Dieselbe Pro Helvetia, die mit ihrer Subventionsgewährung an die GO eine Wiedervereinigung erreichen wollte, hatte mit ihrer Subventionsblockierung gegenüber dem SSV die Erneuerung von dessen Mitgliederbasis verhindert. Die Statutenrevision und der Namenswechsel erschienen den Oltenern als bloße Kosmetik, verglichen mit der Erneuerung an «Haupt und Gliedern», wie sie von ihnen gewünscht worden war.

Es kam, wie es der Vorstand erhofft hatte: Die Generalversammlung lehnte das Ansinnen der Pro Helvetia einmütig ab, und dieser wurde ermächtigt, mit dem SSV auf der Grundlage der autonomen Weiterexistenz im Gespräch zu bleiben. Mit der Pro Helvetia begann danach ein sich über Jahre hinziehender Konflikt wegen der Subventionsfrage. Ich werde in einem spätern Kapitel darauf eingehen.

Erste Aktivitäten und Pannen

Im Juli 1971 fand im Sekretariat des VPOD in Bern eine Zusammenkunft von Gewerkschaftsvertretern und Medienschaffenden statt, welche vom Genfer Dramatiker Walter Weideli angeregt worden war. Er wollte eine «Arbeitsgemeinschaft der Schriftsteller, Komponisten, Autoren, der ausübenden Künstler und Journalisten, im Hinblick auf die Neuordnung der Radio- und Fernsehgesetzgebung» schaffen. Konkret ging es ihm darum, daß sich die Gewerkschaften vermehrt für die Interessen der Schriftsteller bei der SRG einsetzten. Ich wurde als Vertreter der GO ebenfalls eingeladen.

In einer Tour d'horizon kamen alle uns berührenden Probleme zur Sprache. Ich vernahm, daß eine Revision des Urheberrechts im Gang sei, und daß wir als «Verein» und als Vertreter von Urheberinteressen die formalen Voraussetzungen erfüllten, um uns daran zu beteiligen. Der SSV war bereits zur Stellungnahme eingeladen worden. Die Gewerkschaftsfunktionäre ermunterten uns, gemeinsam bei der SRG vorstellig zu werden, um bessere Tarife für die Senderechte zu erhalten. Die von Weideli geplante Arbeitsgemeinschaft kam nicht zustande, denn die Gewerkschaftsvertreter waren nicht bereit, für uns die Kastanien aus dem Feuer zu holen. Die Vorstellung mancher Kollegen, die spezifischen beruflichen Probleme der Schriftsteller ließen sich an die Gewerkschaften delegieren, erwies sich als falsch. Das wurde mir an diesem Gespräch deutlich bewußt, und so nahm ich vor allem die Erkenntnis mit nach Hause, daß wir die Arbeit, die es im berufspolitischen Bereich zu tun gab, selber an die Hand nehmen mußten.

An dieser Zusammenkunft lernte ich den neuen Sekretär des SSV, Vollenweider, kennen. Sie markiert den Beginn einer engen Zusammenarbeit zwischen den beiden Organisationen in allen wichtigen berufsständischen Fragen, das heißt in Verhandlungen und Gesprächen mit den Werknutzern und bei der Revision des Urheberrechts. In diesen zentralen Bereichen sind die beiden Organisationen, die in der Öffentlichkeit als «verfeindet» galten, von Anfang an geeint und wie ein einziger, alle Schriftsteller umfassender Verband aufgetreten. Wenn ich einerseits der Meinung war, die GO sollte ihre Autonomie bewahren, so habe ich mich andrerseits auch ganz entschieden für die enge Beziehung zu unserer Schwesterorganisation eingesetzt, die nötig ist, damit die Autoren gegenüber ihren Nutzern geschlossen auftreten können. Es ging darum, das durch die Zermatten-Affäre entstandene Zerwürfnis zwischen den Schriftstellern möglichst schnell in ein produktives Verhältnis umzupolen. Hätten wir auf der Autonomie beharrt, nur um gegen den SSV eine Art Grabenkrieg zu verewigen, so hätte dies der Sache der Schriftsteller nur Schaden zugefügt.

Nach der Besprechung von Bern bat ich das Amt für geistiges Eigentum um Einbezug ins Vernehmlassungsverfahren zum neuen Urheberrechtsgesetz, und erhielt sogleich positiven Bescheid und die Unterlagen zugestellt. Wir bildeten eine kleine Kommission und gaben ihr den Auftrag, eine Stellungnahme auszuarbeiten. Matter war darin der einzige Fachkundige. Was mich betrifft, so hatte ich vom Urheberrecht in der ersten Phase meiner Sekretärstätigkeit keine Ahnung. Mir war jedoch von Anfang an bewußt, daß es sich um eine Materie handelt, die für unsere Berufspolitik von zentraler Bedeutung ist. Ich werde mir meine Kenntnisse erst nach und nach, vor allem an den Veranstaltungen der «Vereinigung für Urheberrecht», welche die damalige Revisionsphase mit zahlreichen instruktiven Referaten und Diskussionen begleitete, erwerben.

Der SSV hatte ebenfalls eine Kommission für die Urheberrechtsrevision eingesetzt. Dort war der ehemalige Sekretär Beidler federführend, denn Vollenweider, sein Nachfolger, verstand nichts von rechtlichen Fragen. Die beiden Gremien tagten zuerst getrennt, dann zusammen, und Beidler verarbeitete ihre Texte zu einer gemeinsamen Stellungnahme, deren Qualität ich erst heute richtig erfasse. Im Gegensatz zu uns, auch zu Matter, konnte er aus dem vollen schöpfen. Er hatte ein elementares Interesse an urheberrechtlichen Problemen, während es Matter immer eine gewisse Überwindung kostete, sich mit solchen Fragen zu befassen, da er

63

sich – völlig zu recht – zum Ziel gesetzt hatte, in dieser Sparte nicht als Jurist, sondern als Künstler anerkannt zu werden.

Von der urheberrechtlichen Seite her hätte Beidler unzweifelhaft die Qualifikation zu einem guten Schriftstellersekretär besessen. Heute frage ich mich, weshalb er es trotzdem nicht geschafft habe, innerhalb des SSV eine konsequente Politik der Interessenvertretung in diesem zentralen Bereich aufzubauen. Der Grund dafür muß nicht nur in seiner Persönlichkeitsstruktur, sondern auch in der fehlenden Unterstützung durch die Verbandsmitglieder gesucht werden.

Seine Stellungnahme enthält Forderungen, die für uns auch heute noch aktuell sind. Er setzte sich vehement für die Einführung des Verleihrechts ein, welches dem Schriftsteller eine Entschädigung zusichern würde, wenn seine Bücher von einer öffentlichen Bibliothek ausgeliehen werden. Matter und ich waren aus Gründen, die ich heute für falsch halte, eher skeptisch eingestellt und ließen uns nur widerwillig überreden, in diesem Punkt der gemeinsamen Stellungnahme zuzustimmen. Meine Gegnerschaft gegen das Verleihrecht gehört zu den Schnitzern, die für einen Anfänger auf dem Gebiet der urheberrechtlichen Interessenwahrung unvermeidlich sind.

Der Entwurf zum neuen URG wurde damals von allen Seiten so arg zerzaust, daß das Amt für geistiges Eigentum ihn nicht ans Parlament, sondern an eine zweite Expertenkommission weiterleitete, in welcher auch Beidler Einsitz nehmen durfte. Über das weitere Schicksal dieser Vorlage werde ich im Kapitel «Revision des URG» berichten.

Am 24. November 1972 starb Mani Matter infolge eines Autounfalls. Er war mir ein zuverlässiger Berater gewesen in allen Fragen, die die Gruppe Olten betrafen, und durch diese Zusammenarbeit hatte sich zwischen uns ein enges Freundschaftsverhältnis entwickelt. Sein Tod bestürzte mich. Im ersten Moment sah ich nicht klar, wie ich meine Arbeit ohne seinen Ratschlag würde weiterführen können. Rückblickend betrachte ich Mani Matter, der konsequent für die Autonomie und die Schaffung einer formalen Struktur eingetreten ist, als den eigentlichen Gründer der [1] Gruppe Olten.

Ein knappes Jahr später, nämlich Ende August 1973, wählte der Vorstand den aus der Ostschweiz stammenden Juristen und Urheberrechtler Dr. Paul Brügger zum neuen Rechtsberater. Ich hatte ihn in der «Vereinigung für Urheberrecht» kennengelernt. Seine erste Aufgabe wird darin bestehen, die Matter'schen Statuten, die in einzelnen Punkten auf falschen Voraussetzungen beruht und die sich deshalb schlecht bewährt hatten, zu erneuern. Bevor ich mich diesem Thema zuwende, blende ich nochmals zurück in den Sommer 1971. Kurz vor der ersten Vorstandssitzung meiner Amtszeit als Sekretär erhielt ich von der «Suisa», der schweizerischen Verwertungsgesellschaft für musikalische Werke, einen dicken Briefumschlag, der die Einladung zur Gründungsversammlung einer sogenannten «Pro Litteris» enthielt, dazu die Statuten, den Mitgliedervertrag und andere Unterlagen. Er war an mich als Autor, nicht an die GO gerichtet. Trotzdem legte ich die Dokumente dem Vorstand vor, denn die Gründung einer Verwertungsgesellschaft für literarische Werke schien mir eine Angelegenheit zu sein, zu der wir als Schriftstellervereinigung Stellung zu nehmen hatten, umsomehr, als der SSV, unsere Konkurrenz, unter den einladenden Organisationen aufgeführt war.

Die Gründung geht auf eine Initiative des Direktors der Suisa, Dr. Ulrich Uchtenhagen, zurück. Sie war ursprünglich auf Herbst 1970 geplant, aber wegen der Zermatten-Wirren um ein Jahr verschoben worden. Da wir mit der Materie nicht vertraut waren, betrachteten wir das Vorhaben mit großer Skepsis. Völlig zu Unrecht schöpften wir Verdacht, die Tätigkeit einer solchen Verwertungsgesellschaft wirke sich als Raubzug auf die Rechte der Schriftsteller aus. Daher nahmen wir mit einer kleinen Vorstandsdelegation an der Gründungsversammlung der Pro Litteris vom 11. September 1971 im Kasino Zürichhorn teil. Es war nicht die Absicht, die Gründung zu verhindern, sondern unsere Bedenken zu äußern und allfällige Korrekturen an den Statuten und am Mitgliedervertrag durchzusetzen.

Mit großem Erstaunen nahm ich an der Versammlung zur Kenntnis, daß wir mit unserer ablehnenden Haltung nicht allein waren. Nachdem unser Vertreter seine wenig fundierte Kritik an dem Vorhaben geäußert hatte, erhielt er von sämtlichen nachfolgende Rednern, auch von seiten der Verleger, Unterstützung. Es war, als hätten wir eine Lawine von Mißtrauen ausgelöst. Wie üblich bei Veranstaltungen, wo es um die gemeinsame Interessenwahrung geht, glänzte die Prominenz durch Abwesenheit.

Aufgrund des Protokolls, das die Suisa von der Versammlung erstellt hat, läßt sich heute beurteilen, daß durchwegs konforme, auf Mißverständnissen und Unkenntnis beruhende Voten gehalten wurden. Die Situation war absurd. Die Redner überboten sich gegenseitig in der Ablehnung einer Institution, die zum Wohl und zum Schutz der Autoren hätte geschaffen werden sollen. Ein fremder Beobachter hätte leicht den Eindruck gewinnen können, hier seien nicht die Schöpfer, sondern die Konsumenten von urheberrechtlich geschützten Werken versammelt. Sogar die Vertreter der einladenden Organisationen, des SSV und des Schweizerischen Buchhändler- und Verleger-Verbands, sprachen sich gegen die Gründung aus, was von ihrem desolaten Zustand zeugte. Denn Uchtenhagen hatte den Vorständen durchaus die Gelegenheit gegeben, sich und ihre Mitglieder über das Vorhaben zu informieren, aber dies war offensichtlich nicht geschehen. So mußte seine verdienstvolle Initiative im Sand verlaufen. Er hatte nicht den Mut, die Gründung gegen so viel unqualifizierte Kritik und Borniertheit der Autoren und Verleger durchzusetzen, und machte den Vorschlag, diese sei zu vertagen, was von der Versammlung als positives Ergebnis gewertet wurde. Die Blumen blieben unausgepackt, und die Vertreter der ausländischen Verwertungsgesellschaften, welche als Gäste zum Gründungsakt eingeladen worden waren, stammelten anstelle der vorbereiteten Glückwunschadressen ein paar Worte der Verlegenheit. Im Bewußtsein, einen großen Sieg errungen zu haben, speisten wir danach fröhlich auf Kosten der Suisa. Drei Jahre später, im September 1974, wird die Pro Litteris trotz dieses ersten gescheiterten Versuchs gegründet. Ich werde mich unterdessen vom Saulus zum Paulus, nämlich zu einem überzeugten Befürworter der Verwertungsgesellschaft an literarischen Werken, gewandelt haben. Wir werden noch etliche Um- und Irrwege machen, bis die neuen Statuten nüchtern, diskussionslos und ohne festliches Zeremoniell von den geladenen Vertretern der Gründerorganisationen, zu denen jetzt auch die Gruppe Olten zählt, angenommen werden. Wenn ich sie mit denjenigen vergleiche, die im Kasino Zürichhorn abgelehnt wurden, komme ich um die Feststellung nicht herum, daß wir durch unsere damalige Intervention viel Zeit verloren, aber nichts gewonnen haben. Der einzige Fortschritt bestand darin, daß jetzt gleichzeitig mit der «Pro Litteris» auch die «Teledrama», die Verwertungsgesellschaft für dramatische Werke, gegründet werden konnte.

Während die Aufbauarbeit auf dem Gebiet der kollektiven Verwertung, die für die Wahrnehmung der beruflichen Interessen der Schriftsteller von entscheidender Bedeutung ist, von den Mitgliedern kaum zur Kenntnis genommen wurde, tauchte die Forderung, die GO solle sich einer Gewerkschaft anschließen, in der ersten Phase immer wieder auf. Daher sah sich auch der Vorstand mehrmals veranlaßt, sich mit dieser Frage zu beschäftigen. Es ging den Befürwortern eines solchen Anschlusses vor allem um zwei Dinge. Zum einen wollten sie damit ihre Solidarität mit den Arbeitern bekunden. Zum andern erhofften sie eine Stärkung der «schwachen» Gruppe Olten gegenüber der «mächtigen» SRG und dem Verlegerverband.

Ich trat anfänglich ebenfalls für einen solchen Anschluß ein. Aber schon die vorhin erwähnte Zusammenkunft von Bern machte mich stutzig. Im Herbst 1971 führte ich ein Gespräch mit dem VPOD-Sekretär Stappung. Es zeigte sich, daß die Gründung einer VPOD-Sektion der Schriftsteller durchaus möglich gewesen wäre. Abschreckend wirkten die hohen Beiträge an die Zentralkasse, die Befürchtung eines Verlusts der Pro Helvetia-Subventionen und die Tatsache, daß das zentrale Sekretariat für uns kaum berufsspezifische Aufgaben hätte übernehmen können. Ein Beitritt zur Druckergewerkschaft, wie er damals in der Bundesrepublik erwogen und später auch vollzogen wurde, ist vom Vorstand nie ernsthaft in Erwägung gezogen worden. Unsere Erkundigungen ergaben, daß die Angestellten der graphischen Industrie mit ihren eigenen Strukturproblemen schon genug zu schaffen hatten.

Heute bin ich überzeugt, daß es richtig war, diesen Schritt nicht zu tun. Denn die Gewerkschaft ist eine Organisation, deren Apparat auf die Wahrnehmung der spezifischen Bedürfnisse von Arbeitnehmern ausgerichtet ist, während ein Schriftsteller-Verband seine Mitglieder als freischaffende Autoren zu vertreten hat. Daher spielt bei ihm nicht die Zahl, sondern die Repräsentativität der von seinen Mitgliedern geschaffenen Werke die entscheidende Rolle. Ein Schriftsteller-Verband hat gegenüber den Werknutzern nicht dadurch eine stärkere Position, daß er sich an die Massenorganisation einer Gewerkschaft anlehnt, sondern durch die Stellung, die seine Mitglieder auf dem literarischen Markt einnehmen.

Von der «Gruppe» zum Verband

Wie ich weiter vorn erwähnt habe, ordnete Matter in seinen Statuten den Regionalgruppen, die er als lokale Gemeinschaften von Zürich, Basel, Bern, Lausanne und Genf verstand, wichtige Kompetenzen zu. Sie sollten die neuen Mitglieder aufnehmen und je einen Vertreter in den Vorstand wählen. Die Zuständigkeit der Generalversammlung war entsprechend eingeschränkt.

In Bern versuchte ich längere Zeit, den Stammtisch der «Oltener» als regelmäßige Zusammenkunft der Autoren von Bern, Biel und Solothurn zur festen Einrichtung werden zu lassen, aber es gelang mir nicht. Die Distanz war zu groß, das Interesse zu klein. Ich mußte die Erfahrung machen, daß bei den Schriftstellern die übergreifenden Bekanntschaften mehr locken als die lokalen. Ähnliche Versuche in den andern Regionalgruppen scheiterten jedesmal nach kurzen Anfangserfolgen. Matter war zu optimistisch gewesen. Er hatte seine Statuten nach der Idealvorstellung einer föderalistisch strukturierten Gemeinschaft geschaffen, in welcher die einzelnen Zellen für die Erneuerung des Ganzen zu sorgen hatten. Nun zeigte es sich, daß kein Bedürfnis nach solchen Zellen bestand, so daß sich diese nicht bilden und ihre Aufgabe nicht übernehmen konnten. Daraus ergaben sich für das Ganze Schwierigkeiten, und zwar in den beiden zentralen Bereichen, die den Stammtischen übertragen waren: der Mitgliederaufnahme und der Vorstandserneuerung.

An der Gründungsversammlung von Biel hatten die fünf Vertreter der Regionalgruppen, die den Vorstand bildeten, noch problemlos ernannt werden können. Enttäuschend war nur die Tatsache gewesen, daß sich kein Prominenter für eine Funktion innerhalb des Vorstands zur Verfügung gestellt hatte. Als ich an der GV von Neuchâtel zum Sekretär gewählt wurde, mußte ich als Vorstandsmitglied zurücktreten, und es lag an der Regionalgruppe Bern, einen Nachfolger zu bestimmen. Das war ein sehr mühsames Unterfangen. Ein halbes Jahr nach der Vereinsgründung zog sich der Delegierte von Basel aus dem Vorstand zurück. Er schickte einen Vertreter, der seinerseits einen Vertreter einsetzte. Eine Wahl durch den «Stammtisch» kam nicht zustande, da ein solcher gar nicht existierte. Es fehlte das Wahlgremium für die Erneuerung des Vorstands, was einerseits zur Kooptation und andrerseits zu einem Legitimationsdefizit der einzelnen Vorstandsmitglieder führte, so daß diese für ihre Tätigkeit wenig motiviert waren und häufig den Sitzungen fernblieben.

Nach einem Jahr wurde Zürich Vorort, und Schwarz übernahm das Amt des Präsidenten. Der Wechsel entsprach dem in den Statuten festgelegten Modus, wonach der Vorort jedes Jahr in einer andern Region liegen sollte. Nach einem weitern Jahr funktionierte das Rotationsprinzip schon nicht mehr, denn es stellte sich innerhalb des Vorstands kein anderer Kandidat zur Verfügung. Schwarz mußte zweieinhalb Jahre im Amt bleiben. Ich war über diese Tatsache nicht unglücklich, da ich den jährlichen Wechsel ohnehin für problematisch hielt.

Die Beteiligung an den Vorstandszusammenkünften war in dieser Phase katastrophal schlecht. Zweimal kam es vor, daß Schwarz und ich die Sitzungen allein bestritten. Damit die Tätigkeit der Gruppe nicht durch die nachläßigen Vorstandsmitglieder blockiert werden konnte, traf Schwarz die Entscheidungen in präsidialer Vollmacht, und den Abwesenden räumten wir eine Einsprachefrist ein. Sie wurde in keinem Fall benutzt.

Noch prekärer als bei der Vorstandserneuerung war die Situation bei der Mitglieder-Aufnahme. Das «Hineinwachsen» der neuen Mitglieder in die Gruppengemeinschaft, wie es sich Matter erträumt hatte, konnte nicht stattfinden, da sich keine Stammtische oder ähnliche Einrichtungen gebildet hatten. Ich habe weiter vorn erwähnt, daß die Aufnahme praktisch in der Hand einer Person, des Delegierten, lag. Matters Bestreben nach möglichst viel Demokratie hatte gerade zu deren Abbau geführt. Die Entscheide der Delegierten waren willkürlich, weil einheitliche Kriterien fehlten. Zum Teil fand die Selektion nicht nach qualitativen, sondern nach emotionalen Gesichtspunkten statt, ohne daß geprüft worden wäre, ob die Betreffenden bereits ein Werk publiziert hatten. Um diesen

unbefriedigenden Zustand zu beenden, setzte ich beim Vorstand
einen Aufnahmestopp durch. Ich hoffte, daß sich mit der Zeit von
selbst eine Klärung der Situation einstelle.

Es gab und gibt in dieser Sache auch heute noch zwei Meinungen. Die eine setzt sich für eine restriktive, die andere für eine
extensive Aufnahmepraxis ein. Letztere wird mit dem Hinweis
gerechtfertigt, daß die GO kein elitärer Klub sein solle und daß jede
Selektion der Ausdruck versteckter Gruppenegoismen und Machtansprüche sei. Ich befürwortete damals die restriktive Praxis. Das
hing mit meiner Vorstellung zusammen, daß die GO ihr Profil
nicht durch ein politisches oder weltanschauliches Programm,
sondern durch das literarische Potential ihrer Mitglieder gewinnen
und sich durch dieses vom SSV unterscheiden sollte. Die unbeküm-
merte Aufnahme neuer Mitglieder kam mir wie eine Verwässe-
rung der Substanz der Gründergruppe vor. Ich war besorgt, auf
diesem Weg werde die GO früher oder später ein zweiter SSV
werden, das heißt eine Organisation, welche durch das Schwergewicht jener Mitglieder blockiert wird, die bloß aus Prestigegründen dazugehören.

Da einerseits die Matter'schen Statuten in zentralen Bereichen wegen der Nichtexistenz der Stammtische nicht mehr wirk-
sam sein konnten, die Zeit für deren Korrektur oder Ersatz andrerseits aber noch nicht gekommen war, versuchte ich das Aufnahme-
Problem durch einfache GV-Beschlüsse zu lösen. Auf mein Betreiben faßte die sehr schlecht besuchte GV vom November 1972
mehrheitlich den Beschluß, die Kompetenz zur Mitgliederaufnahme von den Regionalgruppen zum Vorstand zu verlagern,
jedoch bestehe für die Abgewiesenen ein Rekursrecht an die GV.

Mit diesem Entscheid wollte ich zwei Ziele erreichen.
Erstens sollte die Frage einer Aufnahme oder Abweisung im Kollektiv diskutiert und nicht durch eine Einzelperson entschieden
werden. Es ist eine bekannte Tatsache, daß personelle Probleme
besser im kleinen Kreis besprochen werden als im großen. Daher
schien mir der Vorstand, nicht die GV, das geeignete Gremium zu
sein. Von ihm erhoffte ich eine aktive Aufnahmepolitik, denn ich

hatte beobachtet, daß gewisse Autoren – es waren durchaus nicht immer die schlechtesten – sich nicht aus eigener Initiative zum Beitritt meldeten, sondern gefragt sein wollten.

Zweitens wollte ich versuchen, einheitliche Aufnahmekriterien durchzusetzen. Ich hatte inzwischen recht klare Vorstellungen gewonnen über das, was die GO sein sollte, und daraus ergaben sich auch die Anforderungen an die Kandidaten. Die Aufnahme sollte nicht aufgrund subjektiver Eindrücke, sondern objektiver Tatsachen erfolgen. Daher mußte der Kandidat sich über sein Werk ausweisen.

Im März 1973 gab ich erstmals ein Werkverzeichnis der Mitglieder heraus. Es war meine Absicht, nicht nur eine Dokumentation über einen wichtigen Teil des literarischen Schaffens der Schweiz zu erstellen, sondern auch eine Entscheidungshilfe für die Mitgliederaufnahme. So hatte jeder Kandidat dem Aufnahmegesuch das Verzeichnis seiner «Hauptwerke» beizufügen, und dieses diente als Grundlage des Aufnahme-Entscheids. Als «Hauptwerk» wurden nur die selbstverfaßten Bücher oder andere veröffentlichte Werke von entsprechendem Arbeitsaufwand anerkannt.

Gleichzeitig mit der Verschärfung der Aufnahmepraxis plante ich die Wiedereinführung der Kategorie der «Kandidaten», wie sie am vierten Oltener-Treffen beschlossen, aber in den Matter'schen Statuten nicht berücksichtigt worden war. Die Einschaltung einer solchen Wartsaal-Stufe sollte dem Vorstand ein gemächlicheres Tempo beim Aufnahme-Prozedere erlauben. Er sollte die Gelegenheit erhalten, einen Kandidaten in seiner literarischen Entwicklung zu beobachten, bevor er ihn definitiv zum Mitglied machte.

Der Vorstand hielt seinen Aufnahmestopp aufrecht, bis durch Beschluß der GV der neue Modus festgelegt war. Da die Gruppe Olten bei den jungen Autoren nach wie vor attraktiv war, hatten sich die Beitrittsbegehren in der Zwischenzeit zu einer stattlichen Zahl gehäuft. An einer Vorstandssitzung im Juni 1973 hatte der Vorstand über die Aufnahme von nicht weniger als fünfzehn Schriftstellerinnen und Schriftstellern zu entscheiden. Wie ich schon erwähnt habe, wechselte dessen Zusammensetzung oft von Sitzung zu Sitzung. Zufällig nahm an der besagten Zusammenkunft Dieter Fringeli teil, der als Kritiker an der damaligen National-Zeitung tätig war und der die Kandidaten nach strengen literarischen Kriterien maß. Unter seinem Einfluß nahm der Vorstand von den fünfzehn Bewerbern nur neun auf, sechs verwies er in die Kategorie der Kandidaten. Zugleich beschloß er aus Gerechtigkeitsgründen, auch fünf der bisherigen Vollmitglieder, die infolge der largen Aufnahmepraxis in der Anfangsphase in die GO «hineingerutscht» waren, die jedoch noch nicht als Schriftsteller in dem oben angeführten Sinn betrachtet werden konnten, in die Kandidatenkategorie umzustufen.

Die Bekanntgabe dieses Entscheids löste sowohl bei den Betroffenen als auch bei den übrigen Mitgliedern Empörung aus. An der GV vom 11. November 1973 im Genossenschaftsgasthof «Kreuz» in Solothurn erschien außer Frisch die gesamte Prominenz,

27 Generalversammlung der «Gruppe Olten» im Genossenschaftsgasthof «Kreuz» in Solothurn vom 11. November 1973. Gesamtaufnahme. Links mit dem Rücken zur Kamera: Manfred Schwarz, der die Versammlung leitet.

73

um gegen das Vorgehen des Vorstands zu protestieren. Die Stimmung war gereizt. Die Versammlung quittierte meine Voten zur Rechtfertigung der gefaßten Beschlüsse mit Hohngelächter. Der Vorstand wurde in seiner wohlgemeinten Bemühung, eine strengere Selektion einzuführen und eine Entwicklung zu bremsen, die gerade beim SSV heftig kritisiert worden war, völlig desavouiert. Die Versammlung hob seine Entscheide auf und entzog ihm die Kompetenz zur Mitglieder-Aufnahme, die sie ihm ein Jahr zuvor erteilt hatte. Von der Einführung einer Kandidatenkategorie wollte sie nichts wissen.

Trotz dieser für mich im ersten Moment ziemlich deprimierenden Auseinandersetzung ergeben sich im nachhinein zwei positive Resultate. Im Zusammenhang mit der geplanten Herausgabe einer Anthologie hatte der Benziger Verlag den Fotografen Andreas Wolfensberger nach Solothurn bestellt, um an der GV im «Kreuz» die Gruppe Olten zu porträtieren. Die gute Beteiligung, deren Ursache nicht der Eifer für die gemeinsame Sache, sondern die Opposition gegen den Vorstand war, kam seinen Aufnahmen sehr zustatten. Einen Teil dieser Bilder, deren historischer Wert unbestritten ist, geben wir auf den folgenden Seiten wieder. Über die Leidensgeschichte der erwähnten Anthologie werde ich im Kapitel «Der Traum vom gemeinsamen Schreiben» berichten.

Zweitens setzte sich an der GV in Solothurn bei manchen Mitgliedern die Einsicht durch, daß die Matter'schen Statuten in wichtigen Punkten versagt hatten und einer gründlichen Überholung bedurften. Ich konnte erreichen, daß der Vorstand den Auftrag erhielt, eine Statutenrevision an die Hand zu nehmen. Ganz allgemein war das Bedürfnis entstanden, durch eine eindeutige Regelung der Aufnahmepraxis künftig solche Konflikte zwischen der Basis und der Führungsgruppe zu vermeiden.

Der Vorstand handelte ohne Verzug. Er gab dem neuen Rechtsberater Brügger den Auftrag, einen Entwurf auszuarbeiten. Die erste Fassung ging im Frühling 1974 zur Stellungnahme an die Basis. Der einzige Änderungsvorschlag betraf den letzten Absatz des Zweckartikels. Ein Mitglied verlangte eine Ergänzung in dem

Sinne, daß die GO ein klares Bekenntnis zum demokratischen Sozialismus ablege. Diesem Wunsch wurde entsprochen. Ich werde den neuen Zweckartikel in seinem vollen Inhalt im Schlußkapitel zitieren und mich dort auch zu seiner Problematik äußern.

Nach einer zweiten Sitzung des erweiterten Vorstands war der Entwurf bereinigt, und er wurde an einer außerordentlichen GV vom 7. September 1974 nach geringfügigen Änderungen einstimmig gutgeheissen. Die wichtigste Änderung betrifft die Verlagerung der Vorstandswahlkompetenz von den Stammtischen zur GV. Die Regionalgruppen verloren ihre «Organstellung». Die Projektgruppen sind nicht mehr erwähnt. Insgesamt ist das Organisationsschema zentralistischer geworden und unterscheidet sich kaum noch von demjenigen der meisten andern Vereine oder Verbände. Im Gegensatz zu den ersten haben sich diese zweiten Statuten bezüglich des organisatorischen Teils sehr wohl bewährt, so daß sich bis heute keine Revision aufgedrängt hat.

Ein Problem jedoch konnte mit der Statutenrevison von 1974 nicht gelöst werden: dasjenige der Benennung. Der Name «Gruppe Olten» war in einer Zeit entstanden, als die Entwicklung zum normalen Schriftstellerverband noch nicht abzusehen war und da noch eine enge Verbindung mit dem Ort «Olten» bestand. Diese löste sich schon kurz nach der Vereinsgründung auf, indem die Sitzungen oder Anlässe an diesem zentralen Ort zur großen Ausnahme wurden. Ebenso verwirrend ist die Bezeichnung «Gruppe» für eine Schriftstellerorganisation, die selber ein Ganzes und nicht, wie man meinen könnte, bloß einen Teil einer umfassenderen Organisation darstellt.

Im Bemühen, den gesamtschweizerischen Charakter zu betonen, wurde in den Statuten von 1974 die offizielle Benennung in «Schweizer Autoren Gruppe Olten» umgewandelt. Damit blieb jedoch der falsche geographische Bezug, und gewisse Wortkonstruktionen, wie zum Beispiel «Regionalgruppe Zürich der Schweizer Autoren Gruppe Olten», wurden nur noch absurder. Das einzelne Mitglied wird mit diesen Schwierigkeiten wenig konfrontiert, aber der Sekretär, der die GO nach außen, auch in internationalen Belangen, vertreten muß, sieht sich gezwungen, immer wieder zu erklären, was sich hinter diesem seltsamen Namen versteckt. Es ist eben nicht so, daß sich der Name eingebürgert hat. Er ist nicht einmal in der Schweiz bei einem breitern Publikum bekannt. Wenn er sich bisher hartnäckig gehalten hat – auch an der GV vom 11. September 1988 wurde ein Änderungsantrag des Vorstands abgelehnt –, so liegt der Grund einzig und allein darin, daß bei manchen Mitgliedern eine starke emotionale Bindung an diese Vokabeln vorhanden ist.

Trotz dieses Schönheitsfehlers betrachte ich die unspektakuläre, in aller Stille durchgeführte Statutenrevision von 1974 als einen der wichtigsten Einschnitte in der Geschichte der GO. Die erste, unstabile Phase war zu Ende gegangen. Die «Gruppe» hatte Boden unter den Füßen gewonnen. Daher möchte ich an diesem Punkt die Entstehungsgeschichte abschließen und in den folgenden Kapiteln auf die aktuellen Probleme der Verbandsarbeit eingehen. Es mag einem spätern Chronisten vorbehalten bleiben, den Faden der Geschichte weiterzuspinnen.

28 *Vorn: Peter André Bloch, Ernst Burren, Peter Bichsel, E. Y. Meyer. Im Spiegel links: Gerold Späth. Dahinter: Martin Liechti, Ernst Eggimann, Kurt Marti. Diese sowie die folgenden Aufnahmen von der GV 1973 in Solothurn.*

29 Peter Bichsel, Jörg Steiner, E. Y. Meyer, Otto F. Walter.

30 Vordere Reihe: Adolf Muschg, Erica Pedretti, Jürg Acklin. Mittlere Reihe: Kurt
Marti, Enst Eggimann, Martin Liechti, Rolf Hörler. Hintere Reihe: Peter Keckeis als
Gast, Franz Hohler.

31 *Franz Hohler, Alfred A. Häsler als Gast, Jürg Acklin, Adolf Muschg, Gerda Zeltner.*

32 *Vor dem Tisch: Nicolas Bouvier, Roger-Louis Junod, Edgar Tripet. Hinter dem Tisch: Michel Viala, Pierre Chappuis, Bernard Liengme, Lorenzo Pestelli.*

78

33 Christoph Geiser, Martin Liechti, Stefan Sadkowsky, Rolf Hörler, Ernst Burren.

34 Franz Hohler, E.Y. Meyer, Erica Pedretti.

35 *Jürg Acklin, Christoph Mangold, Adolf Muschg, Dieter Fringeli, Otto F. Walter, Ueli Kaufmann, Heinrich Wiesner.*

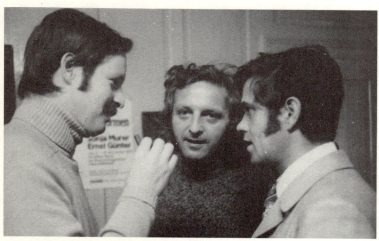

36 *Gerold Späth, Peter Bichsel, Manfred Schwarz.*

Die Domäne

Der Einstieg in den Schriftstellerberuf

Im Rückblick erweist sich die Entstehungsgeschichte der GO als eine Auslegeordnung ihrer wichtigsten, auch heute noch aktuellen Probleme. In den nun folgenden Teilen möchte ich auf diese Probleme näher eingehen. Dabei halte ich mich an ein in der Verbandssoziologie bewährtes Schema, das auf die Soziologen Schmitter/Streeck zurückgeht und nach welchem die Berufsverbände hinsichtlich der folgenden vier Dimensionen untersucht werden können: Domäne, Struktur, Ressourcen, Aktivität.[18]

Unter «Domäne» verstehe ich denjenigen ökonomischen und politischen Raum, auf den sich ein Verband in seiner Tätigkeit bezieht. In diesem Sinne ist die Domäne eines Schriftstellerverbands der einzelne Schriftsteller mit seinen Bedürfnissen, seinen gesellschaftlichen Verflechtungen und seinen ökonomischen Problemen.

Der Maßstab für den Sinn des Kollektivs ist der Nutzen des Einzelnen. Das bedeutet, daß das Kollektiv nicht zum Selbstzweck werden darf. Es hat seine Aktivitäten nach den Bedürfnissen des Einzelnen auszurichten und nur solche Maßnahmen zu ergreifen, die der Einzelne nicht besser selber durchführt. Die Mißachtung dieser Regel führt zum Kollektivismus, der gekennzeichnet ist durch eine erdrückende Übermacht des Kollektivs gegenüber dem Individuum. Er gipfelt in der Forderung nach völliger Unterordnung des einzelnen Menschen unter die Gruppe: «Du bist nichts, das Volk, die Partei, die Nation ist alles.»

Wo das Individuum gezwungen wird, sein Selbstinteresse auszulöschen und sich in der Maße aufzulösen, wird die Basis der Kreativität, des künstlerischen und literarischen Schaffens zerstört. Denn die Kreativität ist untrennbar verbunden mit der Entfaltung des Individuums. Die Literatur kann geradezu als eine Gegenkraft zum Kollektivismus verstanden werden, als Manifestation des

Individualismus. Wenn ein Schriftstellerverband durch die Art und Weise seiner Tätigkeit die Entstehung des Kollektivismus begünstigt, erreicht er das Gegenteil dessen, was er eigentlich erreichen sollte. Er zerstört die Grundlagen einer lebendigen Literatur, statt diese zu verbessern.

Jeder Mensch muß fähig sein, sich einem Kollektiv unterzuordnen. Aber er muß sich auch zur Wehr setzen können, wenn das Kollektiv unsinnige Forderungen stellt. In ihrem Kampf gegen die übersteigerten Machtansprüche des Kollektivs fallen die Künstler und Schriftsteller oft ins andere Extrem, indem sie jegliche Unterordnung ablehnen und dem Anarchismus das Wort reden, dessen oberster Grundsatz lautet: «Niemand sollte zu etwas gezwungen werden.»

Es leuchtet ein und bedarf keines langen Beweises, daß der Anarchismus, der bei den meisten Schriftstellern latent vorhanden und als Gegenkraft zum Kollektivismus notwendig und berechtigt ist, den Aufbau eines Schriftstellerverbands zu einem schwierigen Unterfangen macht. Die Entstehungsgeschichte der GO legt ein beredtes Zeugnis für diese Art von Schwierigkeiten ab. Anarchismus und Kollektivismus sind die beiden Gegensätze, welche die Existenz eines Schriftstellerverbands bedrohen. Der Kollektivismus überhöht den Verband zu einem allmächtigen Gebilde, während ihn der Anarchismus zur Untätigkeit und Lächerlichkeit, zur «Grube Olden» verkommen läßt. Wenn nun aber der Verband den einzelnen Schriftsteller ins Zentrum seiner Tätigkeit stellt, wenn seine Organe nach der Devise handeln, daß sie nicht Herrschende, sondern Dienende sind und die einzelnen Schriftsteller und Schriftstellerinnen diejenigen, die bedient werden, dann ist nicht nur die Gefahr des Kollektivismus gebannt, sondern auch dem Anarchismus der Boden entzogen.

Bevor der Schriftsteller mit Schreiben beginnt, ist er ein Leser. Bei manchen Autoren hat ein Leseerlebnis den Entschluß ausgelöst, das Schreiben zum Beruf zu machen. Der Schriftsteller ist ein Leser besonderer Art, einer, der seine Passivität als Leser in Aktivität umwandeln möchte. Das Lesen ist bei ihm nicht

Selbstzweck, sondern Vorstufe zum Schreiben. Es nimmt in seinem Werdegang den Platz einer beruflichen Ausbildung ein. Denn im Gegensatz zu andern Berufen kennt der Schriftsteller keinen formal geregelten Ausbildungsgang. Es gibt kein Studium, kein staatliches Diplom. Die technischen Voraussetzungen für diesen Beruf sind minimal. Das Rüstzeug erwirbt sich jedermann in den ersten vier Jahren der Grundschule: Lesen und Schreiben. Die Frage, ob über die handwerkliche Grundausbildung hinaus eine gewisse Begabung zum Schreiben, das heißt eine Leichtigkeit des schriftlichen Ausdrucks nötig sei, ist umstritten. Es gibt bedeutende Autoren, die sich gerade durch ihre großen Schwierigkeiten im Umgang mit der Sprache auszeichnen. Die Schreibbegabung kann sich auch negativ auswirken im Sinne einer Verführung zu einem allzu geschliffenen Stil. Das literarische Werk ist immer auch Ausdruck eines Ringens, einer Überwindung von Widerständen, eines Sieges über Krankheit und Tod.

Der Schriftsteller ist ein Autodidakt. Dies ist nicht so zu verstehen, daß er sein ganzes Wissen und Können nur aus sich heraus entwickelt. Jeder Schriftsteller besitzt eine Reihe von Lehrmeistern. Aber er steht mit ihnen nicht in persönlichem Kontakt. Zumeist sind sie längst gestorben. Seinen «Lehrstoff» schöpft er aus den Büchern, in denen der gesamte Wissens- und Erfahrungsschatz der Menschheit gespeichert ist. Es ist eine unbestrittene Tatsache, daß einzelne Schriftsteller, zum Beispiel Robert Walser und Ludwig Hohl, ihre Wirkung vor allem auf andere Schriftsteller und nicht auf das breite Publikum ausgeübt haben.

Dem Lesen als erster Entwicklungsstufe auf dem Weg zum Schriftstellerberuf folgt normalerweise die Phase des absichtslosen Schreibens. Der junge Autor sollte sich vorerst ganz vom Druck befreien, einen Text vorlegen zu müssen, der bei seinen Eltern, Lehrern oder irgendwelchen Redaktoren Beifall findet. Die eigene Sprache findet er am besten durch ein freies Assoziieren, bei welchem der Lauf der Phantasie weder durch inhaltliche noch durch formale Auflagen gehemmt wird. Wer Hunderte von Seiten ohne Absicht auf Veröffentlichung zu Papier bringt und ohne sich Rechenschaft darüber abzulegen, ob es sich um einen Roman, um eine Serie von Erzählungen oder um eine bloße Sammlung von Notizen handle, befindet sich auf dem richtigen Weg.

Von der bürgerlichen unterscheidet sich die künstlerische Karriere dadurch, daß sie mit viel größeren Unsicherheitsfaktoren belastet ist. Zumeist erweisen sich später die Tätigkeiten, die im Moment den Eindruck von Trödelei erwecken, als durchaus sinnvoll. Irgendeinmal wird dann der junge Autor von seinen «Jugendsünden» Abschied nehmen und die Schuhschachteln voller Romane, Theaterstücke, Tagebücher und nicht abgeschickter Liebesbriefe verbrennen, als Ausdruck dafür, daß er in seiner Entwicklung eine wichtige Metamorphose durchgemacht hat.

Der nächste, der entscheidende Schritt in der Laufbahn eines Schriftstellers ist der Wechsel vom «Schreiben-für-sich-selbst» zum «Schreiben-für-die-Veröffentlichung». Damit wird die Privatsphäre, die sowohl Schutz als auch Einschränkung bringen kann, verlassen. Der «heimliche Schreiber» mausert sich zum Publizisten.

Ich habe den Eindruck, daß sich manche Autoren der Bedeutung dieses Schrittes nicht genügend bewußt sind. Der Wunsch, sich mit jeglichem Geschreibsel der Öffentlichkeit zu präsentieren, ist oft größer als die angeborene Scheu vor der Selbstentblößung. Jeder Autor kennt das Entsetzen beim Nachlesen von Texten, die er in jungen Jahren veröffentlicht hat. Die Frage: «Werde ich in zehn Jahren noch dazu stehen können?» hilft solche Pannen vermeiden.

Auch rechtlich gelangt der Autor mit der Veröffentlichung eines Werks in eine neue Entwicklungsstufe. Zwar beginnt der urheberrechtliche Schutz schon von dem Moment an, da das Werk geschaffen ist, aber in seiner vollen Tragweite wirkt sich dieser erst aus, wenn es bekanntgemacht wird.

Der Urheber hat das Recht zu bestimmen, ob, wann und wie sein Werk erstmals veröffentlicht werden soll. Ein Werk ist veröffentlicht, wenn es vom Urheber oder mit dessen Zustimmung erstmals außerhalb seines privaten Kreises einer größeren Anzahl Personen zugänglich gemacht wurde.[19] So wird die Veröffentlichung gesetzlich definiert.

Sämtliche Nutzungsrechte, also zum Beispiel das Vervielfältigungsrecht, Aufführungsrecht, Senderecht, lassen sich von diesem einen zentralen Herrschaftsrecht ableiten, denn sie betreffen das «Wie» der Veröffentlichung: ob es einem breitern Publikum als Buch, als Theaterstück, als Sendung am Radio oder Fernsehen vorgestellt werden soll.

Mit dem Akt der Veröffentlichung übt der Urheber das zentrale Herrschaftsrecht über sein Werk aus. Aber indem er es ausübt, verliert er es. Dies ist die paradoxe Situation, in der sich jeder Urheber befindet. Denn die Praxis beweist, daß ein bekanntgemachtes Werk sehr rasch der Kontrolle seines Urhebers entgleitet. Je größer der Erfolg, desto größer wird auch die Gefahr eines Mißbrauchs sein. Die fast unbegrenzten modernen Vervielfältigungs- und Kommunikationsmöglichkeiten verstärken diese Tendenz. Der machtvollste Urheber ist derjenige, der nichts veröffentlicht. Aber die Veröffentlichung ist die Voraussetzung für sein Ansehen als Autor und damit verbunden auch für den finanziellen Ertrag. Nur ein veröffentlichtes Werk kann genutzt werden und damit seinem Urheber die Mittel zu seinem Lebensunterhalt verschaffen.

Jeder junge Mensch, der sich in der Kopf gesetzt hat, Schriftsteller zu werden, wird erleben, daß ihm erfahrene Personen davon abraten. Vom materiellen Standpunkt aus sind solche Ratschläge berechtigt. Anders als in den meisten bürgerlichen Berufen gibt es für ihn keine leeren Stellen, keine Marktnischen, in denen er sich einnisten kann. Seine Konkurrenz ist groß: sie umfaßt alle guten Autoren der Weltliteratur. Es sind schon so viele gute Bücher geschrieben worden, daß niemand erwartet, er werde ein neues hinzufügen.

Aber wer sich zu diesem Beruf gedrängt fühlt, wird sich durch keine wohlgemeinten Ratschlägen von seinem Ziel abbringen lassen. Er geht unbeirrt seinen Lauf, auch wenn ihm noch so viele Hindernisse in den Weg gelegt werden. Der Schriftsteller ist ein starrköpfiger Mensch, der sich als Auserwählter fühlt, zu nichts anderem fähig, als mit dem Mittel der Sprache «Kunst» zu machen.

Ich sehe das Schreiben im Sinne des Erschaffens von «Sprachkunst» als ein Schicksal in seiner doppelten Bedeutung von Lust und Belastung. Der Schriftsteller ist einer, der zum Schreiben gezwungen ist, da er zu nichts anderem taugt. Das «So und nicht anders», das «Nicht-anders-Können» sind die Grundvoraussetzungen und sichersten Kriterien der Eignung zum Schriftstellerberuf.

Damit ein Autor seine Bücher verkaufen kann, muß er bekannt sein, denn das Publikum kauft Namen, nicht Titel. Er gerät rasch in Vergessenheit, wenn er sich nicht immer wieder in Erinnerung ruft. Manche Schriftsteller trachten deshalb danach, alle zwei Jahre ein Buch herauszugeben, was zwar für den Bekanntheitsgrad förderlich ist, jedoch nicht immer für die Qualität.

Sobald ein Autor bekannt ist, wird von ihm alles gedruckt, gleichgültig, ob es gut oder schlecht sei. Denn das schlechte Buch eines bekannten Autors verkauft sich besser als das gute eines unbekannten. Aber wie kommt der junge, unbekannte Autor zu seinem ersten Buch? Was muß er tun, damit er die Publikationsschranke durchbrechen kann? –

Die Gefahr, daß es ihm am Anfang zu leicht gemacht wird, ist heute fast größer als das Gegenteil. Obschon die Verlage von Manuskripten geradezu überflutet werden, sind sie durchaus nicht abgeneigt, neue Namen in ihr Programm aufzunehmen. Jedes Werk eines jungen Autors, auch wenn es vorerst nur Kosten verursachen sollte, läßt sich als Option auf einen künftigen Gewinn betrachten. Denn als Gegenleistung zur Bekanntmachung des Werks sichert sich der Verleger die Nutzungsrechte auf die Dauer des urheberrechtlichen Schutzes, das heißt 50 Jahre über den Tod des Autors hinaus. Sollte der betreffende Schriftsteller einmal berühmt werden, ließe sich mit seinem Erstlingswerk, auch wenn es noch so unvollkommen wäre, ein gutes Geschäft machen. Der Verlag ist an der Herausgabe von Büchern junger, erfolgsverdächtiger Autoren nicht nur deshalb interessiert, weil er rasch zu Geld kommen will, sondern im Sinne einer langfristigen Investition.

Erstlingswerke haben häufig auch bei den Literaturkommissionen einen gewissen Bonus. Im Gegensatz zu früher, als in der

Regel nur bestandene Autoren mit Preisen ausgezeichnet wurden – die Budgets waren eben entsprechend kleiner –, besteht heute die Tendenz, unaufhörlich nach neuen Sternen am literarischen Himmel Ausschau zu halten. Manchmal werden junge Autoren, die ihre Bedürftigkeit geschickt zur Schau zu tragen wissen, mit Werkbeiträgen und ähnlichen Unterstützungsleistungen geradezu verwöhnt. Wer den Mund am weitesten aufsperrt, dem wird am meisten hineingestopft.

Auch bei der Kritik hat der Debütant durchaus eine Chance, vor allem dann, wenn er einem gewissen Modernismus huldigt, das heißt auf sprachliche und inhaltliche Logik sowie auf ein realistisches Erzählen verzichtet und durch Zerstörung aller bisherigen formalen Konventionen zum Ausdruck bringt, daß er die politische oder ökologische Katastrophe als unmittelbar bevorstehend betrachte.

Die Folgen eines zu frühen oder zu großen Erfolgs sind nicht immer erfreulich. Denn jeder Erfolg setzt den Autor einem Erwartungsdruck aus, dem er nur selten gewachsen ist und der von einer Behinderung bis zur totalen Blockierung seiner kreativen Fähigkeiten führen kann. Von einem erfolgreichen Jungautor erwarten Kritik und Publikum, daß er seinen literarischen Höhenflug ein Leben lang fortsetze. Wehe dem Schriftsteller, der diese Ansprüche nicht erfüllt! Der Kritiker, der ihn vorher hochgejubelt hat, stößt ihn jetzt schonungslos in den Abgrund. Die Mitglieder der literarischen Kommissionen zeigen ihm die kalte Schulter. Sein Verleger läßt sich nur noch widerwillig zur Herausgabe des nächsten Werks bewegen.

Die Fähigkeit, Niederlagen gelassen hinzunehmen, betrachte ich als eine der wichtigsten Voraussetzungen für den künstlerischen Beruf. Wie alle Menschen lernt auch der Künstler aus den Mißerfolgen mehr als aus den Erfolgen. Nur der Mißerfolg verhindert, daß er ein Erfolgsmuster, auf das er in jungen Jahren zufällig geraten ist, ein Leben lang kopiert. Für eine gedeihliche Entwicklung des Gesamtwerks ist es daher besser, wenn der junge Autor im Schutze einer gewissen Unbekanntheit seine Sprachexperimente durchführen kann und nicht gezwungen wird, sich nach der literarischen Mode zu richten.

Das alles mag verdeutlichen, daß es kein Rezept gibt für den Einstieg in diesen schwierigen, aber schönen Beruf und daß es zur Persönlichkeit eines jeden Autors, einer jeden Autorin gehört, den Weg dazu auf eine einmalige, unverwechselbare Weise gefunden zu haben.

Benachbarte Berufe

In diesem Kapitel möchte ich den Beruf des Schriftstellers durch die Abgrenzung gegenüber benachbarten Berufen noch etwas näher bestimmen. Wie unterscheidet er sich von andern Urhebern, etwa den Komponisten, den bildenden Künstlern? Wie unterscheidet er sich von den ausübenden Künstlern, den Interpreten? Wie grenzt er sich von den Journalisten ab, und wie von allen andern schreibenden Menschen?

Alle «Schreiber», Schriftsteller und Journalisten inbegriffen, bedienen sich desselben Zeichensystems, nämlich der Sprache. Die Schriftsteller und Journalisten unterscheiden sich jedoch von der Maße der schreibenden Menschen dadurch, daß sie ihre Texte zum Zwecke der Veröffentlichung und der nicht immer eingestandenen Erwartung auf Gelderwerb verfassen. Sie sind Publizisten, im Gegensatz zu den Verfassern von bloss privaten oder geschäftlichen Texten, welche nicht für die Veröffentlichung und nicht zum Zwecke des Gelderwerbs bestimmt sind.

Es gibt Schriftsteller, die auf den Journalismus mit einer gewissen Überheblichkeit herabblicken und das Zeitungsschreiben als eine literarisch minderwertige Arbeit betrachten, als ein Sich-Tummeln in den Niederungen der Alltagsschreiberei. Umgekehrt gibt es auch Journalisten, die den Schriftsteller als schreibenden Phantasten belächeln, der sich in der Welt der Tatsachen nicht zurechtfindet.

Ich halte die Schriftsteller und Journalisten für zwei gleichwertige, aber klar zu trennende Berufsgattungen, deren Vermischung von der Sache her nicht gerechtfertigt ist. Sie erfüllen verschiedene gesellschaftliche Funktionen, und ihre Tätigkeit verlangt verschiedenartige Begabungen. Ein guter Schriftsteller ist nicht ohne weiteres auch ein guter Journalist und umgekehrt. Wenn Schriftsteller den Journalismus zu ihrem Brotberuf machen oder wenn sich professionelle Zeitungsschreiber als Verfasser belletristischer Bücher betätigen, so handelt es sich um Leute mit einer Doppelbegabung.

Der Unterschied zwischen Schriftsteller und Journalist läßt sich auf einfache Weise formulieren. Der Schriftsteller schreibt Bücher, der Journalist Zeitungen. Auf den ersten Blick mag dies als rein äußerliches Unterscheidungsmerkmal erscheinen. Aber die beiden Zeichenträger «Buch» und «Zeitung» haben innerhalb der westlichen Zivilisation sehr unterschiedliche Traditionen entwickelt und sich ihre eigenen sozio-ökonomischen Umfelder geschaffen, was auch zu einem verschiedenartigen Berufsbild sowie zu einer unterschiedlichen Interessenlage von Schriftstellern und Journalisten geführt hat. Daher kann die Trennung der Wortproduzenten in «Buchschreiber» und «Zeitungsschreiber» durchaus als taugliches Unterscheidungskriterium betrachtet werden.

Auf der Seite der Werknutzer erfolgt die Gruppierung ebenfalls in bezug auf das Produkt «Buch» oder «Zeitung» in zwei verschiedene Arbeitgeberverbände. Den Journalisten steht der «Schweizerische Zeitungsverlegerverband» gegenüber, den Schriftstellern der «Schweizerische Buchhändler- und Verlegerverband». Da die Mehrzahl der Journalisten als feste Angestellte eines Medienunternehmens arbeiten, haben ihre Verbände, also der «Verband der Schweizer Journalisten» und die «Schweizerische Journalisten-Union», den Charakter von Arbeitnehmerorganisationen. Der «Verband der Schweizer Journalisten» hat mit dem Verband der Zeitungsverleger einen Gesamtarbeitsvertrag abgeschlossen. Die «Journalisten-Union» visiert dasselbe Ziel an. Im Gegensatz dazu liegt bei den Schriftstellerverbänden das Hauptgewicht ihrer Tätigkeit auf der Interessenwahrung der freischaffenden Autoren. Das Verhältnis des Schriftstellers zu seinem Verleger untersteht dem Urheber- und nicht dem Arbeitsrecht.

Wenn wir die Schriftsteller als «Bücherschreiber» definieren, so fassen wir damit zwei Gruppen zusammen, die sich auf der inhaltlich-sprachlichen Ebene wiederum stark unterscheiden. Die eine Gruppe bilden die wissenschaftlichen Schriftsteller und die Sachbuchautoren, die andere die belletristischen Autoren, zu denen ich der Einfachheit halber auch die Dramatiker zähle. Im Grunde haben wir es also mit drei unterschiedlichen Gruppen von «Wortproduzenten» zu tun: den Journalisten sowie den wissenschaftlichen und den belletristischen Schriftstellern. Der wissenschaftliche Schriftsteller steht in mancher Beziehung in der Mitte zwischen dem Journalisten und dem belletristischen Autor.

Die Zeitungen haben bekanntlich zwei Einnahmequellen: Abonnementsgebühren und Werbung. Die Abonnementsgebühren werden durch die Leser aufgebracht, die Werbekosten durch die Wirtschaft, indirekt durch die Konsumenten. Der Journalist profitiert von einer prosperierenden Wirtschaft, während es dem Schriftsteller bis jetzt nicht gelungen ist, vom lukrativen Werbekuchen ein Stück abzuschneiden. Er lebt von der Nutzung seiner Bücher und von staatlichen Subventionen. Der Journalist dagegen wird, zumindest bis heute, nicht vom Staat subventioniert. So hat sich auch in bezug auf die Ressourcen der beiden Berufe eine recht unterschiedliche Lage herausgebildet.

Der Journalist liefert Informationen über Personen und Ereignisse, die mit ihm selber keinen unmittelbaren Zusammenhang haben. Der Schriftsteller – hier meine ich nicht den wissenschaftlichen, sondern den belletristischen Autor – liefert Informationen über sich selbst. Die Informationen des Journalisten müssen aktuell, d.h. zeitbezogen sein. Die Informationen des Schriftstellers sind zeitunabhängig, im besten Fall sogar zeitlos. Das Produkt des Journalisten, die Zeitung, ist kurzlebig, d.h. ein Verbrauchsgut. Das Produkt des Schriftstellers, das Buch, ist zumindest in der Hardcover-Version langlebig, d.h. ein Gebrauchsgut.[20]

Der Journalist hat die Ereignisse wahrheitsgetreu wiederzugeben. Der Schriftsteller darf flunkern. Er darf Figuren und Ereignisse erfinden, was dem Journalisten nicht erlaubt ist. Sein Kriterium ist nicht die Wahrheitstreue, sondern die Glaubwürdigkeit. Er sagt nicht, was geschehen ist, sondern was geschehen könnte. Was sich beim Journalisten als oberste Berufspflicht erweist, nämlich das Streben nach Authentizität, verdeckt beim Fiction-Produzenten bloß die Phantasielosigkeit.

Wissenschaftliche Schriftsteller und Journalisten lassen sich von den belletristischen Autoren abgrenzen, indem wir das, was die letztern produzieren, als «Kunst» betrachten. Normalerweise wird jedoch der Begriff «Kunst» nicht mit der Literatur, sondern mit der bildenden Kunst assoziiert. Der Maler, der Bildhauer darf sich ohne Skrupel «Künstler» nennen, während der Schriftsteller sich diesbezüglich aus Tradition eine gewisse Zurückhaltung auferlegt. Eine «Kunstsammlung» ist keine Auswahl von literarischen Texten, sondern eine Sammlung von Gemälden. Diese Tatsachen sind nicht verwunderlich. Die bildende Kunst spricht jenen Sinn an, der bei den meisten Menschen am besten ausgebildet ist: den Gesichtssinn. Daher werden die Werke der bildenden Kunst zu Prototypen der Kunst schlechthin. An ihr lassen sich gewisse Eigentümlichkeiten der Kunst am besten veranschaulichen, so zum Beispiel das Auseinanderklaffen von materiellem und immateriellem Wert, das heißt von Leinwand, Farbe und Rahmen auf der einen sowie dem Symbolgehalt auf der andern Seite.

Das Kunstwerk kann als ein Gebrauchsgut betrachtet werden, das die Eigenschaft besitzt, durch den Gebrauch den Wert nicht zu verlieren, sondern zu steigern. Je mehr Menschen im Louvre-Museum in Paris staunend an der Mona Lisa vorbeipilgern, desto begehrter und desto unbezahlbarer wird dieses einzigartige Gemälde. Dasselbe gilt von den Sprach-Kunstwerken, von den Gedichten von Goethe und Eichendorff zum Beispiel, den Theaterstücken von Shakespeare, Kleist, Büchner, die durch den Gebrauch nichts von ihrer ursprünglichen Kraft einbüßen, sondern mit jeder Lektüre, jeder geglückten Aufführung an Bedeutung gewinnen.

Was ist denn überhaupt «Kunst»? – Jeder Mensch hat eine individuelle Norm, wonach er urteilt, ob ein Gegenstand oder eine bestimmte Tätigkeit, etwa das Tanzen oder das Theaterspielen, «Kunst» sei. Ganz allgemein wird als «Kunst» das Produkt einer Tätigkeit verstanden, welche eine besondere Begabung voraussetzt. Jedoch bürgt das Bemühen, «Kunst» zu machen, noch nicht dafür, daß wirklich auch Kunst entsteht.

Ob ein Werk Kunst sei oder nicht, bestimmt nicht dessen Urheber. Das Werk wird durch den Leser, den Betrachter, den Zuhörer zum Werk. Es muß sich im Urteil des Publikums bewähren. Kunst ist letztlich das, was als Kunst anerkannt wird. Es gibt keine allgemein gültigen Kriterien, an denen «Kunst» gemessen werden kann. Sie ist das Resultat eines Selektionsprozesses, der sich über lange Zeitabschnitte, über Jahrzehnte oder Jahrhunderte, erstreckt. Anfängliche Fehleinstufungen werden durch fortwährende Überprüfung jener Gesellschaftsschicht korrigiert, die in Fragen des Geschmacks den Ton angibt.

Wer den Schriftsteller als «Sprachkünstler» sieht, betont damit die nahe Verwandtschaft zu den andern Kunstgattungen, von denen ich die bildende Kunst und die Tonkunst nur deshalb hervorhebe, weil es sich um die beiden traditionsreichsten und repräsentativsten Sparten handelt. So wie der Maler mit den bildnerischen Mitteln, der Komponist mit den Grundelementen der Musik umgeht, so benutzt der Schriftsteller die Sprache als Material, mit dem er Kunst produziert.

Die Scheu des belletristischen Autors, sich als «Künstler» zu betrachten, äußert sich auch im sparsamen Gebrauch des Wortes «Dichter». Ich kenne keine Kollegen, auch keine Lyriker, die sich ohne Bedenken als «Dichter» bezeichnen würden. Diese Bescheidenheit darf nicht darüber hinwegtäuschen, daß damit jenes Wort der deutschen Sprache verloren geht, das ich mit «Sprachkünstler» umschrieben habe. Dichtung heißt Sprach-Kunst. Der Dichter unterscheidet sich vom Sachbuchautor dadurch, daß er mit der Sprache Kunst schafft. Wir sollten den Begriff «Dichter» seines falschen Nimbusses entledigen und ihn wieder in unser Vokabular zurückholen. Er ist präziser als «Schriftsteller», «Literat» oder «Literaturproduzent». Zudem beinhaltet er ein Programm, dem manche Autoren zum Schaden ihres eigenen Werkes auszuweichen pflegen: Literatur als Dichtung, als Poesie, als Klang.

Den Schriftsteller als Künstler beurteilen, bedeutet auch, auf seine Stellung als Außenseiter der Gesellschaft zu achten und für die besondern Schwierigkeiten, mit denen er zu kämpfen hat, Verständnis aufzubringen. Kunst entsteht aus dem Dialog und aus der Konfrontation mit sich selbst. Schriftsteller sind schwierige Menschen. Entweder sind sie ständig geistesabwesend oder dann beobachten sie ihre Umgebung unangenehm scharf. Viele von ihnen sind gezwungen, etwas zu erleben, um schreiben zu können, wodurch sie sich als Ehepartner und Familienmitglieder denkbar schlecht eignen. Sie terrorisieren ihre Umgebung mit ihren Launen, ihren Depressionen und neurotischen Anwandlungen. Wenn soziales Verhalten bedeutet, den Nutzen für andere zu mehren, ist der Künstler ein unsoziales Wesen, da er im Grunde nur produziert, um seine eigenen Wünsche zu befriedigen. Auch der Kulturfunktionär bekommt dieses egozentrische Wesen zu spüren, und er wäre schlecht beraten, wenn er darauf beleidigt oder mit moralischer Entrüstung reagieren würde.

Aus der engen Verwandtschaft des Schriftstellers mit den andern Kunstschaffenden ergeben sich gewisse Folgerungen für den Verband. Wo auf der individuellen Ebene Verbindungen bestehen, wird es angebracht sein, diese auch auf der kollektiven Stufe zu pflegen. Seit einigen Jahren unterhält die GO enge Beziehungen zu den Berufsverbänden der bildenden Künstler, Komponisten und Filmschaffenden. Auf ihre Initiative haben sich diese zu einer informellen Dachorganisation zusammengeschlossen, die sich den Namen «Fünferclub» gegeben hat. Ihr gehören nebst dem SSV und der GO die «Gesellschaft Schweizerischer Maler, Bildhauer und Architekten», der «Schweizerische Tonkünstler-Verein» und der «Verband Schweizerischer Filmgestalter» an. Ein wichtiges Thema an den Treffen dieser fünf Organisationen war in den letzten Jahren die sogenannte Kulturinitiative, aber auch die neue Verordnung des Bundes für die Subventionierung der Verbände, auf die ich in einem folgenden Kapitel noch zu sprechen kommen werde. Es hat sich zudem der Brauch eingebürgert, daß jedesmal, wenn ein neuer Bundesrat das Departement des Innern übernimmt, eine Delegation des Fünferclubs eine Antrittsvisite macht.

Der Fünferclub vereinigt die Verbände der Kunstschaffenden im engern Sinn des Wortes, nämlich der Urheber im Unterschied zu den Interpreten. Auf der individuellen Ebene unterhält der Schriftsteller als «Bücherschreiber» kaum enge Beziehungen zu den sogenannten ausübenden Künstlern. Das Buch verschafft ihm den unmittelbaren Kontakt zum Leser. In der Regel wird er seine Werke selber vortragen und so zu seinem eigenen Interpreten, zu einem nicht-professionellen ausübenden Künstler werden.

Anders verhält es sich beim Dramatiker. Sein Text bedarf der Interpretation durch eine Bühnenaufführung. Normalerweise ist aber der Gesprächspartner des Autors nicht der einzelne Schauspieler, sondern der Regisseur, der die Schauspieltruppe leitet und die Bühnenfassung des Stücks herstellt. In der Schweiz sind die an den Berufsbühnen tätigen Schauspieler gewerkschaftlich organisiert, als Sektion des VPOD. Zudem sind alle Berufsgattungen, die sich mit dem Theater beschäftigen, im sogenannten «Centre Suisse» zusammengefaßt, in dessen Vorstand auch die GO vertreten ist.

Wenn ein Schriftstellerverband seine Domäne absteckt und seine Aufnahmebedingungen festlegt, stellt sich immer wieder die Frage, ob er auch wissenschaftliche Autoren aufnehmen solle.

Unter dem Namen «Schweizer Autoren Gruppe Olten» (Gruppe Olten) besteht ein Verein literarisch aktiver Schriftsteller im Sinne von Art. 60 ff ZGB, mit Sitz am Wohnort des Sekretärs.

So steht es in den Statuten der GO in der Fassung vom September 1974. Aus dem Begriff «literarisch aktive Schriftsteller» läßt sich ableiten, daß die Aufnahme wissenschaftlicher Autoren nicht vorgesehen ist. In zwei Fällen sind bis heute Autoren der geisteswissenschaftlichen Richtung aufgenommen worden, da sie freischaffend sind und philosophische beziehungsweise gesellschaftspolitische Themen von allgemeinem Interesse behandeln. Wenn ein Schriftstellerverband sich als Organisation der Bücherschreiber versteht, gehören die wissenschaftlichen Autoren dazu. Von der Interessenlage her gesehen ist jedoch eine solche Vereinigung wenig sinnvoll. Der wissenschaftliche Autor verkörpert normalerweise einen andern Menschentypus als der belletristische. Zudem führt eine solche Zusammenlegung notgedrungen zu einer Verstärkung des nicht-professionellen Elementes innerhalb des Verbands, denn die wissenschaftlichen Autoren beziehen ihre Einkünfte in der Regel als Lehrer oder Forscher, aber nicht als Bücherschreiber. Ihre Aufnahme in einen Schriftstellerverband scheint mir nur dann gerechtfertigt, wenn sie in ihrem Hauptberuf als Publizisten tätig sind.

Zum Schluß bleibt die Frage der verwandtschaftlichen Beziehung von Schriftsteller- und Journalistenverbänden. Wie wir gesehen haben, bestehen auf der individuellen Ebene wesentliche Unterschiede zwischen den beiden Berufsgattungen. Das Verbindende, nämlich die Tatsache, daß sie beide «Wortproduzenten» und Publizisten sind, fällt meiner Meinung nach weniger ins Gewicht als das Trennende. Eine Zusammenfassung ihrer Berufsverbände in einer einzigen Gewerkschaft, wie dies in der BRD geschehen ist, halte ich daher nicht für sinnvoll. Wenn die Interessen an der Basis diffus sind, läßt sich keine effiziente Verbandspolitik durchsetzen. Da wo gemeinsame Interessen bestehen, wie zum Beispiel bei der Revision des Urheberrechtsgesetzes, müssen Schriftsteller und Journalisten in ad-hoc-Gruppierungen ihre Stellungnahmen koordinieren. Ich werde darauf in einem spätern Kapitel zurückkommen.

Vom Manuskript zum Buch

Wie wir weiter vorn ausgeführt haben, geschieht der Schritt vom Nicht-Schriftsteller zum Schriftsteller nicht durch eine reglementierte Ausbildung mit einer Abschlußprüfung, sondern durch Veröffentlichung eines Buchs. Dieses ist der Ausweis dafür, daß er nicht bloß für sich oder für einen eng begrenzten Personenkreis, sondern für den Markt schreibt. Es hat die Bedeutung eines Berufsdiploms.

Ohne Zweifel haben viele schreibende Menschen den Wunsch, einen solchen Berufsausweis zu erwerben und damit als Schriftsteller anerkannt zu werden. Oft ist die Schwierigkeit, ein Buch zu schreiben, weniger groß als das deprimierende Unterfangen, einen Verlag zu finden. Denn die Verlage sind keine wohltätigen Unternehmen. Sie stehen in einem harten Konkurrenzkampf. Daher steht in ihrem Entscheid über Annahme oder Ablehnung des Manuskripts die Frage, ob ein Gewinn oder zumindest ein Prestigezuwachs erzielt werden könne, im Vordergrund.

Wie kommt der unbekannte Autor an einen Verlag heran? Wie schafft er es, daß in der Flut von Manuskripten, mit welcher die Verlage – vor allem die renommierten unter ihnen – überschwemmt werden, sein eigenes als etwas ganz Besonderes und Beachtenswertes herausragt? – Oft haben junge Schriftsteller das Glück, durch einen ältern, erfahrenen Kollegen betreut zu werden, durch einen Mentor, der ihnen die Kontakte zu Kollegen, Feuilletonredaktoren, Mitgliedern von Literaturkommissionen und Verlegern vermittelt. Es ist wichtig, daß sich ein Anfänger in den Zirkeln, die das literarische Leben bestimmen, zeigt und daß er gesehen wird. Das Wohnen auf dem Lande mag zwar billiger sein als in der Stadt, die Luft gesünder und die Ablenkung beim Schreiben kleiner. Trotzdem sind urbane Wohnverhältnisse, die dem Autor ein gewisses Beziehungsnetz anbieten, der ländlichen Abgeschiedenheit vorzuziehen. Wenn das literarische Klima in der Schweiz für junge Autoren wenig förderlich ist, liegt das zum Teil daran, daß die Schriftsteller sich aus dem Lärm und Gestank der

Städte in die Dörfer geflüchtet haben und ohne die Möglichkeit eines regelmäßigen Kontakts mit Kollegen dahinleben. Die Bildung von literarischen Zirkeln oder «Stammtischen», wie sie Mani Matter als Statutenmacher der Gruppe Olten vorgeschwebt haben, sind durch diese Zersiedelung sehr erschwert wenn nicht gar verunmöglicht worden.

Es gibt literarische Agenturen, die dem Autor das Problem der Verlagssuche, aber auch die Vertragsverhandlungen, die Kontrolle der Abrechnungen etc. abnehmen. Da diese von einer Umsatzbeteiligung leben, werden sie sich für einen Autor vor allem dann einsetzen, wenn der Aufwand lohnend scheint. Durch Einschaltung einer Agentur kann daher die Selektionshürde nicht umgangen werden. Sie taucht statt beim Verlag eine Phase weiter vorne auf. Selbstverständlich schmälert die Provision der Agentur das Honorar des Autors, weshalb sich dieser gut überlegen sollte, ob er sich eine solche Einbuße leisten will oder kann. Im angelsächsischen Kulturbereich spielen die Agenturen eine wichtige, bei uns eher eine untergeordnete Rolle, da die meisten Autoren den direkten Zugang zum Verlag vorziehen. In bezug auf die urheberrechtliche Beratung ist der Autor nicht auf eine Agentur angewiesen, da er sich diese bei seinem Verband holen kann.

Bei der Suche nach einem geeigneten Verlag präsentiert sich dem Autor eine Marktsituation: das Zusammenspiel von Angebot und Nachfrage. Dabei gilt die Regel: je größer das Angebot, desto kleiner die Macht des Anbieters, des Autors. Wenn ein Autor sein Manuskript nirgends unterbringen kann, liegt das entweder in dessen mangelnder Qualität oder in der Übersättigung des Markts.

Es kommt vor, daß auch qualitativ hochwertige Manuskripte mehrmals abgelehnt werden, bevor sie endlich ihren Verlag finden. Die Suche kann sich über Jahre hinziehen. Für den Autor ist dies eine Zeit des Hoffens und Bangens. Absagen können ihn in tiefe Depressionen stürzen und in ihm die Überzeugung wecken, er sei eine gescheiterte Existenz. Es ist jedoch eine falsche Rücksichtnahme, wenn Verlage, statt ein klares Nein auszusprechen, den Autor endlos mit Vertröstungen hinhalten, wie es leider vorkommt. Durch ein derartiges Verhalten bleibt das Manuskript blockiert, so daß der Autor die Suche nicht fortsetzen kann. Es empfiehlt sich, bei solchen Verschleppungen des Entscheids dem Verlag eine Frist zu setzen für die Prüfung des Manuskripts, zum Beispiel drei Monate, und dieses nach deren Ablauf unverzüglich zurückzufordern. Eine klare Antwort, auch wenn sie im ersten Moment frustrierend wirkt, hat den Vorteil, daß sie den Autor wieder handlungsfähig macht.

Im Zeitalter der Vervielfältigungstechnik handelt ein Schriftsteller fahrlässig, wenn er dem Verlag statt einer Kopie sein Originalmanuskript schickt. Gewitzte Autoren senden Kopien zugleich an zwei oder mehrere Konkurrenzfirmen, um die nervenaufreibende Suche abzukürzen. Ich betrachte dieses Verhalten als ebenso legitim wie das Einholen von Konkurrenzofferten bei einem Druckauftrag. Es gibt jedoch Verlage, die darauf, sofern sie es vernehmen, sehr unwirsch reagieren.

Wenn der Autor keinen Verlag findet, obschon sein Manuskript nach dem Urteil einer kompetenten Person publikationswürdig ist, muß er sich überlegen, ob er nicht zu hoch eingestiegen sei, zum Beispiel in der Kategorie der renommierten Verlagshäuser der BRD statt bei einem mittleren schweizerischen Betrieb oder gar bei einem initiativen Jungverleger, der sich mit neuen Autoren auf dem Markt etablieren möchte. In solchen Fällen empfiehlt es sich, das Glück weiter unten nochmals zu versuchen.

Es kann vorkommen, daß sich Autoren in der glücklichen Lage befinden, zwischen mehreren Verlagen auswählen zu können. Somit stellt sich die Frage, nach welchen Kriterien ein Verlag beurteilt werden soll. Ich nenne hier ein paar Punkte, ohne den Anspruch auf Vollständigkeit zu erheben.

a) Handelt es sich um ein in- oder ausländisches Unternehmen? – Meistens werden die bundesdeutschen Verlage den schweizerischen vorgezogen, was nicht in jedem Fall gerechtfertigt ist.

b) Welches Renommé hat der Verlag? – Dieses ist nicht nur eine Frage der Größe, sondern auch des Images, der Tradition, des Vorhandenseins berühmter Autoren im Repertoire.

c) Fügt sich das angebotene Werk ins Verlagsprogramm ein oder bildet es darin einen Fremdkörper?

d) Welches ist die Persönlichkeit des Verlegers? Ist er der Eigentümer des Verlags oder bloß angestellter Manager? Betrachtet er das Buch nur als Ware oder ist er fähig, auch dessen künstlerischen Wert zu beurteilen und gegenüber dem Autor die Rolle des Mentors zu übernehmen?

e) Hat der Verlag ein ausgebautes Lektorat?

f) Welches sind die vertraglichen Bedingungen?

g) Ist der Vertrieb im gesamten deutschen Sprachgebiet gewährleistet und stehen qualifizierte Vertreter zur Verfügung?

Wenn der Verlag sich zur Annahme eines Manuskripts entschlossen hat, wird er dies dem Autor in Form einer generellen Absichtserklärung mitteilen, ohne daß die einzelnen urheberrechtlichen Bedingungen bereits geregelt werden. Eine solche Erklärung sollte schriftlich erfolgen und zumindest den Erscheinungstermin verbindlich festlegen. Die übrigen Punkte können alsdann ohne jeglichen Zeitdruck ausgehandelt werden. Der Autor braucht sich auch deshalb nicht drängen zu lassen, weil ihm das Schweizerische Obligationenrecht im Kapitel über den Verlagsvertrag einen genügenden Schutz vor unseriösen Geschäftspraktiken des Verlegers bietet. Es kommt sogar vor, daß Verträge erst nach Veröffentlichung des Buchs abgeschlossen werden. Besser ist gar kein Vertrag – denn in diesem Fall gilt das OR – als ein schlechter.

Die Verlage legen dem Autor meist ein gedrucktes Formular ihres Verlagsvertrags vor. Leider haben die meisten Autoren weder die rechtlichen Kenntnisse noch das notwendige Interesse, um mit dem Verleger den Vertrag auszuhandeln. Aus Freude darüber, daß er das Werk zur Veröffentlichung angenommen hat, unterschreiben sie ihn in blindem Vertrauen. Zum Glück nutzen faire Verleger diese Schwäche nicht aus.

Ich betrachte Autor und Verleger als Geschäftspartner, die ein symbiotisches Verhältnis eingehen mit dem Ziel, ein möglichst vollkommenes Produkt bezüglich Inhalt und Aufmachung auf den Markt zu bringen. Der Verlagsvertrag legt die Bedingungen dieses gemeinsamen Unternehmens fest. Der Autor sollte die Zeit nicht scheuen, diese Bedingungen Punkt für Punkt durchzugehen und allfällige Verbesserungen vorzuschlagen. Das gedruckte Vertragsformular mag als Diskussionsgrundlage dienen. Handschriftliche Änderungen sind mit beidseitigem Einverständnis durchaus möglich.

Die beiden Schriftstellerverbände haben ein gemeinsames Vertragsmuster ausgearbeitet, das sie ihren Mitgliedern auf Anfrage zustellen. Beide Sekretariate bieten ihre Beratung an. Leider wird von diesem Angebot kaum Gebrauch gemacht. Die Beratung wird häufig erst dann beansprucht, wenn der Vertrag längst unterschrieben ist und bereits der erste Konflikt auftaucht.

Es versteht sich von selbst, daß ein unbekannter Autor den Bogen seiner Forderungen nicht überspannen darf. Je höher der Marktwert eines Autors, desto günstiger werden die Bedingungen sein, die er mit dem Verleger aushandeln kann. Daher können die Vertragsinhalte merklich auseinanderklaffen. In ihnen spiegelt sich das literarische Ansehen, der Marktwert des einzelnen Autors wider.

Eine kurze Zusammenfassung der wesentlichen Punkte des Verlagsvertrags werde ich in einem spätern Kapitel geben. Hier möchte ich nun das Werk des Autors auf seinem Weg vom Manuskript zum Buch weiter verfolgen. Wenn der Verleger sein Ja zur Veröffentlichung gegeben hat, ist die Arbeit des Autors noch lange nicht beendet. Jetzt beginnt die Phase der Lektorierung. Die Lektorate erfüllen eine Doppelaufgabe. Sie führen die Selektion der eingesandten Texte durch und beraten den Autor bei der Herstellung des satzfertigen Manuskripts.

Der gute Lektor wird den Text vorerst als Ganzes ins Auge fassen, dessen Aufbau überblicken und dessen Schwachstellen abklopfen. Er wird den Autor nicht schulmeistern und nicht versuchen, ihm eine fremde Ausdrucksweise aufzuzwingen, sondern wird ihn, ohne daß dieser es wahrnimmt, zu seinem eigenen Stil hinführen. Er hält mit dem Autor einen Dialog, bei welchem er sich wie ein kritischer, aber neugieriger und am Entstehungsprozeß interessierter Leser benimmt. Leider besteht heute die Tendenz, belletristische Werke nur flüchtig oder überhaupt nicht zu lektorieren, damit sich der Verlag die Kosten sparen kann. Es mag für den Autor bequemer sein, wenn ihm niemand am Zeug flickt. Aber hinterher wird dieses Manko an den Schwachstellen des Textes sichtbar sein. Ein kompetentes Lektorat ist einer der wichtigsten Dienste, welche der Verlag dem Autor anbieten kann.

Ist das Manuskript lektoriert, geht es zum Verlagshersteller. Er entscheidet über die Gestalt des Buches als ästhetisches Erzeugnis: Format, Umschlag, Satzspiegel, Schriftart etc. Bei diesen Entscheiden sollte der Autor nach Möglichkeit einbezogen werden. Der Verlagshersteller vergibt und überwacht die Produktionsaufträge an die Druckerei und an die Buchbinderei. Bei letzteren handelt es sich normalerweise um externe Firmen oder um selbständige Wirtschaftseinheiten innerhalb des Gesamtunternehmens.

Seitdem die Bücher nicht mehr im Blei-, sondern im modernen Fotosatz gedruckt werden, besteht für den Autor die Möglichkeit, seinen Text selber zu setzen. Mit einer Schreibmaschinentastatur gibt er ihn in einen Computer ein und versieht ihn mit einem Formatierungscode, den er vorher mit dem Satzspezialisten abgesprochen hat. Den großen Vorteil des Selbersetzens sehe ich nicht nur im Zeitgewinn, sondern auch darin, daß der Autor, anders als ein normaler Setzer, diesen Arbeitsgang als kreativen Prozeß, als Überarbeitung und Verbesserung seines Manuskripts durchführen kann.

Parallel zur Produktionsphase trifft die Marketing-Abteilung des Verlags die nötigen Maßnahmen, damit das Buch auf dem Markt bekannt gemacht wird. Sie nimmt es in die Novavorschau auf, welche an die Buchhandlungen, an ausgewählte Bibliotheken, an die Presse und an mögliche Lizenznehmer verschickt wird. Sie läßt es in die internationalen Kataloge eintragen, wobei es die sogenannte ISBN (International Standard Book Number) und den CIP-Kurztitel erhält und ins «Verzeichnis lieferbarer Bücher» (VLB) aufgenommen wird. In Prospekten, Inseraten und Katalogen macht sie es einem breitern Publikum bekannt. Sie knüpft Kontakte mit den «Multiplikatoren», versucht Vorabdrucke in den Zeitungen unterzubringen, verschickt Leseexemplare, vereinbart mit den Buchhandlungen Schaufensteraktionen.

Eine wichtige, von den Autoren häufig unterschätzte Rolle für den Verkaufserfolg eines Buchs spielt der Verlagsvertreter. Mit Reisemustern besucht er zweimal im Jahr die wichtigsten Buchhandlungen, stellt die einzelnen Titel des Verlagsprogramms vor und versucht den Buchhändler zu einer möglichst hohen Bestellung zu bewegen. Auf zehn Stück gibt es ein Buch gratis, oft sogar schon auf fünf. Die meisten Buchhändler bestellen mit Rückgaberecht. Der Autor muß wissen, daß er seine Honorarzahlung aufgrund der ausgelieferten Exemplare erhält. Werden später Exemplare zurückgeschickt, wird dies auf seinem Honorarkonto abgebucht, so daß er dem Verlag gegenüber zum Schuldner werden kann.

Die Auslieferung, das heißt der Versand der bestellten Exemplare an die Buchhandlungen, erfordert einen Organisationsapparat, auf den ich hier nicht näher eintreten kann. In der Regel werden aus Gründen der Kostenersparnis alle Titel eines Verlagsprogramms zweimal im Jahr am selben Tag ausgeliefert.

Der Ladenpreis des Buches wird nicht vom Buchhändler, sondern vom Verlag festgesetzt. Er ist für alle Buchhandlungen gleich hoch. Diese Preisbindung beruht auf einer Vereinbarung der Verleger und Buchhändler, die im Schweizerischen Buchhändler- und Verlegerverband zusammengeschlossen sind. Der feste Ladenpreis gewährt sowohl den kleinen Buchhandlungen als auch den auflageschwachen Büchern einen gewissen Schutz. Von den Großverteilern, welche das populäre Buch zu Discount-Preisen anbieten möchten, wird die Preisbindung bekämpft.

Wenn der Autor das «Gut zum Druck» gegeben hat, kann er die Hände nicht in den Schoß legen. Er sieht sich der schwierigen und nicht immer dankbaren Aufgabe gegenübergestellt, als Propagandist seines eigenen Werks aufzutreten. Die Marketing-Abteilung des Verlags wird für ihn Lesetourneen organisieren, womöglich nicht nur in der Schweiz, sondern auch in der Bundesrepublik. Auch wird sie für Interviews an Zeitungen und in den elektronischen Medien besorgt sein. Je besser es dem Autor gelingt, seine Botschaft und seinen Stil zu einem gefragten Artikel zu machen, desto größer wird der Absatz sein. Anders als bei den meisten Produkten hängt der Erfolg der Werbung nicht am Hochglanz der Prospekte und nicht an der Größe der Inserate, sondern an der Persönlichkeit des Autors.

Trotz der Preisbindung funktioniert der Buchhandel nach marktwirtschaftlichen Regeln. Ist ein Titel Mangelware, führt dies nicht zu höhern Preisen, sondern zu Wartefristen. Die modernen Produktionsstraßen sind jedoch in der Lage, sehr rasch neue Auflagen auszustoßen, so daß die steigende Nachfrage meistens schon nach wenigen Wochen befriedigt werden kann.

Das marktwirtschaftliche System müsste dann als zufriedenstellend betrachtet werden, wenn sich das wertvolle Buch durchsetzen und das wertlose vom Markt verschwinden würde. Dies ist offensichtlich nicht der Fall. Schund wird immer wieder in großen Mengen abgesetzt, während die gehobene Belletristik auf dem Markt ein Schattendasein fristet. Es gibt Leute, die diesen unbefriedigenden Zustand beseitigen möchten durch die Schaffung einer Instanz, welche die Spreu vom Weizen scheiden, das heißt nur die «guten» Bücher zum Druck und zur Verbreitung zulassen würde.

Ich bin ein entschiedener Gegner von zentralen Selektionsmechanismen, weil ich gegen die damit verbundene Machtzusammenballung bin und jede Bevormundung des Bürgers in künstlerischen Fragen für falsch halte. Der gesellschaftliche Schaden, den der Schund verursacht, ist in jedem Fall kleiner als das Freiheitsopfer, das zu dessen Ausrottung erbracht werden müßte.

Der Verlag, wie ich ihn in diesem Kapitel geschildert habe, erweist sich als ein auf Arbeitsteilung beruhender Produktions- und Marketingbetrieb. Bei Betrachtung seiner vielseitigen Aktivitäten mag es erstaunen, daß es heute noch Einmannbetriebe gibt, bei denen all die mannigfaltigen Tätigkeiten und Rollen in einer einzigen Person vereinigt sind. In den meisten Fällen erweist sich jedoch die Führung eines Kleinverlags als ein teures Hobby, das nach kurzer Zeit wieder aufgegeben werden muß. Trotzdem erfüllen solche Kleinverleger eine wichtige kulturelle Aufgabe. Da ihre Gemeinkosten niedriger sind als diejenigen eines mittleren Unternehmens – große Buchverlage gibt es in der Schweiz ohnehin nicht –, können sie sich eine größere Risikofreudigkeit leisten. Nicht selten wird durch sie einem unbekannten Autor der erste Schritt in die Öffentlichkeit ermöglicht. Es wäre jedoch eine Illusion zu glauben, daß das Volumen der heutigen Buchproduktion mit solchen Kleinstunternehmen bewältigt werden könnte.

Wenn Autoren ihre Werke im Selbstverlag herausgeben, tragen sie das unternehmerische Risiko allein und werden gleichsam zu ihrem eigenen Werknutzer. Dies kann in einzelnen Fällen gerechtfertigt sein, etwa bei Publikationen, die sich an einen kleinen und klar begrenzten Leserkreis richten. Im Prinzip halte ich die Arbeitsteilung Autor-Werknutzer für sinnvoll. Wer seine Bücher nur deshalb im Selbstverlag herausgibt, weil er bei keinem Verlag ankommt, muß damit rechnen, daß ihm für immer der Geruch eines talentlosen Schreiberlings anhaftet.

Die übrigen Medien

Nachdem ich im letzten Kapitel das Buch als das wichtigste Medium des Schriftstellers dargestellt habe, versuche ich nun einen kurzen Überblick über die andern Kommunikationsmittel zu geben, die dem «Wortkünstler» als Vehikel seiner Ideen zur Verfügung stehen.

Ich erwähne zuerst die Zeitungen und Zeitschriften, weil sie mit dem Buch verwandt sind. Sie bilden mit ihm zusammen die Gruppe der Printmedien. An zweiter Stelle werde ich auf dasjenige Medium eingehen, welches an Alter und Tradition alle andern weit hinter sich läßt: das Theater. Danach werde ich mich kurz mit dem Film und zuletzt mit Radio und Fernsehen befassen. Bei den drei letztgenannten handelt es sich um Medien, die eng mit der technischen Entwicklung zusammenhängen und erst in diesem Jahrhundert erfunden beziehungsweise voll entwickelt worden sind.

Wie ich weiter vorn dargelegt habe, besteht die Hauptaufgabe der Zeitung in der Berichterstattung über das aktuelle Geschehen. Wenn ich sie hier als Medium des Schriftstellers als eines Schreibers von nicht-aktuellen Begebenheiten erwähne, beschränke ich mich auf ihren literarischen Teil, der auch «Feuilleton» genannt wird. Darin werden Gedichte, Essays, Erzählungen und Roman-Ausschnitte abgedruckt, die sich, sofern sie den Leser beeindrucken, als Wegbereiter des Buches auswirken. Mit der Entwicklung mancher Zeitungen zum Boulevard-Blatt geht diese Tradition, wozu ich auch den Fortsetzungsroman zähle, leider immer mehr verloren.

Eine nicht zu unterschätzende Rolle spielt das Feuilleton auch als Vermittler von Informationen über das aktuelle literarische Geschehen. Aus der Flut der Neuerscheinungen wählt es zuhanden des Publikums diejenigen Titel aus, die lesenswert sind. Es informiert über literarische Tendenzen und bringt Porträts und Interviews, durch welche sich der Autor dem Publikum vorstellen kann.

Es gibt in der Schweiz eine erfreulich grosse Vielfalt von literarischen Zeitschriften, die eine ähnliche Aufgabe erfüllen wie das Feuilleton. Leider ist ihre Abonnentenzahl nur gering, so daß sie wenig Breitenwirkung erzielen können. Zudem kämpfen sie alle mit Existenzsorgen. Autorenhonorare werden in der Regel nicht bezahlt, und auch die redaktionellen Mitarbeiter verrichten ihre Arbeit mehr oder weniger unentgeltlich. Trotz der kleinen Auflage bilden sie jedoch ein wichtiges Glied im literarischen Selektionsprozeß, da sie manchem Autor die erste Gelegenheit zur Veröffentlichung seiner Texte bieten.

Wenn wir nun von den Printmedien den Sprung zum Theater machen, so stellt sich vorerst die Frage, ob dieses überhaupt zur Domäne eines Schriftsteller-Verbands gehöre. Früher hatten die Dramatiker in der Schweiz ihren eigenen Berufsverband. In der BRD ist dies immer noch der Fall. Gerade im Hinblick auf die Interessenvertretung bei Radio und Fernsehen scheint es mir jedoch wichtig zu sein, daß sie mit den Lyrikern und Prosaisten im selben Boot sitzen. Der Begriff des Schriftstellers, wie ich ihn in diesem Buch verwende, bedarf daher einer Ergänzung: er umfaßt sowohl den Buch- als auch den Stückeschreiber.

Jeder Autor, der sich das Theater als Medium wählt, muß sich der Tatsache bewußt sein, daß er sich mit einem unheilbaren Kranken einläßt, der jedoch seine Lethargie immer wieder abzuschütteln und sich in voller Vitalität zu erheben vermag. Daher sind die Prognosen, die seinen Untergang voraussagen, noch jedesmal Lügen gestraft worden.

Heute besteht in der Schweiz eine Vielfalt von Theaterformen: Laien- und Berufstheater, Theater mit festen Standorten und umherziehende Gruppen, Kinder- und Jugendtheater, Puppen- und Figurentheater, Kabarett etc. Im Prinzip stehen dem Dramatiker all diese Formen als Medium zur Verfügung. Die meisten Autoren beschränken jedoch ihr Interesse auf das Stadttheater oder eine entsprechend subventionierte Bühne. Denn die Anerkennung als Dramatiker kann nur auf einer großen Bühne erlangt werden, und erst wenn ein Stück von mehreren Bühnen nachgespielt wird, kommt der Autor zu einem angemessenen Entgelt für seine Leistung.

Seitdem das Theater durch Film und Fernsehen von seinem Platz verdrängt worden ist, befindet es sich in einer Dauerkrise. Der Staat pumpt Millionen an Steuergeldern in eine Institution, die nur von einer dünnen Schicht der Bevölkerung benutzt wird. Keine andere Sparte der Kunst kommt die Öffentlichkeit so teuer zu stehen wie das Theater. Trotzdem sind die Resultate unbefriedigend. Wenn ab und zu eine gute Aufführung gelingt, handelt es sich in der Regel um ein klassisches, nicht um ein zeitgenössisches Stück, und schon gar nicht um das Werk eines Schweizer Autors.

In den Fünfziger- und frühen Sechzigerjahren haben Frisch und Dürrenmatt auf den Bühnen rund um die Welt Erfolge gefeiert, welche die Hoffnung weckten, die Schweiz sei ein fruchtbarer Boden für gute Theaterstücke. Seither ist es still geworden um die Schweizer Dramatik. Auch unsere beiden Renommierautoren konnten mit ihren Alterswerken nicht an die frühern Triumphe anknüpfen. Seit zwanzig Jahren hat sich kein einziges Stück eines Schweizers auf der Bühne durchgesetzt.

Diese Malaise läßt immer wieder den Ruf nach einer bessern Förderung der jungen Dramatiker erschallen. Es werden Kurse, Werkstattgespräche organisiert, und hoffnungsvolle Autoren erhalten ein Stipendium, das mit der Auflage verbunden ist, während eines Saison an einem Theater eine «Schnupperlehre» zu absolvieren und auf diese Weise das Handwerk eines Dramatikers zu erlernen. Messen wir die im Zusammenhang mit solchen Fördermodellen enstandenen Stücke mit einem strengen Maßstab, nämlich daran, ob sie die Landesgrenze überschreiten und in der BRD nachgespielt werden, so haben all diese wohlgemeinten Bemühungen bisher keine Resultate gezeigt.

Oft stehen sich die Autoren auf der einen, die Theaterleitungen auf der andern Seite wie zwei Parteien gegenüber, die sich gegenseitig die Schuld an der Krise zuschieben. Die Intendanten und Dramaturgen werfen den Autoren die Unfähigkeit vor, brauchbare Stücke zu schreiben, während die Autoren bemängeln, die Spielpläne seien zu wenig innovativ, zu viel auf den Geschmack des breiten Publikums ausgerichtet.

Nach dem statistischen Jahrbuch der Schweiz geben die Kantone und Gemeinden jährlich über 100 Millionen Franken an die laufenden Kosten der Stadttheater oder ähnlicher Bühnen mit ständigen Ensembles aus. Es gibt Bühnen, die ihre Ausgaben bis zu 85 % mit Subventionen und nur zu 15 % aus den Kasseneinnahmen decken. Niemand wird behaupten können, dieser Zustand sei gesund.

Es wäre eine Unterstellung, wenn behauptet würde, der Staat unterstütze nur jene Theater, die ihn repräsentieren. Sicher ist jedoch, daß die «staatlichen» Bühnen sehr auf Repräsentation bedacht sind. In ihre Häuser sind in den letzten Jahren Hunderte von Millionen Franken verbaut worden. Ihre Architekten haben ohne Zweifel mehr verdient als ihre Autoren. Dieselbe Entwicklung zeigt sich bei den Inszenierungen, wo fehlende Substanz oft durch aufwendige Ausstattungen ersetzt wird. Problemstücke, sofern überhaupt in den Spielplan aufgenommen, werden mit Gags «aufgewertet», damit das Publikum zu seinen Lachern kommt. Der Staat macht zwar keine Vorschriften bezüglich der Spielplangestaltung. Jedoch ist mancherorts die Subvention oder deren Anpassung an die Teuerung mit einem gewissen Leistungsausweis, das heißt mit günstigen, zumindest nicht rückläufigen Besucherstatistiken gekoppelt.

Häufig macht sich der Schriftsteller, der den Sprung zum Dramatiker wagt, auch über die Verdienstmöglichkeiten falsche Vorstellungen. Das Honorar des Autors wird als Prozentsatz der Kasseneinnahmen berechnet. Ursprünglich waren es 10 %. Wenn jedoch ein Theaterplatz 20 Franken kostet, so hat der Besucher damit nur den kleinern Teil der eigentlichen Kosten abgegolten. Diese können 100 Franken und mehr ausmachen. Der Rest wird durch Subventionen gedeckt. Der Autor ist jedoch nur an den Kasseneinnahmen beteiligt, nicht aber an den Subventionen. Um diese Ungerechtigkeit auszugleichen, wird heute in der Schweiz normalerweise ein Honorarsatz von 15 % angewendet. Die Autoren fordern jedoch den vollständigen Einbezug der Subventionen in den Honorarsatz.

Das Problem läßt sich vereinfacht so formulieren: Es gibt zu viele Menschen, die an einer Theateraufführung mitwirken möchten, und zu wenig, die bereit sind, sich diese anzusehen und dafür Eintritt zu bezahlen. Einem Überangbot an Produktionen steht eine zu geringe Nachfrage gegenüber. Wird ein Stück in einem großen Haus bei guter Besetzung achtmal gespielt, was als durchschnittliche Aufführungszahl betrachtet werden kann, so bringt es dem Autor gegen 10 000 Franken ein. Wenn wir berücksichtigen, daß hinter einem solchen Text mindestens ein Jahr harte Arbeit steckt, so ist dies viel zu wenig. Der ganze Aufwand zahlt sich erst aus, wenn das Stück nachgespielt wird. Ist dies nicht der Fall, gerät es rasch in Vergessenheit, und die umfangreiche Arbeit des Stückeschreibers erweist sich als Fehlinvestition.

Das Theater ist ein flüchtiges Medium. Daher investieren geprellte Autoren ihre Zeit lieber in ein Buch, das im Gegensatz zu einer Theateraufführung jederzeit greifbar ist und als «Leistungsausweis» vorgelegt werden kann. Es hinterläßt auch dann Spuren, wenn es nur in wenigen Exemplaren abgesetzt worden ist, während eine mißglückte Theateraufführung sich in der Laufbahn eines Schriftstellers wie ein weißer Fleck ausnimmt.

Vergleichen wir die staatlichen Zuschüsse an das Repräsentationstheater mit den geringen Summen, die für die Autorenförderung ausgegeben werden, so ist der Ruf nach deren Erhöhung gerechtfertigt. Es fragt sich jedoch, nach welchem Modell diese zu gestalten sei. Das Projekt «Hausautor», das den Dramatiker zu einem halbjährigen Volontariat an einer Bühne verpflichtet, scheint mir keine Ideallösung zu sein. Wer gute Theaterstücke schreiben will, muß sich in Klausur begeben. Die Grundgesetze der Dramaturgie lassen sich an den Stücken der großen Dramatiker besser erlernen als in der Probenarbeit. Die Konfrontation mit dem Theaterbetrieb, mit dessen Konflikten und menschlichen Schwächen, wirkt auf den Autor schockierend und vergällt ihm die Lust am Schreiben. Wenn er an den Proben zu den eigenen Stücken teilnimmt, verunsichert er die Schauspieler – es sei denn, er besitze eine große Theatererfahrung. Aus diesen Gründen sollte die Autorenförderung als finanzielle Unterstützung ausgestaltet werden, die mit keinerlei Auflagen bezüglich Hospitanz verbunden ist.

Vom Theater zum Film brauchen wir nur einen kleinen Schritt zu machen. Die beiden Medien sind einerseits Konkurrenten, stehen aber andrerseits auch in einem engen Abhängigkeitsverhältnis zueinander. Das Theater bildet das Reservoir, aus dem sich der Film die besten Schauspieler holt. Er ist deshalb, genauso wie das Fernsehen, auf dessen Erhaltung angewiesen. Der Film – hier nehme ich den Dokumentarfilm aus – und das Fernsehen in seinem dramatischen Teil können als abgeleitete Medien, als «konserviertes» Theater betrachtet werden. Dasselbe gilt auch vom Hörspiel, auf das ich weiter hinten noch zu sprechen komme.

Für den Schriftsteller gibt es beim Film zwei Formen der Beteiligung. Entweder ist er der Verfasser des Drehbuchs und nimmt als solcher direkt an der Gestaltung teil, oder eines seiner Werke – zumeist handelt es sich um einen Roman – wird als Textvorlage für das Drehbuch benutzt. In diesem Fall überträgt er, beziehungsweise sein Verleger, dem Filmproduzenten das Bearbeitungsrecht gegen ein Entgelt, das sich nach dessen Marktwert richtet und von einem Trinkgeld bis zu mehreren Hunderttausend Franken reichen kann. Auf die Gestaltung des Films hat der «Stofflieferant» normalerweise keinen Einfluß. Trotzdem ist es die geheime Hoffnung jedes Romanschreibers, sein Werk einmal in einer Starbesetzung über die Leinwand flimmern zu sehen. Dieser «Glücksfall» tritt jedoch nur selten ein. Aufs Ganze gesehen hat der Film als Verbreitungsmittel der Literatur eine geringe Bedeutung. Daher wird er von den Verbänden der Schriftsteller als Domäne der Berufsorganisation der Filmschaffenden betrachtet. Dies schließt nicht aus, daß Filmregisseure, welche die Drehbücher zu ihren Filmen selber verfassen, in der GO Mitglied werden können, was bisher in einzelnen Fällen auch tatsächlich geschehen ist.

Beim Fernsehen sind die Verhältnisse insofern gleich, als dieses einen Teil seiner Sendezeit mit alten Spielfilmen ausfüllt, welche paketweise eingekauft werden und die den Drehbuchautoren kaum noch etwas einbringen, da deren Rechte pauschal abgegolten worden sind. Neue Filme werden heute normalerweise für die Doppelverwertung Kino/Fernsehen produziert, was den Vorteil mit sich bringt, daß die Sendeanstalten an den hohen Produktionskosten beteiligt werden können. Für den Autor ist es vorteilhaft, wenn er sich die Rechte nicht pauschal abgelten läßt, sondern für jede Sendung die entsprechenden Honorare erhält. Die Sendeanstalten produzieren jedoch auch eigene, nur für die TV-Ausstrahlung bestimmte Filme, bei welchen in der Regel inländische Schriftsteller als Drehbuchautoren herangezogen werden.

Da das Fernsehen für die meisten Menschen zum wichtigsten Informationsvermittler geworden ist, eignet es sich auch als Werbeträger für das Buch. Ich denke hier nicht an die direkte Werbung durch Spots, sondern an die indirekte durch Autorenporträts, Interviews und Streitgespräche. Sofern sich der Autor vor dem Publikum in eine günstige Position zu rücken vermag, können solche Auftritt sehr absatzfördernd wirken.

Ohne Zweifel hat jedoch das Fernsehen auf die Verbreitung des Buchs auch negative Auswirkungen. Wer fernsieht, liest nicht. Zum Glück gibt es noch genug Menschen, die die Lektüre eines guten Buchs dem Dauerkonsum von TV-Sendungen vorziehen. Im Vergleich mit dem Fernsehen zeigt das Buch gerade seine wesentlichen Vorzüge: daß es handlich und jederzeit greifbar ist und ein individuelles Rezeptionstempo erlaubt. Der Leser wählt nicht wie der TV-Zuschauer aus einem Dutzend konformer Programme aus, sondern aus dem unermeßlichen Fundus der Weltliteratur. Bis heute ist kein anderes Medium in Sicht, welches das Buch, das heißt den auf Papier gedruckten, gebundenen und graphisch gestalteten Text, ersetzen könnte. Deshalb ist der gesellschaftliche Platz des Schriftstellers als eines «Bücherschreibers» durchaus gesichert. Niemand braucht sich Sorgen zu machen, er könnte irgendwann durch die technische Entwicklung überrollt werden.

Seit einigen Jahren ist die schweizerische Medienszene in Bewegung geraten. Während zur Zeit der Gründung der GO die SRG noch ein unumstrittenes Sendemonopol innehatte, ist ihr seither im lokalen Bereich die Konkurrenz verschiedener kleinerer

Sender erwachsen, die durch Werbung und Sponsoring finanziert werden und sich daher vor allem auf die dichtbesiedelten Gebiete konzentrieren. Für die Schriftsteller hat die neue Situation zumindest im materiellen Bereich keine Vorteile gebracht. Die wenigen Lokalsender, welche einem gehobenen kulturellen Anspruch zu genügen vermögen, haben mit finanziellen Schwierigkeiten zu kämpfen, so daß sie keine Honorare bezahlen können. Die übrigen sind Kommerzsender, die eine hohe Einschaltquote erzielen wollen und sich daher auf populäre Wortprogramme und auf eine Dauerberieselung durch Pop- und Rockmusik beschränken.

Während Buch und Fernsehen in einem gewissen Spannungs- oder Konkurrenzverhältnis stehen, scheinen mir Buch und Radio zwei Medien zu sein, die sich vorzüglich vertragen und ergänzen. Als auditives Medium erreicht das Radio Publikumsschichten, denen das gedruckte Wort nicht oder nicht mehr zugänglich ist: Kranke, Blinde, Analphabeten. Das Radio ist aber auch für jeden Menschen, der selber zu lesen vermag, zum unentbehrlichen Begleitmedium geworden, da es ihm, ähnlich wie das Feuilleton der Zeitung, zusätzliche Informationen zu seiner Lektüre liefert und ihn auf neue Bücher aufmerksam macht. Zudem wirkt es als Multiplikator. Ein Autor, der seinen Text am Radio liest, kann Hunderttausende erreichen, im Unterschied zu einer Lesung in einem Saal.

Sowohl beim Radio als auch beim Fernsehen unterscheiden wir zwischen Sendungen, die das Werk selber vorstellen, und Sendungen «über» das Werk. Fernseh- und Hörspiele sowie Lesungen sind Werksendungen, während die Gespräche über literarische Themen, Buchbesprechungen, Autorenporträts- und interviews als Sendungen «über» das Werk betrachtet werden müssen. Im Unterschied zum Radio eignet sich das Fernsehen für Lesungen kaum. Sein Zweck ist die Visualisierung. Literarische Texte jedoch sollten nicht am Bildschirm, sondern im Kopf des Lesers oder Zuhörers «visualisiert» werden. Dagegen ist das Radio als Vorlese-Medium sehr geeignet, was in den Programmen der SRG auch zum Ausdruck kommt. In verschiedenen Sendegefäßen strahlt

Radio DRS Prosatexte, Gedichte, Erzählungen etc. integral oder ausschnittweise aus. Seit Jahren bietet es mit Erfolg auch eine Fortsetzungssendung für die Lektüre ganzer Romane an. Die Frage, ob der Autor besser selber lese oder ob er durch einen Schauspieler ersetzt werden solle, möchte ich zugunsten des Autors entscheiden. Ich nehme lieber eine dilettantische Technik in Kauf als eine Lesung, bei welcher der Sprechende nicht hinter dem Text steht.

Im Programm von Radio DRS nimmt auch das Hörspiel einen wichtigen Platz ein. Das Ressort «Dramatik und Feature» beschäftigt zwölf festangestellte Radioregisseure, welche pro Jahr rund 90 Eigenproduktionen realisieren. Davon sind 40–50 Prozent von Schweizer Autoren geschrieben worden. Die Zahlen beweisen, daß diese Form der Dramatik ein wichtiges Arbeits- und Experimentierfeld des Schriftstellers darstellt.[21] Es erteilt auch Aufträge zur Schaffung von Features und ähnlichen Werken, die mit den verschiedensten Elementen – Monologen, Dialogen, Musik- und Geräuschaufnahmen – durchsetzt und vom Autor kommentierend begleitet werden. Nicht von ungefähr hat die GO schon früh damit begonnen, sich mit der damals noch völlig ungenügenden Honorierung der Hörspielautoren zu beschäftigen.

Die Literaturkritik am Radio ist in ihrer Wirkung gleich zu beurteilen wie diejenige im Feuilleton der Zeitungen. Ich werde mich dazu im nächsten Kapitel äußern. Vorbildlich ist, wenn sich die Redaktoren auf die Möglichkeit ihres Mediums besinnen und sich ihre Buchbesprechungen nicht im Vorlesen schriftlich fixierter Stellungnahmen erschöpfen. Im Radio sollte in erster Linie das gesprochene Wort zum Zuge kommen, was bedeutet, daß die Rezensionen in Gesprächsform dargeboten werden und sich die Urteile im Dialog kontroverser Meinungen bilden.

Nebst all diesen Medien, deren Einsatz zum Teil mit einem beträchtlichen technischen Aufwand verbunden ist, bleibt dem Autor noch immer der direkte Kontakt mit dem Publikum, nämlich die «Lesung». Zum Glück hat diese Institution in den letzten Jahren trotz der großen Konkurrenz durch Radio und Fernsehen nichts an Bedeutung eingebüßt.

Der Selektionsprozeß

Das Manuskript hat nach seiner Schaffung durch den Autor eine Reihe von Selektionshürden zu überwinden, von denen die beiden folgenden als die wichtigsten hervorzuheben sind: a) der Entscheid des Verlegers zur Veröffentlichung, b) der Entscheid Tausender von Konsumenten, das Buch zu lesen und zu kaufen. Nicht die Veröffentlichung, sondern erst der Erwerb zum Zweck der Lektüre, oder anders gesagt: die Nutzung des Werks, macht den Schriftsteller zum Schriftsteller. Mit dieser These möchte ich mich von der Meinung distanzieren, die Anerkennung als Schriftsteller werde durch den Beitritt zu einem Schriftstellerverband erreicht. Genau das Umgekehrte ist der Fall: Wer Schriftsteller ist kraft der Tatsache, daß sein Werk genutzt wird, der erfüllt auch die Voraussetzung für den Beitritt zu einem Verband.

Ursprünglich galt im SSV die Regel, daß ein Autor mindestens zwei Bücher veröffentlicht haben mußte, bevor er aufgenommen werden konnte. Diese Zahl wurde bei der Statutenrevision von 1972 auf eins herabgesetzt, um den Vorwurf der Oltener zu entkräften, der SSV sei zu wenig «Gewerkschaft», er habe gegenüber jungen Autoren die Eintrittshürde zu hoch angesetzt.

In manchen ausländischen Verbänden, vor allem in denjenigen der sozialistischen Staaten, bestehen Selektionsgremien, welche die Kandidaten in qualitativer Hinsicht überprüfen. Da ein solcher Ausschuß häufig von Parteifunktionären beherrscht ist, besteht die Gefahr, daß Qualität mit Staatstreue verwechselt wird.

Sowohl SSV als auch GO stimmen darin überein, daß sie bei der Aufnahme keine qualitativen Kriterien anwenden. Die Erfahrung lehrt, daß die Meinungen darüber, was «gut» und was «schlecht» sei, auch unter Kollegen weit auseinanderklaffen. Sie delegieren diesen Entscheid an eine externe Instanz. Aber gerade in bezug auf diese Instanz besteht ein wesentlicher Unterschied zwischen den beiden Verbänden.

Nach den Statuten der GO kann Mitglied werden, wer «urheberrechtliche Interessen gegenüber Werknutzern» geltend zu machen hat. Somit verknüpft sie die Aufnahmebedingungen mit dem Tatbestand der Nutzung. Wenn ein Werk nicht genutzt wird, bestehen auch keine Ansprüche einem Werknutzer gegenüber. Letztlich delegiert die GO den Entscheid über die Anerkennung als Schriftsteller an den Leser: dieser äußert seine Zustimmung dadurch, daß er das Buch kauft.

Der SSV geht diesbezüglich weniger weit. Er knüpft bei der Veröffentlichung an. Ob ein Werk auch wirklich genutzt werde, ist nach den in seinen Statuten festgelegten Aufnahmekriterien nicht relevant. Das führt zu einer largeren Aufnahmepraxis und ist, nebst andern Faktoren, ein Grund für den höhern Mitgliederbestand dieser Organisation.

Aus der großen Zahl von Texten, welche fortwährend von irgendwelchen Leuten mit der Absicht auf Verbreitung geschrieben werden, wird durch gewisse Selektionsinstanzen – Verleger, Radioredakteure, Dramaturgen etc. – ein Teil herausgefiltert und als veröffentlichungswürdig befunden. Sobald diese auf dem Markt erschienen sind, beginnt die Selektion von neuem, indem ein Teil davon vom Publikum als gut, interessant, lehrreich, spannend, unterhaltsam empfunden und zum Lesen, Anschauen und Anhören weiterempfohlen wird, während der andere der Vergessenheit anheimfällt. Wer Texte schreibt, die durch den Prozeß des Auswählens in diesen Kreislauf eingeschleust werden und deren Lektüre einem echten Bedürfnis entspricht, gleichgültig, ob es sich um die große Maße der Leser oder um eine kleine exquisite Minderheit handelt, der ist Schriftsteller. Schriftsteller wird man nicht kraft eines eigenen Willensakts, sondern kraft einer Anerkennung, die als Resultat eines sozialen Prozesses entsteht. Es ist daher verständlich, daß jeder Verfasser von literarischen Texten, gerade wenn er sich seiner eigenen Ohnmacht, seines Angewiesenseins auf den Erfolg beim Publikum bewußt ist, sich nur zögernd und mit Vorbehalt als «Schriftsteller» bezeichnet.

Diejenigen Instanzen, welche über die Veröffentlichung eines Werks entscheiden, tun dies in der Erwartung einer günstigen Aufnahme beim Publikum. Kein Verleger möchte ein Buch herausgeben, das am Lager liegen bleibt, kein Theaterintendant ein Stück inszenieren, das ihm einen leeren Saal beschert, kein Radioredakteur eine Sendung produzieren, bei der die Leute abdrehen. Beim Buch und beim Theater wird der Mißerfolg eines Werks durch die Verkaufs- beziehungsweise Besucherstatistiken schonungslos aufgedeckt und kann unangenehme finanzielle Folgen nach sich ziehen. Diese wirken sich bei einem Theater, das subventioniert ist, weniger schlimm aus als bei einem privaten Verlagsunternehmen. Beim Radio dagegen macht ein durchgefallenes Werk keinen tiefen Sturz. Zwar mögen die Einschaltquoten sinken, aber die Konzessionsgebühren müssen trotzdem bezahlt werden, und der Rückgang der Hörerzahl läßt sich immer noch mit dem Hinweis rechtfertigen, man sei aus kulturellen Gründen verpflichtet, Minderheiten-Programme zu senden. Die verschieden große Belastung durch das kommerzielle Risiko in den drei Medien zeigt sich auch bei der Werbung: am intensivsten ist sie beim Buch, am schwächsten, wenn überhaupt, beim Radio.

In einem frühern Kapitel haben wir auf die verschiedenen Werbemaßnahmen der Verlage hingewiesen. Es kann kein Zweifel bestehen, daß eine geschickte Werbung die Absatzmöglichkeiten eines Buches verbessert. Aber umgekehrt kann ein schlechtes Buch auch durch die raffinierteste Propaganda dem Leser nicht aufgeschwatzt werden. Es gibt Beispiele, daß Bücher ohne die geringste Werbung zu Bestsellern geworden sind. Die Grundlage zum Erfolg liegt nicht im Werbebudget, sondern in der Qualität oder in der Aktualität des Werks.

Eine nicht zu unterschätzende Rolle als Beeinflusser des Lesers spielt der Buchhändler. Aus dem reichen Angebot der Verlage wählt er diejenigen Titel aus, von denen er annimmt, daß sie sich am besten verkaufen lassen. Er entscheidet, ob ein bestimmtes Buch auf den Ladentisch komme oder ins Gestell, wo es niemand sieht. Er animiert den Leser zum Kauf oder rät ihm ab. Wenn er vom selben Titel eine große Menge absetzen kann, ist sein Gewinn größer. An Einzelbestellungen verdient er nichts. Daher geht seine Tendenz dahin, diejenigen Bücher zu verkaufen, die er eingekauft hat. Der Einkauf jedoch geschieht normalerweise nicht aufgrund einer genauen Kenntnis des Inhalts, sondern einer flüchtigen Vorinformation durch den Verlagsvertreter.

Die Bedeutung der Literaturkritik innerhalb des gesamten Selektions- und Beeinflussungsprozesses ist umstritten. Je nach dem Verfasser – ob es sich um einen Starkritiker handelt oder um einen unbekannten Schreiber – und je nach dem Publizitätswert der Zeitung respektive dem Sendegefäß des Radios erhält die Buchbesprechung mehr oder weniger Gewicht. Sind alle Kritiker des Lobes voll, so hat das Werk einen gesicherten Absatz. Ist das Bild uneinheitlich, so heben sich positive und negative Wirkungen auf. Die Wirkung hängt auch davon ab, ob der Kritiker dem Leser als verläßlicher und objektiv urteilender Mensch bekannt sei. Gefälligkeitskritiken sind ebenso wertlos wie Verrisse, die auf persönlichen Animositäten beruhen. Auch eine schlechte Kritik kann sich absatzfördernd auswirken, wenn sie das Buch ins Gerede bringt. Daher ist ein Verriß unter Umständen weniger schlimm als das Totgeschwiegenwerden.

Literatur ist nicht darauf angewiesen, besprochen zu werden. Dem Autor nützen die genialsten Verbesserungsvorschläge im Zeitpunkt, da das Werk veröffentlicht und somit festgelegt ist, nichts mehr. Falls er sich durch die Kritik zu einer verbesserten Fassung verleiten läßt, wird diese mit der Urform konkurrieren. Letztere wird normalerweise jeder spätern Variante vorgezogen. Daher vermittelt eine kompetente Besprechung dem Autor im besten Fall nur Anregungen für das nächste Buch.

Die Kritik wird jedoch nicht für den Autor, sondern für den Leser geschrieben. Daher irrt sich Enzensberger, wenn er schreibt, sie sei ein «dahinsiechender Gegenstand».[22] Beim Publikum ist das Bedürfnis nach einer objektiven Buchkritik noch immer groß, und dieses wird noch zunehmen, je mehr sich die Produktion ausweitet und je unübersichtlicher sie wird. Gut geschriebene Kritiken sind zudem für manche Leute ein Lesevergnügen, und sie geben einer Zeitung, die im politischen Teil häufig kaum mehr als den genormten Agentur-Inhalt anzubieten hat, ein eigenes Profil.

Unbestritten ist die verkaufsfördernde Wirkung international renommierter Preise, wie sie in Frankreich, Deutschland, Oesterreich bestehen. Die Schweiz hat keine entsprechenden Auszeichnungen zu bieten, was als Armutszeugnis gewertet werden muß. In unserm Land sind zahlreiche Literaturkommissionen auf Kantons- und Städteebene als Selektionsinstanzen tätig. Die große Zahl der jährlich vergebenen Preise steht im umgekehrten Verhältnis zu deren Publizitätswirkung. Mit Recht sind einzelne Kommissionen dazu übergegangen, die ihnen vom Staat zur Verfügung gestellten Gelder teilweise für Beiträge zu verwenden, welche den Charakter von Stipendien annehmen. Wenn das Ansehen der Literaturpreise steigen soll, muß ihre Zahl sinken. Einer totalen Abschaffung, wie sie vereinzelt von Autoren gefordert wird, kann ich jedoch nicht zustimmen. Literaturpreise sind als Ergänzung der Werkstipendien notwendig, denn sie haben eine andere Funktion als diese, richten sich an einen andern Empfängerkreis und könnten, wenn sie sparsamer eingesetzt würden, durchaus einen gewissen Stellenwert in der Verbreitung des guten Buchs erhalten.

Aus all diesen Erfahrungen ziehe ich den Schluß, daß der Beeinflussung des Lesers relativ enge Grenzen gesetzt sind. Der Markt läßt sich nicht lenken. Bei Neuerscheinungen sind hohe Absatzzahlen kein Indiz für die Qualität. Es gibt Autoren, die unter, und andere, die über ihrem Wert gehandelt werden. Aber die Zeit sorgt für den Ausgleich. Anfängliche Fehlurteile, Unter- oder Überbewertungen werden durch die nachfolgenden Lesegenerationen korrigiert. Irgendwann, auch wenn es Jahrzehnte oder Jahrhunderte dauert, wird das weitgespannte soziale Bewertungssystem jedem Werk den Platz zuweisen, der ihm in der Weltliteratur zukommt.

Der Schriftsteller zwischen Armut und Reichtum

Damit wir von der finanziellen Situation des Schriftstellers ein differenziertes Bild erhalten, empfiehlt sich die Schaffung der drei Kategorien haupt-, teil- und nebenberuflich. Der Begriff «hauptberuflich» läßt sich enger oder weiter fassen. Wenn wir nur jene Autoren darunter subsumieren, welche ihren Lebensunterhalt ausschließlich aus dem Erlös ihres Werkschaffens bestreiten, ist der Kreis der hauptberuflichen Autoren in der Schweiz sehr klein. Bezeichnen wir jedoch einen Autor auch dann als hauptberuflich, wenn er außer dem Schreiben keine andere Berufstätigkeit ausübt, gleichgültig, ob ihm das auch wirklich etwas einbringe, wird der Kreis viel größer. Denn immer mehr Leute machen das Schreiben zu ihrem Lebenszweck, ohne damit ihren Unterhalt bestreiten zu können. Die meisten unter ihnen leben am Rande des Existenzminimums. Sie verfügen über verschiedene, oft geringe, aber einander ergänzende Einnahmequellen: Unterstützungsleistungen anderer Personen, Erbschaften, Beiträge der Literaturförderung, IV- oder AHV-Renten. Ihre Zahl ist im Wachsen begriffen. Die wirtschaftliche Prosperität unseres Landes führt dazu, daß es sich immer mehr Leute leisten können, auf die finanzielle Sicherheit einer festen Angestelltenposition zu verzichten.

Als teilberuflich betrachte ich jene Schriftsteller, die in ihrem Brotberuf ein reduziertes Pensum erfüllen oder gelegentlich befristete Jobs annehmen, um ihr niedriges Schriftsteller-Einkommen aufzubessern. Ebenso müssen hier jene Autorinnen und Autoren eingestuft werden, die neben ihrer schriftstellerischen Arbeit als Hausfrau oder Hausmann tätig sind und die somit ihrem Gefährten ein volles Engagement in einem bürgerlichen Beruf ermöglichen. Während früher die Küchen- und Gartenarbeit vor allem den Frauen zugewiesen war, entdecken heute immer mehr Männer, daß es sich dabei um einen idealen Ausgleich zur kopflastigen Tätigkeit des Schreibens handelt.

Wer sein Leben als ökologisches Experiment betrachtet, wer sich von der Konsum- und Vergeudergesellschaft losgesagt hat, wer eigenes Gemüse pflanzt, die Kleider im Secondhandladen, die Möbel im Brockenhaus kauft und seine Wohnung selber renoviert, der kann heute mit dem Existenzminimum von 1000 Franken im Monat auskommen und glücklicher leben als manche, die das Zehnfache verdienen. Dem Schriftsteller kommt dabei die berufliche Mobilität zustatten. Schreiben läßt sich überall. Es bedarf dazu nur eines Bleistifts und eines Blatts Papier. Als Wohnsitz braucht er sich nicht das teuerste Pflaster auszuwählen, welches vermutlich ohnehin keine Anregungen zu bieten hat. Vergleichen wir den Schriftsteller mit dem Maler, Filmemacher oder Komponisten, so ist das Dichten diejenige Kunst, die am wenigsten materiellen Aufwand erfordert.

Unter nebenberuflich verstehe ich die schriftstellerische Tätigkeit, die neben einem vollen, existenzsichernden Brotberuf ausgeübt wird. Der nebenberufliche Autor ist ein Freizeitschriftsteller. Der Begriff ist jedoch nicht abwertend gemeint und deckt sich nicht mit «Hobby-Schriftsteller» oder «Amateur». Es gibt in der Schweiz ein paar ausgezeichnete Autoren, die dieser Kategorie zuzurechnen sind.

Von der Interessenlage her gesehen lassen sich die haupt- und teilberuflichen Schriftsteller in einer Kategorie zusammenfassen. Diese unterscheidet sich deutlich von der Gruppe der nebenberuflichen Autoren. Der haupt- und teilberufliche Schriftsteller ist an einem bessern Ertrag aus der Nutzung seiner Urheberrechte interessiert, während der nebenberufliche, der diese Abgeltung nur als zusätzliches Einkommen betrachtet, viel eher eine Verbesserung der Einkommenssituation in seinem Brotberuf anstrebt. Aus dieser Tatsache ergibt sich die Frage, ob sich ein Schriftstellerverband besser strukturieren ließe, wenn er entweder nur Autoren der beiden erstgenannten Kategorien aufnähme oder wenn er seine Mitglieder je nach Interessenlage unterteilte.

Im Zuge der nach 1970 erfolgten Erneuerung hat der SSV ein Berufsregister eingerichtet, das in etwa der Kategorie der haupt- und teilberuflichen Autoren entspricht. Die große Mobilität, das Hin- und Herpendeln der einzelnen Autoren zwischen den

Kategorien sowie die Schwierigkeit einer klaren Abgrenzung derselben sprechen eher gegen eine derartige Aufteilung. Viel wichtiger scheint mir zu sein, dass der Verband eine konsequente Politik zugunsten der teil- und hauptberuflichen Autoren betreibt und daß die nebenberuflich tätigen Mitglieder diese Bestrebungen unterstützen oder zumindest nicht blockieren. Nicht die Zahl der hauptberuflichen, sondern diejenigen der repräsentativen Autoren kommt ihm dabei am meisten zustatten.

In diesem Zusammenhang ist die Frage zu klären, in welchem Verhältnis der Begriff «freischaffend» zu den drei andern Kategorien stehe. Häufig wird er als Synonym von «hauptberuflich» verwendet, was jedoch falsch ist. «Hauptberuflich» betrifft den Tätigkeitsgrad, «freischaffend» das Arbeitsverhältnis und kennzeichnet das Gegenteil von «angestellt». Auch ein nebenberuflicher Autor übt in der Regel seine literarische Tätigkeit frei aus, das heißt in eigenem Auftrag und in eigener Rechnung. Er ist der gleichrangige Partner, nicht der Angestellte seines Verlegers. Somit läßt sich feststellen, daß die GO die Schriftsteller in ihrem Status als freischaffende Autoren organisiert, gleichgültig ob die Tätigkeit des Schreibens im Haupt- oder Nebenberuf ausgeübt wird. Die angestellten Wortautoren sind in den Journalistenverbänden und in den Angestelltenverbänden von Radio und TV zusammengefaßt.

Wenn wir die finanzielle Situation des Schriftstellers untersuchen, so fassen wir nur den haupt- und teilberuflichen Autor ins Auge, denn nur dieser ist existenziell auf die Einkünfte aus der Schreibtätigkeit angewiesen. Ganz allgemein läßt sich feststellen, daß diese im Vergleich mit andern Berufen schlecht ist, aber gut im Vergleich zu frühern Zeiten. Ich möchte dazu ein Beispiel geben. Im November 1939 schrieb Bertolt Brecht sein Hörspiel «Das Verhör des Lukullus». Er stand unter dem Eindruck der Eroberung Polens durch Hitler. Das Hörspiel fragt nach dem Nutzen solcher «Siege», zeigt die «andere Seite», die Not der kleinen Leute, auf deren Buckel die Mächtigen der Weltgeschichte ihre Triumphe feiern. Brecht schrieb den «Lukullus» im Exil für den Stockholmer Rundfunk. Dieser schreckte jedoch aus Furcht vor politischen

Folgen vor dessen Ausstrahlung zurück. Durch Vermittlung des Verlegers Kurt Reiss gelangte das Anti-Hitler-Hörspiel ans Studio Bern, wo es durch Ernst Bringolf produziert wurde. Die Ursendung war am 12. Mai 1940, kurz nach der zweiten Generalmobilmachung der schweizerischen Armee, die nach dem Einmarsch der deutschen Wehrmacht in Belgien, Holland, Luxemburg erfolgt war.[23] Ein politisch brisanterer Zeitpunkt hätte nicht gewählt werden können.

Die Sendung dieses Hörspiels, das seither zu einem Klassiker geworden ist, stellt ein Ruhmesblatt in der Geschichte des Studios Bern dar. Weniger rühmlich ist das Honorar, das Brecht und sein Verleger erhielten: beide zusammen 100 Franken. Verglichen mit diesem mickrigen Entgelt sind die heutigen Autoren wesentlich besser bezahlt. Ein 50-minütiges Hörspiel, von Radio DRS in Auftrag gegeben, bringt dem Autor rund 5'000 Franken ein. Geht man jedoch davon aus, daß er dieses Werk nicht wie der geniale Brecht in wenigen Tagen niederschreibt, sondern ein paar Monate konzentrierter Arbeit darauf verwendet, so ist auch dieses Honorar noch mickrig. Es ist vor allem zu niedrig in bezug auf den Lohn, den ein anderer Intellektueller in vergleichbarer Stellung für eine mehrmonatige qualifizierte Arbeit erhält.

Laut einer Umfrage der «Solothurner Literaturtage» aus dem Jahr 1986 bei 115 Schweizer Schriftstellern verdienten diese aus rein literarischer Tätigkeit im Jahr rund 9000 Franken. Dazu erhielt jeder Autor rund 3000 Franken an Literaturförderungsbeiträgen der öffentlichen Hand, was ein Jahreseinkommen von 12 000 Franken ausmacht.[24] Eigene Erfahrungen und Gespräche mit zahlreichen Kollegen bestätigen diese Zahlen. Die meisten hauptberuflichen Schriftsteller, mit Ausnahme einer dünnen Schicht von renommierten Autoren, sind im ökonomischen Sinn «arm» und leben an der Grenze des Existenzminimums, welches laut Caritas in der Schweiz für Einzelpersonen bei 1000 Franken, für Paare bei 1500 Franken pro Monat liegt. Eine Familie kann sich der Schriftsteller, falls er keine andern Einnahmequellen besitzt als das Schreiben, nicht leisten.

Nach derselben Umfrage betrug der durchschnittliche Verdienst am letzten Buch 5000 Franken. Dies ist weniger als der Monatslohn eines mittleren Angestellten. Hinter einem solchen Buch liegen jedoch in der Regel zwei bis drei Jahre harte Arbeit. Wie kommt es zu diesem niedrigen Entgelt?

Der bei uns übliche Honorarsatz beträgt 10 % des Ladenpreises. Wird dieser auf 25 Franken angesetzt und werden vom entsprechenden Buch 2000 Exemplare verkauft, was der statistischen Durchschnittsauflage in der Schweiz entspricht, verdient der Autor den oben erwähnten Betrag von 5000 Franken. Wenn von einem Buch mehr als 4000 Exemplare abgesetzt werden können, muß dies schon als Erfolg gewertet werden. Für den Autor wird das Geschäft erst lukrativ bei Auflagen mit sechsstelligen Zahlen.

Die Urheber dieser Umfrage der Solothurner Literaturtage, es handelt sich um die beiden GO-Mitglieder Otto F. Walter und Rolf Niederhauser, bleiben nicht bei der Bestandesaufnahme stehen. Sie legen einen umfassenden Maßnahmenkatalog zur Verbesserung der materiellen Situation der Schriftsteller vor. In der

37 *Otto F. Walter und Rolf Niederhauser stellen an der GV 1987 in Cressier das Solothurner Literaturförderungskonzept vor.*

Öffentlichkeit hat vor allem jener Teil Widerhall gefunden, der sich mit dem Ausbau der staatlichen Literaturförderung befaßt. Darin fordern die Autoren eine Vermehrung der Mittel, eine bessere Zusammenarbeit zwischen der eidgenössischen Kulturstiftung Pro Helvetia und den Kantonen sowie die Einführung eines Modells, welches eine längerfristige Förderung ermöglicht.

Die Mittel zur Verbesserung der finanziellen Lage des Schriftstellers können aus drei verschiedenen Quellen stammen, nämlich aus dem privaten Mäzenatentum, der staatlichen Literaturförderung und der Werknutzung. Unter den privaten Mäzenen können wir zwei Kategorien unterscheiden. Die eine umfaßt finanzkräftige Unternehmen, also Banken, Großverteiler, Industriefirmen etc., die einen Promille- oder Prozentsatz ihrer Gewinne für die Kulturförderung opfern. Für die Schriftsteller, die in der Regel bezüglich der Repräsentation mit den bildenden Künsten, der Musik und dem traditionellen Theater nicht Schritt halten können, fällt bei dieser Art der Förderung, von einigen löblichen Ausnahmen abgesehen, nicht allzuviel ab.

Umso wichtiger ist für sie die zweite Kategorie des privaten Mäzenatentums. Zu ihr zählen wir all die «Kleinmäzene und -mäzeninnen», welche mit einem hauptberuflichen Schriftsteller in Hausgemeinschaft leben und für einen Teil von dessen Unterhalt aufkommen. Es handelt sich zumeist nicht um superreiche Kapitalisten, sondern um ganz normale berufstätige Menschen, deren Einkommen über das hinausreicht, was sie für ihren eigenen Lebensunterhalt benötigen. Früher haben von dieser Art Mäzenatentum vor allem die Frauen profitiert. Heute, im Zeichen der beruflichen Gleichstellung der beiden Geschlechter, ziehen auch die Männer ihren Vorteil daraus. Das hohe Lohnniveau unseres Landes macht die doppelte Erwerbstätigkeit überflüssig. Eine Frau, die über ein Einkommen von Fr. 60'000.– verfügt, kann sich sehr wohl einen Schriftsteller als «teuerstes Hobby» leisten, wie es neulich ein Kollege ironisch formuliert hat. Auf diese Weise nimmt der «arme» Schreiber, dessen kreative Leistung von der Industriegesellschaft schlecht abgegolten wird, an deren wirtschaftlicher Prosperität teil.

Als zweite Quelle zur Verbesserung der finanziellen Situation des Schriftstellers haben wir die staatliche Literaturförderung genannt. Historisch gesehen ist der Staat, der mit seinen fiskalischen Maßnahmen einen Teil der Gewinne der Unternehmen abschöpft, an die Stelle der einstigen privaten Großmäzene getreten.

Unter den staatlichen Fördermaßnahmen ist zu unterscheiden zwischen den sogenannten Druckkostenzuschüssen, welche an den Verlag gehen und in der Regel der Verbilligung des Buchs dienen, und den Beitragszahlungen, die dem Autor zugute kommen. Die Autorenförderung kann in vier Kategorien unterteilt werden:

a) Preise

b) Projektförderung (Werkjahre, Werkaufträge)

c) Honorarzuschüsse

d) Reisestipendien, Stipendien für Auslandsaufenthalte und Verbilligung von Wohnungen im Ausland.

Die Fördermaßnahmen werden auf allen drei Ebenen unseres Staatswesens – Bund, Kantone, Gemeinden – getroffen. Aber auch die Förderung, welche die Schriftstellerverbände betreiben, muß als staatlich bezeichnet werden, da diese die entsprechenden Mittel ebenfalls aus der Bundeskasse beziehen.

Für manche Autoren sind schon heute die staatlichen Förderbeiträge höher als der Ertrag aus der Werknutzung. Ich halte diese Entwicklung für ungesund. Es muß das Ziel eines jeden Autors bleiben, sich auf dem Markt, und das bedeutet: beim Leser durchzusetzen und nicht bei den Gremien, welche die staatlichen Gelder verteilen.

Leider hat sich die Einkommenssituation auf dem Sektor «Buch» für den Schriftsteller in letzter Zeit eher verschlechtert als verbessert. Durch die Automation und die ständige Verbesserung der Druck- und Buchbindemaschinen konnten in den letzten Jahrzehnten die Herstellungskosten für den technischen Teil des Buches, in absoluten Zahlen gemessen, beträchtlich gesenkt werden. Für die Originalausgabe von Thomas Manns «Doktor Faustus» (760 Seiten) habe ich 1951 Fr. 28.40 bezahlt. Nach heutigem Wert würde das mindestens Fr. 150.– ausmachen. Wir zahlen jedoch für einen entsprechenden Roman nicht einmal den doppelten Preis von damals. Die Buchpreise haben sich also in den letzten vierzig Jahren kaum verdoppelt, während die durchschnittliche Teuerung im selben Zeitabschnitt das Fünf- oder Sechsfache beträgt. Daraus wird ersichtlich, daß der Autor mit der «10 %-Regel» schlecht gefahren ist. Durch die ständige Verbilligung des technischen Produkts «Buch» ist sein Honoraranteil fortwährend gesunken. Diese durch die Rationalisierung erzielte Preissenkung hätte durch einen Anstieg des Honorarsatzes kompensiert werden müssen. Das ist jedoch nicht geschehen, weshalb heute der Autor bezüglich Honorar für die Originalausgabe wesentlich schlechter gestellt ist als vor 40 Jahren.

Derjenige Teil am Produkt «Buch», der durch Kopfarbeit geleistet werden muß und der sich durch keine noch so raffiniert konstruierte Maschine ersetzen läßt, ist unterbezahlt. Die Schriftsteller verkaufen sich zu billig. Sie haben sich durch die technische Entwicklung überrollen lassen. Statt Herr über das eigene Werk zu sein, sind sie die Diener eines gefräßigen Reproduktionsapparats, der den Markt mit billigen Büchern überschwemmt. Sie verramschen ihre Manuskripte zu Schleuderpreisen, in der Hoffnung, dass diese Billigprodukte ihren Namen hunderttausendfach unter die Leute tragen und ihnen viel Ruhm und Geld einbringen. Das Gegenteil tritt ein: je größer die Bücherflut, desto kurzlebiger die Namen, die sie hervorbringt. Jeden Frühling, jeden Herbst treten neue Matadoren in die Arena, die ein halbes Jahr später schon wieder vergessen sind. Die Überproduktion sättigt nicht. Sie weckt fortwährend die Gier nach neuen Reizen.

Die Hauptursache für den Preiszerfall des Buches und die prekären Einkommensverhältnisse des Schriftstellers liegt in der übermäßigen Produktion von Taschenbüchern. Diese verdrängen die Originalausgabe vom Markt und drücken das Preisniveau nach unten, da sie den Konsumenten an niedrige Preise gewöhnen. Der Honorarsatz des Autors ist tiefer als bei der Originalausgabe. Er beträgt im Mittel 6 %. Da es sich zumeist um eine Lizenzausgabe handelt, ist das Honorar mit dem Verleger hälftig zu teilen. Somit verbleiben dem Autor von einem ohnehin viel zu niedrigen Stückpreis nur noch 3 %.

Das Taschenbuch ist als billiger Informationsträger aus der modernen Zivilisation weder wegzudenken noch zu verdrängen. Dem Autor jedoch verursacht es eine beträchtliche Honorareinbuße. Trotzdem stimmen die meisten Schriftsteller der Lizenzvergabe für eine Taschenbuchausgabe sehr bereitwillig zu, da diese in ihren Augen einer guten Qualifikationsnote für ihr Werk gleichkommt.

Belletristische Bücher werden nicht nur zum Zwecke des Geldverdienstes, sondern auch um des sozialen Prestiges willen produziert. Daher werden Verluste in Kauf genommen, und die Gestehungskosten drücken sich nicht im Verkaufspreis aus. Ich nehme an, daß bei Büchern bis zu einer Auflage von 2000 Exemplaren der Ladenpreis über hundert Franken liegen müßte, wenn alle Kostenfaktoren realistisch berechnet und auch dem Autor ein angemessenes Honorar bezahlt werden sollte. Dafür müßte der Käufer die Garantie erhalten, daß das Buch nicht nachgedruckt wird. So wird es heute schon bei gewissen Kunstbüchern gemacht. Solche Erstdrucke erhalten mit der Zeit einen Sammelwert, so daß ein Käufer, der mit dem notwendigen Gespür auswählt, keinen Verlust erleidet. Es kann jedoch kein Zweifel bestehen, daß eine derartige Maßnahme die Selektion verschärfen würde. Die Zahl der Titel würde zurückgehen, die Zahl der Schriftsteller ebenfalls. Und wie könnten die Schweizer Verleger mit diesen teuren Büchern auf dem Markt der Bundesrepublik konkurrenzfähig bleiben? – Solche Fragen müßten sorgfältig geprüft werden bevor entsprechende Korrekturen am Preissystem angebracht werden.

Unter den einträglichen Büchern, deren Zahl leider gering ist, können wir zwei Kategorien unterscheiden: die Bücher mit einer Kurzzeit- und diejenigen mit einer Langzeitwirkung. Die letztern erreichen oft erst nach Jahrzehnten gewinnbringende Auflagen und verschaffen daher nur selten dem Autor, viel häufiger aber seinen Erben entsprechende Einkünfte. Die Schwierigkeiten eines Autors, dessen Werk sich verspätet durchsetzt, sind Liquiditätsprobleme. Theoretisch sollte er von den spätern Profiteuren seines Werks Vorschüsse erhalten, was natürlich illusorisch ist.

In jedem Fall muß die Nutzung über eine längere Zeitspanne, nämlich während der Dauer des urheberrechtlichen Schutzes betrachtet werden, wenn der Ertrag eines Werkes festgestellt werden soll. Der Autor eines Buches mit steil ansteigender, aber ebenso steil abfallender Verkaufskurve kann den materiellen Nutzen voll für sich beanspruchen, während ihn der Autor eines «zeitlosen» Werks mit seinen Erben teilen muß. Jede Erschaffung eines Werks muß als Investition, als das Erbringen einer Leistung für kommende Zeiten, betrachtet werden. Der Schriftsteller ist ein Kapitalist, der in sein Werk investiert. Er schafft Werte, die erst künftig Ertrag abwerfen. Er sät, ohne zu wissen, wann er ernten wird. Er lebt in Armut und ist reich. Zur Erhärtung dieser Tatsache nenne ich drei Namen von bedeutenden Schweizer Schriftstellern aus der ersten Hälfte dieses Jahrhunderts: Robert Walser, Friedrich Glauser, Adolf Wölfli.

Es liegt in der Tradition der Linken, daß sie dem Eigentum skeptisch gegenübersteht. Diese Skepsis ist begründet. Eigentum wirkt als stabilisierender Faktor. Der Schriftsteller jedoch möchte die Gesellschaft verändern, so wie er selbst, wenn er die Arbeit an seinem Werk vorantreibt, einer ständigen Veränderung unterzogen wird. Daher ist er ein «Kapitalist wider Willen», ein Eigentümer, dem der Besitzerstolz fehlt. Er möchte lieber ein Arbeiter sein, sich lieber in einer Gewerkschaft organisieren als in einem ständischen Berufsverband. Er sieht sich in der Rolle des Bittenden, des Entrechteten und nicht in der stolzen Position eines Inhabers von bedeutenden immateriellen Werten. Er sucht nicht das unternehmerische Risiko, sondern die soziale Sicherheit, die er sich vom Staat erhofft. An Stelle des Wettbewerbs setzt er die Solidarität.

Die Einsichtslosigkeit in die eigene rechtliche und ökonomische Position macht das gemeinsame Vorgehen zur Verbesserung der materiellen Situation der Schriftsteller zu einem mühsamen Unterfangen. Gerade die GO als Kind der 68er Jahre, als

Zusammenschluß neolinker Schriftsteller der Schweiz, ist diesbezüglich mit einer besondern Hypothek belastet. Wenn sie das Eigentum in Frage stellt, zugleich aber für die Urheber einen bessern Eigentumsschutz und eine bessere Abgeltung der Eigentumsnutzung verlangt, macht sie sich unglaubwürdig. Andrerseits würde sie sich von ihrer eigenen Basis entfernen, wenn sie sich auf eine Ideologie beriefe, die den Schutz des Eigentums zu ihrem zentralen Anliegen macht. Sie darf daher den Widerspruch zwischen Eigentumsskepsis und Eigentumsschutz nicht verdrängen, sondern muß versuchen, ihn zum Ansatzpunkt einer Politik zu machen, die beide Positionen ins Blickfeld einbezieht.

Die Struktur

Die Gliederung nach Sprache, Geschlecht und Erwerbstätigkeit

Jeder Verband läßt sich nach verschiedenen Kriterien strukturieren. Wenn wir die interne Machtverteilung untersuchen, ergibt sich normalerweise eine Gliederung nach den Begriffen «oben» und «unten», nach Führungsgruppe und Basis. Davon wird im nächsten Kapitel die Rede sein. Ein anderes, für eine Schriftstellerorganisation wichtiges Kriterium, ist die Sprache und damit zusammenhängend die territoriale Unterteilung. Sodann kann das Geschlecht als Unterscheidungskriterium dienen, aber auch die Erwerbstätigkeit

38 *Gruppenbild vom Treffen der Sezione ticinese im Frühjahr 1988. Stehend von links nach rechts: Gertrud Leutenegger, Antonio Rossi, Donata Berra Schwendimann, Fabrizio Scaravaggi, Alberto Nessi, Gilberto Isella, Silvana Lattmann. Kniend: Paolo di Stefano, Giovanni Orelli.*

oder der literarische Rang, wobei es sich zeigen wird, daß diejenigen, die in der Führungsgruppe sitzen, nicht immer identisch sind mit denjenigen, die außerhalb des Verbands, im Werturteil des Publikums, die obersten Plätze einnehmen. Dieser Problemkreis soll im Kapitel über die «Prominenz» behandelt werden.

Die GO umfaßt die drei Sprachgruppen deutsch, französisch und italienisch, womit sie ihren Anspruch, eine gesamtschweizerische Organisation zu sein, unter Beweis stellt. Die Strukturierung nach Sprachgruppen, wie sie sich auch im Mitgliederverzeichnis niederschlägt, ergibt automatisch die Einteilung in die Gebiete der deutschen, französischen und italienischen Schweiz. Die deutsche Schweiz gliedert sich zusätzlich in die Regionen Basel, Bern, Zürich und Innerschweiz, welche sporadisch – leider viel zu selten – Zusammenkünfte organisieren. Auf den Einbezug einer rätoromanischen Sektion hat die GO bis jetzt verzichtet, nicht weil sie die Existenz dieser Sprache geringschätzen würde, sondern weil sich die Rätoromanen aus Tradition beim SSV angesiedelt haben und ihre Aufsplitterung wenig sinnvoll wäre.

39 Fritz Widmer, Christoph Geiser, Markus Michel, Felix Aeschlimann an einer Zusammenkunft der Regionalgruppe Bern 1988.

40 *Kurt Marti und Maja Beutler, Regionalgruppe Bern 1988.*

Uns interessiert hier die Frage, inwiefern die Dreisprachig-
keit den Informationsfluß innerhalb des Verbands störe und zu
Verständigungsschwierigkeiten, eventuell sogar zu Konflikten
führe. An den Vorstandssitzungen ist die Verhandlungssprache
deutsch und französisch, es wird nicht übersetzt. In der Regel
spricht jedes Mitglied in seiner Muttersprache, mit Ausnahme des
Tessiner Vertreters, der sich des Französischen bedient. Der schriftliche Verkehr des Sekretariats mit den Vorstandsmitgliedern ist
deutsch. Mindestvoraussetzung für eine Wahl in den Vorstand ist
demnach der Besitz der aktiven Sprachkompetenz in der einen und
der passiven in der andern Verhandlungssprache. Das ist auch unter
Schriftstellern durchaus keine Selbstverständlichkeit, so daß sich
diese Bedingung als Selektionshürde erweist. Der Idealzustand, der
darin bestehen würde, daß jedes Mitglied in seiner Muttersprache
spricht und in den beiden andern Landessprachen die passive
Sprachkompetenz besitzt, wird wohl kaum erreichbar sein.

Leider verfallen die Deutschschweizer in ihrem Geplauder außerhalb der eigentlichen Sitzungen immer wieder in die Mundart zurück, so daß ihnen die anderssprachigen Kollegen nicht folgen können. Es ist eine Tatsache, daß der Deutschschweizer Mühe bekundet, sich über Alltägliches und Belangloses in der Hochsprache auszudrücken. Diese Unfähigkeit, zusammen mit dem Bestreben nach mehr Dialog und Publikumsnähe, hat in den elektronischen Medien und in den Schulen der deutschen Schweiz zu einer eigentlichen Mundartwelle geführt. Die Erhaltung der Mundart als Zeichen der kulturellen Identität und der persönlichen Heimatverbundenheit ist ohne Zweifel berechtigt, aber ihre Verwendung darf nicht zur Isolierung der sprachlichen Minderheiten führen. Es gehört mit zu den Aufgaben einer gesamtschweizerischen Organisation, die Kontakte zwischen den Sprachgruppen zu intensivieren. Dies braucht nicht unbedingt durch teure Übersetzungsanlagen zu geschehen. Oft genügt schon die Beachtung bestimmter Verhaltensregeln und Umgangsformen.

Die offiziellen Informationen des Sekretariats, welche in der Form eines «Mitteilungsblatts» oder durch Zirkularschreiben erfolgen, werden in deutscher und französischer Sprache herausgegeben, was deren Produktionsvorgang beträchtlich verlängert, so daß sie manchmal ihre Aktualität einbüßen. Auf individuelle Briefe wird in der Sprache des jeweiligen Mitglieds geantwortet. Die Tatsache, daß die überwiegende Mehrheit der Mitglieder aus Deutschschweizern besteht und daß das Sekretariat in der deutschen Schweiz angesiedelt ist, führt zu einer Hegemonie der deutschen Sprache. Diese muß dadurch ausgeglichen werden, daß auf die Probleme der sprachlichen Minderheiten mit besonderer Sorgfalt eingegangen wird.

An der GV ist die Verhandlungssprache ebenfalls deutsch und französisch. Übersetzt werden nur die wichtigsten Teile. Eine integrale Übersetzung würde zu einem schleppenden Verhandlungsgang führen. Einige gesamtschweizerische Organisationen, z.B. der SSV und die Pro Litteris, sind daher zur Simultanübersetzung übergegangen. Abgesehen von den relativ hohen Kosten finde ich dies auch deshalb problematisch, weil damit gerade eine günstige Lern-Gelegenheit vergeben und die Anstrengung des Sich-Verstehens durch ein technisches Hilfsmittel überflüssig gemacht wird.

Trotz der erwähnten Nachteile ist die Bilanz der Mehrsprachigkeit positiv. Der Umgang mit den sprachlichen Minderheiten erfordert Toleranz, Rücksichtnahme und Respekt vor andern Kulturen, womit Normen, die für das Zusammenleben ganz allgemein wichtig sind, geübt werden können. Eine GO, die ihr Tätigkeitsfeld auf die deutsche Schweiz beschränkte, würde nicht nur ihre Repräsentativität einbüßen, sondern auch einen wesentlichen Teil ihrer sozialen und kulturellen Identität. Wie wir noch sehen werden, bestehen die eigentlichen Konflikte in der GO nicht zwischen den verschiedenen Sprachgruppen, sondern zwischen den Exponenten der formalen und der informalen Struktur.

Eine Gliederung nach Geschlechtern drängt sich meines Erachtens in der GO nicht auf. Die Chancen auf dem Markt und die Bedingungen innerhalb des Verbands sind für männliche und weibliche Mitglieder dieselben. Unter den zweiundzwanzig Autoren, die 1970 aus dem alten SSV ausgetreten sind, befand sich keine einzige Frau. Damals war die Schweizer Literatur noch vollständig von den Männern beherrscht. Dies hat sich seither gründlich geändert. Schon in der Vorphase der Konstituierung hielt das weibliche Element Einzug. Der erste «Präsident» der GO war eine Frau. Seither ist der Anteil der Frauen ständig im Steigen begriffen, er beträgt im Moment ungefähr ein Drittel. Ich gehe davon aus, daß das Verhältnis schon in naher Zukunft ausgeglichen sein wird.

Wie alle ähnlichen Organisationen sieht sich die GO mit der feministischen Forderung konfrontiert, in allen Verlautbarungen als Frau nicht nur in der männlichen Form mitgemeint, sondern auch mitgenannt zu werden. Ich halte diese Forderung für berechtigt. Leider läßt sie sich in gewissen Fällen nicht verwirklichen, ohne daß der Sprachfluß empfindlich gestört und die Verständlichkeit verschlechtert wird. Dies ist der Grund, weshalb ich mich auch in diesem Buch nicht pedantisch daran halte. Ich hoffe, daß mir die

Leserinnen diese Unzulänglichkeit, die eher in der Sprache als in meinem schlechten Willen begründet liegt, nicht verargen werden.

Wenn wir die Mitglieder nach der Erwerbstätigkeit strukturieren, erhalten wir die Kategorien der haupt-, teil- und nebenberuflichen Autoren. Wie wir im vorangehenden Kapitel dargelegt haben, zeichnen sich die beiden erstgenannten Kategorien durch eine ähnliche Interessenlage aus, während sich die letztere davon wesentlich abhebt. Aus den dort erwähnten Gründen wäre es wenig sinnvoll, innerhalb des Verbands eine starre Unterteilung durch Schaffung eines sogenannten Berufsregisters einzuführen. Was jedoch nottut, ist die konsequente Ausrichtung der Verbandspolitik auf die Bedürfnisse der haupt- und teilberuflichen Autoren. Diese Kategorie sollte daher im Vorstand die Mehrheit bilden. Wenn dies in den vergangenen Zeiten nicht immer der Fall war, so lag es daran, daß sich gerade aus diesen beiden Kategorien nicht genügend valable Kandidaten zur Verfügung stellten.

Aus diesen kurzen Bemerkungen geht hervor, daß die GO zwar nach verschiedenen Strukturen gegliedert werden kann – eine weitere, hier nicht behandelte wäre die Altersstruktur –, daß sich aber als organisatorisch wichtigste und daher auch einzig permanente die sprachliche erweist. Dies stimmt mit der Tatsache überein, daß auch bei der Arbeit des individuellen Schriftstellers die Sprache als konstitutives Element betrachtet werden muß.

Der Verband und seine Organe

Der formale Aufbau der GO ist denkbar einfach. Der Artikel 6 ihrer Statuten lautet:

Organe des Vereins sind die Generalversammlung, der Vorstand und die Revisionsstelle.

Der Begriff «Organ» wird hier im Sinne von «Entscheidungsträger» gebraucht. Der Sekretär zum Beispiel hat keine Entscheidungsbefugnis. Das bedeutet nicht, daß er keine Entscheide trifft. Im Gegenteil: keine andere Instanz trifft so viele Entscheide wie er. Aber diese müssen vom Vorstand bestätigt werden.

Die Entscheidungsbefugnis der Revisionsstelle beschränkt sich auf die Prüfung der Jahresrechnung. Da der GO auch Bundesgelder anvertraut sind, braucht über deren Bedeutung kein Wort verloren zu werden. Sie ist einem professionellen Treuhandbüro anvertraut.

Mit der Stellung des Vorstands werde ich mich im nächsten Kapitel befassen. Vorerst möchte ich auf die besondern Probleme der Generalversammlung eingehen. Der Begriff ist zweideutig. Erstens handelt es sich um die oberste Verbandsinstanz, zweitens um ein Ereignis von gesellschaftlicher Bedeutung. Vermutlich ist den meisten Mitgliedern die zweite Komponente wichtiger als die erste. Früher wurde öfters kritisiert, es werde an der GV nur über Vereinsgeschäfte gequatscht und bleibe keine Zeit für wichtigere, nämlich für politische und literarische Fragen. Der Vorstand, der sich an seinen Sitzungen mit keinem andern Thema so viel beschäftigt wie mit der Gestaltung der GV, hat deshalb versucht, den eigentlichen Schwerpunkt der Tagung gerade auf das Rahmenprogramm zu legen, das der Geselligkeit, dem Sich-Kennenlernen, dem individuellen Erfahrungsaustausch dient. Er hat neue Kommunikationsformen, den Wechsel zwischen Plenums- und Gruppendiskussionen sowie literarische Werkstätten eingeführt. Die üblichen, sogenannt langweiligen Verbandsgeschäfte versucht er jeweils im Eiltempo zu erledigen.

41 GV Cressier 1987

42 GV Cressier 1987

138

Die Tagung findet in der Regel einmal pro Jahr an einem Wochenende statt. Ländliche Orte haben sich besser bewährt als größere Städte, da in ihnen die Gefahr der «Abwanderung» weniger groß ist. Es hat sich die Tradition herausgebildet, daß der Samstag für Referate, Diskussionen und für den geselligen Teil reserviert ist, während am Sonntagvormittag die Geschäfte behandelt werden.

Der in Artikel 7 festgelegte Kompetenzkatalog der Generalversammlung umfaßt die folgenden Punkte:

1. Wahl des Vorstands, des Präsidenten und der Revisionsstelle,

2. Abnahme des Geschäftsberichts und der Jahresrechnung,

3. Festsetzung des Budgets und des Mitgliederbeitrags,

4. Beschluß über Projekte und Aktionen,

5. Aufnahme neuer Mitglieder,

6. Beschluß über Anträge von Mitgliedern,

7. Behandlung von Rekursen gegen Vorstandsbeschlüsse, soweit sie die wirtschaftlichen und rechtlichen Interessen einzelner Mitglieder betreffen.

Alle übrigen Arten von Entscheiden sind dem Vorstand übertragen, womit eine klare Kompetenzabgrenzung zwischen den beiden Organen besteht. Dieser hat vor allem auch die Aufgabe, den Verband nach außen zu vertreten.

Ich möchte hier nur zwei dieser Punkte herausgreifen, nämlich die Wahlen und die Mitgliederaufnahmen. Normalerweise werden die Vorstands- und Präsidentenwahlen als Routinegeschäft behandelt, und ihre Bedeutung wird von den Mitgliedern gering eingeschätzt. Dies scheint mir eine falsche Bewertung zu sein. Eine Basis, die sich ihrer Kontroll- und Bestätigungsfunktion bewußt ist, wird den Erneuerungswahlen unter allen Traktanden das größte Gewicht beimessen. Sie wird von der Führungsgruppe eine gute Vorbereitung des Wahlgeschäfts fordern, zugleich aber verhindern, daß diese zur Kooptation ausartet. Der GV kommt daher eine Funktion zu, die mit «Beschaffung von Informationen über Personen» umschrieben werden kann. Wenn ein Verband klein ist und wenn sich seine Mitglieder regelmäßig treffen, sind solche Informationen leichter zu erhalten als in einem großen.

In den meisten Berufsverbänden ist die Mitgliederaufnahme dem Vorstand übertragen. Daß sie in der Gruppe Olten von der GV vorgenommen wird, hat historische Gründe, worüber ich in einem frühern Kapitel berichtet habe. Es kann kein Zweifel bestehen, daß diese Regelung zu einer extensiven Aufnahmepraxis führt. Die Diskussionen der letzten Jahre haben deutlich gezeigt, daß die GV keine qualitative Selektion wünscht. Es kann geschehen, daß Autoren schon aufgrund der Veröffentlichung eines schmalen Gedichtbändchens, der Sendung eines Hörspiels aufgenommen werden. Die statutarische Bedingung, wonach das Werk nicht nur veröffentlicht, sondern auch genutzt werden sollte, wird nicht streng gehandhabt.

Ich trat in der Anfangsphase für eine restriktive Aufnahmepraxis ein, habe jedoch meine Meinung wegen der guten Erfahrung, die wir mit der extensiven gemacht haben, gründlich geändert. Sie ermöglicht es, daß auch junge Autorinnen und Autoren ohne lange Wartezeit aufgenommen werden können. Es zeigt sich immer wieder, daß der junge Autor viel eher der Beratung, des Erfahrungsaustauschs und der andern Dienstleistungen bedarf, die ein Verband bieten kann, als der arrivierte. Ein Verband, der die Selektionslimite zu hoch ansetzt, läuft Gefahr, talentierte Jungautoren zurückzuweisen, die sich später wegen der erlittenen Kränkung nicht mehr als Mitglieder gewinnen lassen. Zudem führt die restriktive Praxis zu einer Überalterung, wofür der SSV der Sechzigerjahre ein abschreckendes Beispiel gibt.

Infolge der extensiven Aufnahmepraxis ist die GO in den letzten Jahren kontinuierlich gewachsen. Zählte sie 1971 nach ihrer Gründung 68 Mitglieder, so waren es im Herbst 1988 deren 230. Ausschlußgründe kennt sie nicht. Der Anteil der aktiven Schriftsteller beträgt zwar nicht 100 %, ist aber wesentlich höher als im SSV.

Das Aufnahmeverfahren ist denkbar einfach. Beitrittswillige Schriftstellerinnen und Schriftsteller unterzeichnen ein Aufnahmegesuch und legen diesem ihr Werkverzeichnis bei. Auf Grund dieser Angaben prüft der Vorstand, ob die statutarischen

Bedingungen erfüllt sind. Die Namen und die bio-bibliographischen Informationen der von ihm empfohlenen Kandidatinnen und Kandidaten stellt er den Mitgliedern vor der GV zu. Bisher wurde von seinen Anträgen nie abgewichen, so daß sich die Aufnahmekompetenz der GV praktisch auf eine Kontrollfunktion reduziert.

Aus dem oben zitierten Kompetenzkatalog der GV geht hervor, daß sich im übrigen die formale Struktur der GO nicht wesentlich von den Strukturen unzähliger anderer Vereine und Verbände unterscheidet, die nach den Grundsätzen des Vereinsrechts, Artikel 60 ff des ZGB, organisiert sind. Sie alle stellen das Abbild unserer demokratischen Staatsform dar und können als ein «Staat im Taschenformat» betrachtet werden. Die Übereinstimmung dieser Organisationsmodelle bietet große Vorteile, denn sie erlaubt es den Beteiligten, mit den Ritualen und Rollenspielen politischer Entscheidungsprozesse vertraut zu werden und die

43 *René Regenass, Manfred Züfle, Otto F. Walter, Jürgen Theobaldy, Reto Hänny an der a. o. GV in Olten 1987*

Erfahrungen, die sie im Laufe ihrer Vereinskarriere gesammelt haben, bei jedem Eintritt in ein neues, ähnliches Kollektiv zu nutzen. Die Rollen des Staatsbürgers und des Vereinsmitglieds sind austauschbar, was zu einer großen Stabilität der Gesellschaft führt. Staat und Vereine durchdringen sich gegenseitig. Der Staat mit seiner Zwangsmitgliedschaft und seinem Gewaltmonopol erweist sich nicht als ein völlig fremdes, sondern als ein vertrautes Gebilde, sozusagen als ein «Superverein».

Das Prinzip, welches alle diese Organisationsmodelle kennzeichnet, ist die Herrschaft der Basis, der Mitglieder, des Volkes über die Führungsgruppe. Es stellt die Machtverhältnisse der Feudalzeit auf den Kopf: das «Unten» wird zum «Oben», das «Oben» zum «Unten». Diese Umkehrung stellt eine der wesentlichsten politischen Errungenschaften der Neuzeit dar. Aber sie hat ihre Tücken.

In der Phase vor der Vereinsgründung galt in der GO uneingeschränkt das Prinzip der Basisdemokratie: einzig die Vollversammlung war für die Beschlüsse zuständig, niemand maßte sich die Kompetenz an, in ihrem Namen zu sprechen oder Entscheide zu fällen. Die Oltener standen ganz unter dem Eindruck der antiautoritären Ideen der 68er Bewegung. Sie erwarteten das Heil von unten, von der Vollversammlung her und verpönten jede Initiative, die von oben kam. In der Herrschaftsfreiheit sahen sie das Modell einer bessern Gesellschaftsordnung, welche sie in ihrem eigenen Kollektiv zu verwirklichen trachteten.

Durch die Annahme der Matter'schen Statuten wurde erstmals eine Führungsgruppe, ein Vorstand installiert, aber seine Stellung war schwach. Matter führte das Prinzip der «Herrschaft von unten» in letzter Konsequenz durch, indem er die Entscheidungsbasis nicht wie üblich bei der Vollversammlung ansiedelte, sondern noch tiefer unten, bei den «Stammtischen». Er ordnete dieser «untersten» Basis die beiden wichtigsten Kompetenzen zu, nämlich die Mitgliederaufnahme (Erneuerung der Gesamtgruppe) und die Vorstandswahl (Erneuerung der Führungsgruppe). Durch das «Vorortsprinzip», das faktisch zur jährlichen Rotation des

Präsidenten führte, wurde der Vorstand zusätzlich geschwächt. Die Initiative zu neuen Aktivitäten war nicht ihm, sondern den Projektgruppen übertragen.

Ich hielt das damals für ein vorzügliches Organisationsmodell. Daß sich sein Scheitern schon nach kurzer Zeit offenbarte, habe ich weiter vorn dargelegt. Die Krise, die daraus entstand, konnte erst 1974 mit der Einführung der neuen, noch heute gültigen Statuten überwunden werden, in welchen die Organstellung der «Stammtische» abgeschafft und der Kompetenzbereich der GV erweitert wurde.

Die Frage lautet: Kann die GV die ihr durch die Statuten übertragenen Befugnisse überhaupt ausüben? Ist sie das machtvolle Organ, das dem Vorstand und dem Sekretär seinen Willen aufzwingt? Ist sie die Instanz, die neue Projekte entwickelt und Aktivitäten in Gang setzt? –

Der Nachteil des basisdemokratischen Modells scheint mir darin zu liegen, daß es Illusionen weckt. Es täuscht darüber hinweg, daß in wichtigen Bereichen der Verbandstätigkeit die eigentliche Macht nicht bei der GV, sondern bei der Führungsgruppe liegt. Zwischen der idealen, in den Statuten festgehaltenen Machtstruktur und der Realität besteht ein Widerspruch. Das einzelne Mitglied schraubt seine Erwartungen zu hoch und reagiert dann an der GV mit Verärgerung darüber, daß es nichts zu sagen hat. Es kommt sich überflüssig vor und empfindet die Tagung als ein Bestätigungsritual, bei dem es nur darum geht, die Beschlüsse des Vorstands abzusegnen. Je besser der Vorstand seine Arbeit gemacht hat, das heißt je besser die Geschäfte vorbereitet worden sind, desto langweiliger wird die Versammlung, desto größer das Malaise.

Zuweilen führt die latente Spannung zum offenen Konflikt. Die Ohnmacht der Mitglieder wandelt sich in Aggression. Wenn darauf der Vorstand mit gleicher Münze heimzahlt, arten die Wortgefechte in gegenseitige Beschimpfungen aus, und die GV, die als friedliches Beisammensein geplant war, endet mit einem Zwist, aus dem die beiden Parteien als unversöhnliche Gegner nach Hause gehen.

Es ist gerade die Tragik aktiver, erneuerungswilliger Führungsgruppen, daß sie mehr Konflikte mit der Basis heraufbeschwören als die passiven und daß auch innerhalb dieser Gruppen die handelnden Personen mehr Aggressionen auf sich lenken als die untätigen. Dies führt zu einer negativen Selektion, indem die innovativen Personen weniger lang in einer Führungsgruppe ausharren als diejenigen, die dank ihrer phlegmatischen Verhaltensweise keinen Widerspruch erwecken.

Was ist zu tun?– Ich meine, daß das GV-Malaise nur dann überwunden werden kann, wenn sich die Mitglieder besser bewußt werden, was demokratisches Verhalten zu leisten imstande ist und was nicht.

Demokratie ist die Macht und die Freiheit, die Gesetze, unter deren Kontrolle man steht, nach festgelegten Regeln zu ändern – und auch diese Regeln noch verändern zu können; vor allem aber bedeutet sie eine Art kollektiver Selbstkontrolle über die strukturellen Mechanismen der Geschichte selbst. Wenn beide, Über- und Untergeordnete, diese Macht und Freiheit genießen und an der «kollektiven Selbstkontrolle über die strukturellen Mechanismen der Geschichte» beteiligt sind, wollen wir die Beziehung zwischen ihnen «demokratisch» nennen.[25]

Aus diesem Zitat von Mills geht hervor, daß die eigentliche Aufgabe der GV nicht in der Verbandsführung besteht, sondern in einer Kontroll- und Bestätigungsfunktion gegenüber der Führungsgruppe. Die Basis handelt nicht selbst, sondern sie bewirkt das Handeln durch entsprechende Auswahl des Teams, dem sie die Verbandsgeschäfte anvertraut hat. Daraus ergibt sich, daß die GV und die Führungsgruppe zwei verschiedene Rollen zu übernehmen haben, die ein völlig anderes Verhalten voraussetzen. Die Basis hat den Status eines Beobachters, die Führungsgruppe denjenigen eines Akteurs. Sie bringt die Leistungen hervor, während die Basis diese beurteilt und im Falle von Unzufriedenheit für eine Änderung der personellen Zusammensetzung des leitenden Teams sorgt. In der Regel geschieht gerade das Gegenteil. Statt die Führungsgruppe zu kontrollieren und bei mangelhafter Leistung die unfähigen Mitglieder abzusetzen, entwickelt die Basis eine eigene Aktivität als

Konkurrent der Führungsgruppe und versucht, ihr das Heft aus der Hand zu schlagen. Dadurch entsteht zwischen den beiden Organen eine latente Spannung, die zuweilen in einen offenen Konflikt ausartet.

Damit die Basis ihre Funktion als Kontrollsystem wahrnehmen kann, braucht sie Informationen über Sachen und über Personen. Diese fallen ihr nicht in den Schoß wie reife Birnen. Sie müssen der Führungsgruppe abverlangt werden, was normalerweise bei der Ablage der Jahresrechnung und des Jahresberichts geschehen kann. Die Basis müßte neugieriger sein, sie müßte aufmerksamer zuhören. Es wird zu wenig gefragt, zu viel behauptet. Was weiß zum Beispiel ein einfaches Verbandsmitglied von den gruppendynamischen Prozessen innerhalb der Führungsgruppe, von ihren Schwierigkeiten, ihren Konflikten?– Ihre Mitglieder müßten vermehrt angehalten werden, Red und Antwort zu stehen. Die Kontrolle darf sich jedoch nicht darin erschöpfen, schlechte Leistungen zu tadeln. Jeder Teilnehmer einer GV trägt die Verantwortung für den Geist, der innerhalb eines Verbandes herrscht. Die leitenden Personen sind Menschen, die auch ein Bedürfnis nach Anerkennung ihrer Arbeit haben. Ein Team, das durch die Basis gestützt wird, arbeitet besser als eines, das immer nur bemäkelt oder desavouiert wird.

Wenn der eigentliche Zweck des Verbands in der Förderung der gemeinsamen Interessen liegt, so setzt dies eine Tätigkeit voraus, zu deren Gelingen die GV kaum etwas beitragen kann. Zermürbende Debatten, bei welchen diejenigen Personen, die am schlechtesten informiert sind, am meisten reden, führen zu keiner Verbesserung der materiellen Situation der Schriftsteller. Dies läßt sich nur durch Gespräche erreichen, welche von Einzelpersonen, nicht aber von einem bunt zusammengewürfelten Kollektiv, wie es die GV darstellt, geführt werden können. Denn Verhandeln ist kein Dekretieren, sondern ein schrittweises Aufeinanderzugehen zweier Parteien mit unterschiedlicher Interessenlage.

Daher muß die GV von falschen Zielsetzungen, von der Meinung, hier werde die Verbandspolitik gemacht, befreit werden. An den Jahrestagungen sollten weniger Beschlüsse gefaßt, dafür mehr Kontaktmöglichkeiten geboten werden. Dies entspricht nicht nur dem individuellen Bedürfnis der Mitglieder, sondern ist auch für das gute Funktionieren des Verbands von größter Bedeutung. Nur wenn die Basis eine umfassende Personenkenntnis besitzt, wird sie die besten, die kreativsten Leute in die Führungsgruppe abordnen, so daß sich zwischen dem «Unten» und dem «Oben» anstelle des üblichen Konflikts- ein Vertrauensverhältnis entwickeln kann.

Die Führungsgruppe

Unter dem Begriff «Führungsgruppe» fasse ich den Vorstand und das Sekretariat zusammen. Der Revisor und der Rechtsberater könnten auch dazu gezählt werden. Aber sie sind eher als externe Instanzen zu betrachten, die im Auftragsverhältnis bestimmte Aufgaben erledigen und die normalerweise nicht an den Sitzungen des Vorstands teilnehmen.

Das Sekretariat wird aus zwei Personen gebildet: einem verantwortlichen Sekretär, der teilzeitlich zu etwa 40 % tätig ist, und einer Sekretärin, welche die beruflichen Voraussetzungen zur Erledigung der administrativen Arbeiten besitzt und die im Stundenlohn arbeitet. Das Büro ist in der Wohnung des Sekretärs untergebracht, so daß mit dessen Rücktritt auch der Sitz des Vereins wechselt. Diese Lösung hat einerseits den Nachteil, daß der scheidende Sekretär mit einer enormen Aufräumarbeit belastet wird, aber andrerseits ist sie kostengünstiger als das Mieten von speziellen Büroräumen, und sie verhindert das Anwachsen der Aktenberge. Die Verbindung von Arbeits- und Privatsphäre kann ideal sein, wenn sich die letztere nicht allzu störend auf die Verbandsgeschäfte auswirkt und ein gewisses Maß von Selbstdisziplin vorhanden ist.

Der Sekretär wird laut Statuten vom Vorstand gewählt und von der GV bestätigt. Während ich unter dem Regime der Matter'schen Statuten noch direkt von der GV gewählt wurde, ist das neue Verfahren bei meinem Nachfolger erstmals angewendet worden. Praktisch handelt es sich um ein indirektes Wahlverfahren, das den Vorteil aufweist, daß die Auswahl, die viel Zeit und den vertraulichen Umgang mit Informationen erfordert, allein beim Vorstand liegt. Die GV kann Kandidaten nur ablehnen, nicht aber andere vorschlagen, so daß es zu keinen überstürzten Entscheiden kommt. Wird ein Kandidat abgelehnt, muß der Vorstand eine neue GV einberufen und einen andern Anwärter präsentieren. Im Falle meines Nachfolgers ist dies tatsächlich geschehen, womit der Beweis erbracht worden ist, daß die GV durchaus in der Lage ist, einen ihr nicht genehmen Kandidaten zu verhindern.

147

Der Sekretär hat den Status eines Angestellten. Die Kündigungsfrist beträgt für beide Seiten sechs Monate auf Ende des Geschäftsjahres. Der Vorstand übernimmt somit die volle Verantwortung dessen Tätigkeit, und wenn das Verhältnis zwischen beiden Parteien gestört ist, kann es jederzeit unter Einhaltung der genannten Kündigungsfrist aufgelöst werden. Ich halte diese Lösung für besser als diejenige des SSV, in welchem der Sekretär von der GV für eine Amtsdauer von sechs Jahren gewählt wird, was bedeutet, daß ein Versager für eine relativ lange Frist abgesichert ist.

Für einen Schriftstellersekretär gibt es ebensowenig eine berufliche Ausbildung wie für den Schriftsteller selbst. Seine Tätigkeit ist so vielseitig, daß sie eine Reihe von zum Teil widersprüchlichen Eigenschaften voraussetzt. Klar ist – und diese Auffassung ist auch von der GV im Zusammenhang mit der Wahl meines Nachfolgers bestätigt worden –, daß er entweder selber Schriftsteller sein oder dieses Metier von Grund auf kennen muß. Zusätzlich zu dieser Grundvoraussetzung sollte er sprachbegabt sein und gewandt im Umgang mit den Medien, aber kein Vielredner, der sich in den Vordergrund drängt. Da er die treibende Kraft sein sollte, muß er die Fähigkeit besitzen, Konzepte zu entwickeln und die Verbandspolitik zu formulieren. Eine gewisse Widerborstigkeit gehört ebenso zu seinem Charakter wie Konzilianz und Flexibilität. Er muß zuhören, muß mit allen Leuten auskommen können. In Geldfragen denkt er nicht ans Nehmen, sondern ans Verteilen. Er entwickelt einen ausgeprägten «Gruppenegoismus». Auf kleinliches Gezänk geht er nicht ein, verleumderische Angriffe pariert er nicht. Er hausiert lieber mit guten als mit schlechten Nachrichten. Er besitzt ein sicheres literarisches Urteil, was ihm ermöglicht, die Mitglieder nach ihrem literarischen Rang einzuordnen.

Eine Person, die all diese Voraussetzungen erfüllt, gibt es nicht. Daher ist jede Wahl mit dem Risiko des Scheiterns verbunden. Dem neuen Sekretär muß eine Bewährungsfrist zugestanden werden, damit er in seine Aufgabe hineinwachsen kann. Sollte es sich zeigen, daß er seinem Amt nicht gewachsen ist, muß der Vorstand den Mut haben, ihn zu ersetzen.

Nach den Statuten ist die GV das oberste Organ des Verbands. Ihr ist der Vorstand unterstellt und diesem der Sekretär. In Wirklichkeit ist jedoch die GO, genauso wie andere Verbände mit ähnlicher Zweckbestimmung, ein hierarchisch strukturiertes Gebilde, das vom Sekretär geleitet wird. Dies hat zwei Gründe. Zum einen hängt es mit der Tatsache zusammen, daß bei ihm alle Informationen einlaufen. Er kann also entscheiden, welche Informationen in welcher Form zu welcher Zeit an welchen Adressaten weitergeleitet werden sollen. Die Macht der Sekretäre beruht auf der Herrschaft über die Informationen.

Zum andern ist der Sekretär das einzige professionelle Mitglied der Führungsgruppe. Er setzt sich täglich mit den Problemen des Verbands auseinander, während der Vorstand dies nur an seinen Sitzungen tut. Er kann den Vorstand nicht mit all den Nichtigkeiten belasten, die er täglich entscheiden muß. Aber aus all seinen Entscheiden, die für sich genommen unbedeutend sein mögen, ergibt sich schließlich die Verbandspolitik.

Über die Arbeitsteilung zwischen dem Vorstand und der GV geben die Statuten erschöpfend Auskunft. Über diejenige zwischen dem Vorstand und dem Sekretär sagen sie nichts aus. Dies wäre auch wenig sinnvoll. Die Zusammenarbeit zwischen Sekretär und Vorstand kann je nach der personellen Situation verschieden ausgestaltet werden. Es gibt Vorstände, die froh sind, wenn sie sich nicht zu viel um die Verbandsgeschäfte kümmern müssen. In diesem Fall wird der Sekretär die meisten Entscheide selber treffen und sich darauf beschränken, den Vorstand darüber zu informieren. Andere wiederum möchten sich intensiv mit den Problemen auseinandersetzen und selber möglichst viel Verantwortung übernehmen. Je nach Bedürfnis hat also der Sekretär eine Triage zu treffen, welche Entscheide er selber fällt und welche er dem Vorstand unterbreitet. Es leuchtet ein, daß jede solche Triage auch bereits den Charakter eines Entscheids in sich trägt.

Im besten Fall handelt es sich beim Vorstand um ein Team, das dem Sekretär eine Art von Supervision anbietet. Da dieser fortwährend vor Probleme gestellt wird, für die es keine vorge-

44 *Der Vorstand an der GV von Cressier 1987: Monique Laederach, Lukas Hartmann, Hans Mühlethaler, Heinz Stadler, Hedi Wyss.*

zeichneten Lösungen gibt, braucht er den Dialog mit einer Gruppe, die ihm Hinweise geben kann, ob er den richtigen Kurs einhält. Es ist von Vorteil, wenn sich die Problemlösungen im Widerstreit der Meinungen entwickeln, statt von einer Person diktiert zu werden.

Der Vorstand der GO setzt sich aus fünf Mitgliedern zusammen: drei Vertretern der deutschsprachigen Mehrheit und zwei der beiden französischen und italienischen Minderheiten. Diese Zusammensetzung ist aus den Matter'schen Statuten übernommen worden. Anfänglich waren die beiden Sitze der Minderheit von den Romands beansprucht worden, heute werden sie zwischen den Romands und den Tessinern geteilt. Es war das Bestreben von Matter, mit einem Minimum an Mitgliedern innerhalb des Vorstands den Sprachproporz zu wahren. Sein Konzept hat sich bewährt. Der Vorteil einer zahlenmäßig kleinen Gruppe liegt auf der

Hand: mehr Beweglichkeit und Effizienz bei relativ bescheidenen Spesen. Der Nachteil zeigt sich darin, daß nur ein geringer Teil der Mitglieder mit den Verbandsgeschäften vertraut wird.

Wie jede gesamtschweizerische Organisation hat die GO mit den Schwierigkeiten zu kämpfen, die durch die große Wohnsitzdistanz der einzelnen Vorstandsmitglieder entstehen. Normalerweise muß der Vertreter des Tessins für eine Sitzung von vier Stunden mehr als die doppelte Zeit für die Reise opfern. Zum Ausgleich findet hin und wieder eine zweitägige Sitzung im Tessin statt, wobei dann sämtliche Mitglieder der «Sezione ticinese» zu einem geselligen Zusammensein eingeladen werden. Der engen Verbundenheit mit den italienischsprachigen Autoren, die sich im Gesamtverband oft isoliert fühlen, wird in der GO ein großes Gewicht zugemessen.

45 *René Regenass und Walter Vogt, zwei ehemalige Präsidenten an der a.o. GV von Olten 1987.*

Die Rolle des Präsidenten innerhalb der Führungsgruppe wird von den Mitgliedern häufig unterschätzt. Für den Sekretär ist er die eigentliche Kontaktperson zum Vorstand. Mit ihm steht er auch zwischen den Sitzungen in ständiger Verbindung. Er ist sein Gesprächspartner in allen schwierigen Fragen. Da mit diesem Amt auch Repräsentationspflichten verbunden sind, besteht bei manchen Mitgliedern, die für diese Aufgabe durchaus geeignet wären, eine gewisse Scheu, sich zur Verfügung zu stellen.

Nachdem in der Anfangsphase gemäß den Matter'schen Statuten der jährliche Wechsel des «Vororts» und somit das Rotationsprinzip bestanden hatte und dieses wegen Nichtbewährung in der Revision von 1974 abgeschafft worden war, tauchte später trotzdem sporadisch die Idee zu dessen Wiedereinführung oder gar zur Abschaffung des Präsidentenamtes auf. Die Befürworter solcher Organisationsmodelle wenden sich gegen jede Art von patriarchalischen Strukturen, wobei übersehen wird, daß ein Verband wie die GO keine Leistungen erbringen könnte, wenn nicht gewisse Personen die Kompetenz zum Handeln erhalten. Die Rotation oder Abschaffung des Präsidentenamtes führt automatisch zur Stärkung der Position des Sekretärs, was durchaus nicht wünschbar wäre. Häufig wird bei der Propagierung der jährlichen Rotation auch die Tatsache unterdrückt, daß sich nicht jedes Mitglied zur Übernahme eines solchen Amtes eignet und daß daher die Auswahl nicht beliebig groß ist. Es liegt unbedingt im Interesse des Verbands, dafür die fähigsten Leute auszuwählen.

Die Prominenz und der Verband

Als sich im April 1971 die Schriftsteller der sogenannten «Gruppe Olten» zu einem «Verein» zusammenschlossen, gehörte fast die gesamte literarische Prominenz dazu. Ich hatte damals den naiven Glauben, daß sich mit der Vereinsgründung eine Körperschaft gebildet habe, welche all diese Autoren repräsentiere. Rückblikkend muß ich feststellen, daß dies nicht der Fall war. Es gelang der jungen Gruppe Olten ebensowenig wie dem alten SSV, die prominenten Autoren zu integrieren. Zwar gehörten sie ihr äußerlich als Mitglieder an, aber innerlich standen sie ihr fern. Sie hatten sich gesträubt, eine Organisation zu gründen, die nicht wesentlich anders zu werden versprach als die verlassene. Sie wünschten nicht einen andern, einen «bessern» Verband, sondern keinen, weil sie dessen Existenzberechtigung grundsätzlich ablehnten.

Mein Irrtum beruhte auf der Annahme, daß sich mit der Konstituierung eine bisher lockere Gruppe von Gleichgesinnten, ein Freundeskreis, feste Regeln gegeben und sich somit in eine handlungsfähige Organisation verwandelt habe, wobei durch diese Metamorphose das vorherige Stadium im neuen aufgegangen sei. In Wirklichkeit geschah etwas ganz anderes. Die informale Struktur löste sich nicht auf, sondern sie wurde von der formalen nur überlagert, so wie in gewissen Gegenden unseres Landes das alte römische Wegnetz durch ein modernes Straßennetz überlagert worden ist. Dadurch entstand ein Spannungsverhältnis zwischen der alten und der neuen Struktur: die alte wirkte als Störfaktor innerhalb der neuen, sie schimmerte immer wieder durch.

Die Desintegration prominenter Mitglieder ist nicht nur für die GO ein schwer zu lösendes Problem, sondern für alle Verbände von Kulturschaffenden, in welchen das soziale Gefälle vom weltberühmten Künstler bis zum namenlosen Mitglied reicht. Der alte SSV ist an diesem Problem gescheitert. Nicht die Empörung über das Zivilverteidigungsbuch, sondern der Gegensatz zwischen der Prominenz und dem «Fußvolk» war vermutlich die eigentliche

Ursache des spektakulären Austritts der Zweiundzwanzig. Als sich auf den Rat von Mani Matter die Gruppe Olten eine formale Struktur gab, geschah dies wider den Willen der Prominenz. Seither besteht ein Widerspruch zwischen der formalen Struktur des Verbandes und der informalen der Prominenz. Es handelt sich um eine Hypothek, welche die GO von ihrem Vorgänger, dem alten SSV, geerbt hat.

Wie äussert sich diese Ablehnung?– Sie zeigte sich schon an der Gründungsversammlung von Biel, als kein Prominenter bereit war, im neu gegründeten Verein eine Charge zu übernehmen. Denn wer sich zur Prominenz zählt, macht im Verband nicht mit. Er erscheint nicht an den Generalversammlungen, läßt sich nicht in den Vorstand wählen, beansprucht keine Dienstleistungen, stellt keine Gesuche um Unterstützung, erwähnt seine Mitgliedschaft in keinem Schriftstellerlexikon. Er sieht auf diejenigen, die sich um die Verbandsgeschäfte bemühen, mit einem mitleidigen Lächeln herab. In seinen Augen ist einer, der im Verband mitmacht, nicht wirklich prominent.

Mit dem Begriff der «Prominenz» meine ich nicht nur die Gesamtheit der prominenten Autoren, sondern eine «Gruppe» im soziologischen Sinn, deren Mitglieder durch bestimmte Interaktionen miteinander verbunden sind. Ihr Zweck ist die Zuweisung und Erhaltung eines möglichst hohen sozialen Ranges. Wie jede andere Gruppe läßt sie sich definieren durch eine Ideologie, eine Hierarchie, durch Leitfiguren und einen bestimmten Verhaltenskodex. Zur Prominenz gehört, wer sich wie ein Prominenter benimmt, das heißt sich den in dieser Gruppe geltenden Verhaltensregeln unterwirft. Es gibt auch renommierte Autoren, die sich um solche Normen nicht kümmern.

Der neugierige Leser wird nun erwarten, daß ich Namen nenne. Ich werde dies nicht tun. Nicht allein aus Gründen der Diskretion, sondern auch deshalb, weil dieser Kreis nicht fest umgrenzt ist und weil es hier nicht um eine Klatschgeschichte, sondern um ein soziales Phänomen geht: um die Überlagerung einer informalen durch eine formale Struktur.

Das Verhalten der Prominenz gegenüber dem Berufsverband kann vorerst als Sonderfall einer allgemeinen Verbandsunwilligkeit der Künstler und Schriftsteller betrachtet werden. Der Künstler ist in seiner politischen Haltung ein Anarchist, der den Regeln eines erstarrten Ordnungsschemas das Prinzip des Lebendigen entgegenhält. Seine Affinität zum Anarchismus gründet letztlich in seiner Kreativität, welche sich als leidenschaftlicher Wille äußert, die bisherigen Werte durch neue zu ersetzen. Er ist als Gestalter einer neuen gesellschaftlichen Wirklichkeit auch immer der Zertrümmerer der alten. Daher neigt er politisch zu extremen Ansichten. «Wir lehnen ab die bestehenden gesellschaftlichen Verhältnisse», heißt es im Protokoll des vierten Oltener Treffens, und dieser Satz bringt genau die Mentalität zum Ausdruck, die sich dann auch gegen die Konstituierung eines traditionellen Vereins gerichtet hat.

Ein weiteres Motiv der Ignoranz gegenüber dem Verband sehe ich in der Tendenz, sich von der Masse der «gewöhnlichen Schreiber» abzuheben. Die Prominenz reagiert in dieser Beziehung nicht anders als jede andere Oberschicht, die sich gegenüber den niedrigeren Schichten abzugrenzen versucht.

Schließlich ist es eine Tatsache, daß der erfolgreiche Autor auf den Berufsverband nicht in demselben Maße angewiesen ist wie der erfolglose. Er hat den Verband weder zur Statusbestätigung noch zur Rechtsvertretung oder finanziellen Unterstützung nötig. Daß er seine Interessen selber zu vertreten versteht, beweist er, indem er erfolgreich ist. «Der Starke ist am mächtigsten allein», hat schon der erfolgreiche Autor Friedrich Schiller gedichtet.

Die Literatur des 18. und 19. Jahrhunderts, in deren Bannkreis wir heute noch stehen, wurde geschrieben, ohne daß ihre Verfasser in einem Schriftstellerverband organisiert gewesen wären. Gute Literatur ist nicht abhängig von der Aktivität einer Berufsorganisation. Aber die Marktsituation der Medien wird heute, ganz anders als im 19. Jahrhundert, von den Verbänden mitgeprägt, so daß sich der Prominente überlegen muß, ob er sich heute sein Abseitsstehen noch leisten könne.

Ein Berufsverband, der eine effiziente Interessenwahrung betreibt, vertritt auch diejenigen Schriftsteller, die ihm nicht angehören oder die sich als Mitglied völlig passiv verhalten. Sobald ein solcher Verband aktiv wird, können sich die nicht-organisierten oder verbandspassiven Schriftsteller seinem Einfluß ebensowenig entziehen wie der Staatsbürger der Tätigkeit des Staates, dem er angehört.

Berufsverband und Prominenz bilden einen Antagonismus. Die Tätigkeit des Verbands ist darauf ausgerichtet, das überaus große soziale Gefälle innerhalb des Schriftstellerberufs auszugleichen. Der Verband kann als eine Institution betrachtet werden, die auf Nivellierung, auf Umverteilung, auf den Ausgleich zwischen der untern und der obern Klasse tendiert. Ganz anders als in den Medien und auf dem Markt hat an der GV jedes Mitglied, ob weltberühmt oder unbekannt, bei Abstimmungen dasselbe Gewicht. Gewisse statutarische Regeln dienen dem Schutz der Minderheiten. Die Direktzahlungen, die der Verband dank der Bundessubventionen ausrichten kann, kommen den Minderbemittelten zugut. Verhandlungen mit den Werknutzern führen zur Anhebung von Mindesthonoraren. Dies alles bedeutet, daß von den Leistungen des Verbands vor allem der wirtschaftlich Schwache profitiert, während der Starke kaum eine meßbare Gegenleistung für seinen Mitgliederbeitrag erhält.

Im Gegensatz zur formalen Struktur kennt die informale der Prominenz keine Statuten, keinen Zweckartikel, keine Wahlen, kein Aufnahmeprozedere. Sie ist nicht auf Nivellierung, sondern auf die Verteidigung von Klassenprivilegien angelegt. Daher empfindet sie den Verband als Konkurrenzorganisation, die ihre Position gefährdet. Sie lehnt den Anspruch des Verbands, in ihrem Namen zu sprechen, ab. Sie benimmt sich so, als ob es den Verband nicht gebe.

Diese Ignoranz führt immer wieder zu Enttäuschungen bei den nicht-prominenten Mitgliedern. Fast an jeder Jahresversammlung wird von irgendwem die Frustration darüber geäußert, daß kein Prominenter anwesend sei und daß die GO, wenn die Prominenz nicht mitmache, ihre Existenzberechtigung verliere. Es gehört mit zu den Konstanten solcher Unmutsäußerungen, daß zur «Prominenz» dann immer nur die Abwesenden gezählt werden. Die Tatsache, daß es auch Prominente gibt, die regelmäßig an den Jahresversammlungen erscheinen, wird übersehen. In diesem Sinne wirkt die Prominenz durchaus auch als ein Phantom, auf welches gewisse Sehnsüchte, aber auch negative Gefühle wie Neid und Mißgunst, projiziert werden. Dieser Vorgang verstärkt natürlich die Unlust der Prominenten, sich unter das «gewöhnliche» Volk zu mischen und sich einer Bewunderung auszusetzen, die oft unvermittelt in Haß umkippen kann.

Wer zur GO gehört, gehört nicht automatisch zur Prominenz. Der Zugang zur Prominenz führt nicht über die GO. Wer diesem Irrtum verfällt, wird eines Tages eine herbe Enttäuschung erleben. Der Eintritt in die GO ist durch statutarische Bedingungen geregelt. In die Prominenz wird man nicht aufgenommen, sondern wächst hinein. Die GO hat eine gemachte, die Prominenz eine gewachsene Struktur.

Die Prominenz kann auf den Verband, aber dieser nicht auf die Prominenz verzichten. Er braucht sie als Aushängeschild und zur Legitimation seiner Interessenvertretung. Es ist leider eine Tatsache, daß die GO in der Öffentlichkeit nicht nach ihren Leistungen beurteilt wird, sondern nach der Zahl bedeutender Autoren, die ihr angehören. Diese verleihen dem Verband die Existenzberechtigung. Sein Leistungsausweis ist das Mitgliederverzeichnis. Wenn er seine Prominenz verliert, verliert er seine Substanz, so wie der SSV durch den Austritt der Zweiundzwanzig seine Substanz verloren hat. Aber anders als der SSV, der von einer breiten Zustimmung der Öffentlichkeit getragen ist, würde die GO ihre gesellschaftliche Position ohne Zugehörigkeit prominenter Autoren wohl kaum halten können. Denn sie hat den Beweis, daß sie einen solchen Aderlaß ohne größere Krise überstehen könnte, noch nicht erbracht.

Aus der gegensätzlichen Interessenlage resultiert ein unterschiedliches Verhalten. Während der Verband die Prominenz umwirbt und danach trachtet, sie in seine formale Struktur zu integrieren, zeigt die Prominenz dem Verband die kalte Schulter. Sie ist sich ihrer Macht bewußt und versucht diese in gewissen Situationen auch auszunutzen. Ihr Einfluß äußert sich jedoch nicht positiv durch Beteiligung an den Verbandsaktivitäten, sondern negativ durch die Warnung: «Wenn ihr gegen unsern Willen entscheidet, treten wir aus!» Über der Gruppe Olten hängt das Damoklesschwert eines organisierten Austritts. Ihr droht jenes Verhängnis zuzustoßen, dem sie ihre Entstehung verdankt.

Wenn künftig der Zustand der Erstarrung überwunden werden soll, braucht es ein Entgegenkommen von beiden Seiten. Der Vorstand darf sich nicht mit Solidaritätsappellen begnügen. Er muß eine Politik betreiben, welche die Interessen derjenigen, die ihn nach außen repräsentieren, mitberücksichtigt. Der Prominente soll dem Verband nicht bloß aus altruistischen Gründen angehören, sondern von den finanziellen Vorteilen der Mitgliedschaft auch profitieren dürfen. In den letzten Jahren sind in dieser Richtung Schritte unternommen worden, über die ich weiter hinten berichten werde. Als Gegenleistung sollten sich die renommierten Autoren vermehrt als Kandidaten für den Vorstand zur Verfügung stellen. Nur wenn sie in der Führungsgruppe vertreten sind, kann die unfruchtbare Konfrontation zwischen der formalen und der informalen Struktur in ein kooperatives Verhältnis umgepolt werden.

Das Verhältnis zum SSV

Jedes gesellschaftliche System hat einen bestimmten Zweck, und um diesen zu erreichen, bildet es eine bestimmte Struktur aus, die dann als tauglich betrachtet werden kann, wenn sie der Erreichung dieses Zweckes dient. In den vorangehenden Kapiteln haben wir uns mit den Strukturproblemen der GO befaßt, sowohl mit den formalen als auch mit den informalen. Nun werfen wir zuerst einen kurzen Blick auf die übergeordnete Struktur all jener Vereine oder Verbände, die in der Schweiz in irgend einer Weise Schriftsteller organisieren, um uns dann etwas eingehender mit dem Verhältnis der beiden wichtigsten, nämlich des SSV und der GO, auseinanderzusetzen.

In unserem Land existieren eine stattliche Anzahl kantonaler oder regionaler Schriftstellervereine, die weder untereinander noch mit dem SSV oder der GO formal verbunden sind. Eine informale Verbindung besteht insofern, als manche Mitglieder der beiden nationalen Organisationen diesen kantonalen oder regionalen Vereinen ebenfalls angehören. Dadurch entsteht jedoch keine Konkurrenzsituation, denn diese Körperschaften haben einen andern Zweck. Sie dienen der Geselligkeit und der Literaturverbreitung im lokalen Rahmen und betreiben keine Interessenvertretung auf nationaler Ebene.

Nebst diesen Kantonalvereinen gibt es in der Schweiz noch drei PEN-Zentren, die ebenfalls nach dem Vereinsrecht organisiert sind: ein deutsches, französisches und italienisches. Der PEN-Club ist eine internationale Vereinigung von Publizisten, deren Mitglieder sich zur Verteidigung der freien Meinungsäusserung verpflichten. In manchen Ländern handelt es sich um exklusive Literatenclubs, was jedoch in der Schweiz, wo mit der Aufnahme keinerlei selektive Kriterien verbunden sind, nicht der Fall ist.

Durch seine Zielsetzung macht sich der PEN in jenen Ländern überflüssig, die das Recht der freien Meinungsäußerung garantieren. Deshalb spielt er in unserm Lande eine untergeordnete Rolle. Die Verteidigung der Menschenrechte im weltweiten

Rahmen nehmen andere Institutionen wie «amnesty international» besser wahr. Das Fehlen einer wirklichen Aufgabe hat dazu geführt, daß das Zentrum der deutschen Schweiz in den letzten Jahren von einer Krise in die andere getaumelt ist. Gegenwärtig läuft ein Wiederbelebungsversuch, dessen Erfolg noch nicht beurteilt werden kann. Seltsamerweise gibt es nicht wenig Autoren, die ihm trotz seiner Unstabilität die Treue halten und die sich den Luxus leisten, in drei verschiedenen Schriftstellerorganisationen, eben dem PEN, einem Kantonalverein und einem der beiden nationalen Verbände als Mitglieder eingeschrieben zu sein.

Bevor im Jahr 1971 die Gruppe Olten gegründet wurde, gab es auf nationaler Ebene nur eine Schriftstellerorganisation. Der politisch motivierte Austritt der zweiundzwanzig namhaften Autoren aus dem alten SSV und die nachfolgende Konsolidierung der sogenannten Oltener Gruppe als autonome Körperschaft hat die Schriftsteller in zwei Berufsverbände gespalten, die zwar dieselben Ziele, aber eine unterschiedliche Größe, ein unterschiedliches literarisches Erscheinungsbild und einen unterschiedlichen Verbandsstil aufweisen. Der SSV hat sein Vertretungsmonopol eingebüßt.

Seither taucht immer wieder die Frage auf: Haben die Schriftsteller diese Zweigliedrigkeit überhaupt gewollt? Schwächt die Zersplitterung nicht ihre Position als Verhandlungspartner gegenüber den Nutzern? Ist es nicht eine Geldverschwendung, zwei Sekretariate zu unterhalten, wenn doch eines genügen würde?

Die Sehnsucht nach Einheit ist tief in der menschlichen Seele verwurzelt. In ihr äußert sich der Wunsch nach einem starken Rückhalt im Kollektiv. Der Begriff der Einheit löst positive Gefühle aus. Die Teilung sozialer Systeme dagegen wird unter dem Aspekt der Zerstörung gesehen und unter negative Vorzeichen gesetzt. In allen Epochen der Geschichte wußten die Machthaber die Einheitssehnsucht der Menschen geschickt als Vorwand für ihre Expansionspolitik zu mißbrauchen, während die zentrifugal-föderalistischen Kräfte immer wieder diffamiert oder gar kriminalisiert worden sind.

Auch der GO haftet seit ihrer Gründung der Makel des Spalters an, was bei einigen Mitgliedern zu einem chronisch schlechten Gewissen zu führen scheint. Aus diesem Zusammenwirken von rational-ökonomischen Argumenten, Einheitssehnsucht und Schuldbewußtsein ergibt sich die Forderung nach einer Wiedervereinigung, wie sie in verhüllter oder offener Form regelmäßig gestellt wird.

Hier muß jedoch darauf hingewiesen werden, daß eine Wiedervereinigung, wenn sie tatsächlich zustande käme, für die beiden Organisationen sehr unterschiedliche Folgen haben würde. So wie die Dinge heute liegen, muß angenommen werden, daß ein Zusammenschluß nicht den SSV, sondern die GO zur Aufgabe ihrer Autonomie zwingen würde. Der SSV gewänne sein Vertretungsmonopol zurück und erhielte einen Zuwachs an Prestige durch den Eintritt derjenigen Autoren, die den Stolz der GO ausmachen. Für diese dagegen ist der Begriff «Wiedervereinigung» nichts anderes als eine euphemistische Umschreibung von «Auflösung».

Wenn wir uns daher fragen, ob die Zweigliedrigkeit, wie sie nun seit beinahe zwanzig Jahren besteht, eine taugliche Struktur zur Erreichung des gemeinsamen Zwecks der beiden Berufsorganisationen sei, stellen wir zugleich die Frage nach der Existenzberechtigung der GO als einer autonomen Körperschaft.

Am Anfang war die GO ein Sammelbecken für diejenige Autoren, die sich im Sinn der 68er Bewegung emanzipativ und antikapitalistisch engagierten. Die Oltener leiteten ihre Daseinsberechtigung daraus ab, daß sie eine politische Haltung vertraten, die sich klar von derjenigen des SSV abhob. Das Zivilverteidigungsbüchlein mit seinen chauvinistischen, antikommunistischen und antiintellektuellen Tendenzen hatte die Schriftsteller polarisiert. Wer der GO beitrat, demonstrierte seine linke Gesinnung, und «links» wurde im Sinne des gesellschaftlichen Fortschritts, der Bemühung um eine Verbesserung der gesellschaftlichen Verhältnisse verstanden. Wer links stand, glaubte sich dem, der das Bestehende verteidigte, überlegen. So blickten auch die Oltener mit einer gewissen Selbstgefälligkeit auf den tatsächlichen oder vermeintlichen politischen Immobilismus ihrer Kollegen vom SSV herab. Solange dieses Überlegenheitsgefühl anhielt, brauchte nicht über Sinn und Zweck der GO diskutiert zu werden. Ihre Existenz stand nicht zur Debatte. Sie war dadurch gerechtfertigt, daß ihre Mitglieder das bessere politische Programm zu vertreten glaubten.

Aber bald wurde dieses klare Bild der eigenen Überlegenheit durch die Realität getrübt. Bei genauerem Hinsehen ließ sich nämlich nicht leugnen, daß auch der SSV ein paar Mitglieder aufwies, die als waschechte Sozialisten betrachtet werden mußten. Ja, es traten sogar junge Schriftsteller in den SSV ein, denen die GO zu wenig links stand. Zudem unterschieden sich die politischen Verlautbarungen des SSV – auch wenn sie weniger zahlreich waren – nicht grundsätzlich von denjenigen der GO. Das Vorhandensein eines Konkurrenten machte den SSV progressiver, als er von seiner Mitglieder-Substanz her gewesen wäre. National-konservative Autoren wie Zermatten hatten keine Chance mehr, den politischen Kurs des Verbands zu bestimmen. Die GO wirkte als Stachel in seinem Fleisch.

Für den SSV bedeutete der Austritt der Zweiundzwanzig einen existenzbedrohenden Substanzverlust. Die Tatsache, daß er diese Krise überstanden hat, zeugt von seiner Robustheit. Sein inneres Gefüge ist stabil, während sich die GO durch ihre Debatten über die Daseinsberechtigung immer wieder in ein labiles Gleichgewicht hineinmanövriert. Es gehört zu den liebenswürdigen Widersprüchen ihrer Generalversammlungen, daß sie neue Mitglieder aufnimmt, um ihnen ein paar Augenblicke später zu gestehen, eigentlich sei sie gerade damit beschäftigt, ihr junges Leben als Verband auszuhauchen.

Während die Medien am Anfang mehrheitlich auf seiten der Zweiundzwanzig standen, drehte sich bald nach der Vereinsgründung der Wind. Die Journalisten, obschon selber in zwei rivalisierende Verbände gespalten, betrachteten die Spaltung der Schriftsteller von dem Moment an mißtrauisch, da sie keinen Zwist mehr verursachte und somit auch keine Schlagzeilen mehr lieferte.

Aus der BRD wurde die Idee eines einheitlichen großen Verbunds der Medienschaffenden importiert. Diese war mit der Hoffnung verbunden, daß es gelingen werde, den immer mächtiger werdenden Branchengiganten Paroli zu bieten. Das Sonderzüglein der Oltener paßte nicht in dieses Konzept.

Initiiert durch die Sekretäre begann schon bald nach der Gründung der GO eine enge Zusammenarbeit der beiden Verbände auf beruflichem Gebiet. Die erste gemeinsame Vernehmlassung, es war diejenige zu einem heute veralteten Entwurf zum Urheberrechtsgesetz, datiert vom April 1972. Im selben Jahr begannen die Verhandlungen mit der SRG. Sie führten im Sommer 1973 zu einer ersten Vereinbarung über den Rechtserwerb an dramatischen Werken in Radio und Fernsehen. 1974 entstanden als gemeinsames Produkt von SSV, GO und Verlegerverband die beiden Verwertungsgesellschaften Pro Litteris und Teledrama. Da diese gemeinschaftlichen Aktivitäten unspektakulär waren, blieben sie von den Medien, aber auch von den Mitgliedern, weitgehend unbemerkt.

So traten die beiden Verbände nach außen immer mehr als eine Einheit auf, die sich aus zwei Teilsystemen zusammensetzte. Der Erfolg dieser Partnerschaft hatte jedoch auch negative Auswirkungen. Er führte innerhalb der GO zu einer Identitätskrise. Da die beiden Teilsysteme dieselben Ziele verfolgten und dieselben Aktivitäten entwickelten, verwischten sich die Unterschiede. Die GO, als «Gegenverein» zum SSV konzipiert, mauserte sich zu einem ganz normalen Schriftstellerverband durch. Die Polarisierung von links und rechts wurde durch die politische Entwicklung, vor allem durch die zunehmende Dringlichkeit ökologischer Fragestellungen, überholt. Dadurch verstärkte sich der Trend zur Angleichung noch mehr. Eine neue Generation von Autorinnen und Autoren trat in die GO ein, die sich wenig um die politische Richtung kümmerte, sondern sich von den renommierten Mitgliedern angezogen fühlte. Das Image der GO als einer Horde rebellierender Schriftsteller verblaßte. Das Mitgliederverzeichnis ersetzte das politische Programm. In den Augen der engagierten Autoren war diese

Entwicklung ein Niedergang. Der Ruf nach Profilierung wurde laut. Wenn sich die GO vom SSV in politischer Hinsicht nicht klar unterscheide, habe sie keinen Sinn, wurde behauptet.

In dieser Argumentation wird offensichtlich der Berufsverband mit einer politischen Partei verwechselt. Der eigentliche Zweck der GO liegt in der Förderung der gemeinsamen Interessen der Schriftsteller. Sofern ihr dies gelingt, nimmt sie mittelbar auch Einfluß auf gewisse Bereiche der allgemeinen Politik. Aber die unmittelbare Wirkung auf die wichtigen Sektoren der politischen Entwicklung ist ihr allein schon deshalb verwehrt, weil sie weder den notwendigen Apparat noch die Stimmkraft besitzt, die notwendig wären, um in der direkten Demokratie ihre Anliegen durchzusetzen.

Der Anspruch, die GO sollte ihr Profil durch die politische Tätigkeit erhalten, führt zu einer chronischen Überforderung und so letzlich zu einer Dauerkrise wegen vermeintlicher Wirkungslosigkeit. Die Beschränkung auf den eigentlichen Aufgabenbereich, nämlich die Verbesserung der juristisch-ökonomischen Position der Autoren, schließt jedoch nicht aus, daß die GO in jenen Fällen ihre Stimme erheben kann, wo spezifische Anliegen durch keine andere Gruppierung vertreten werden. Nur darf dies nicht zu ihrer Hauptaufgabe gemacht werden.

Wenn SSV und GO denselben Zweck verfolgen, nämlich die Förderung der kollektiven Interessen der Schriftsteller, dann stellt sich die Frage, ob die Zweigliedrigkeit diesem gemeinsamen Anliegen besser diene als der alte Zustand, nämlich das Vertretungsmonopol des SSV. Die Daseinsberechtigung der GO läßt sich daher aus keinem andern Umstand ableiten als aus der Antwort auf diese Frage. Wenn die oft gehörte Behauptung stimmte, daß sich mit einem einheitlichen Verband die gemeinsamen Interessen der Schriftsteller besser durchsetzen ließen als mit der Zweiervertretung, und wenn die Verdoppelung der Sekretariate tatsächlich einen Luxus darstellte, den sich die armen Schriftsteller nicht leisten können, dann wäre ich der Meinung, die GO sollte ohne Verzug in den Schoß des SSV zurückkehren.

Aber allein schon die Tatsache, daß das Zweiersystem als Organisationsform von Berufsinteressen recht häufig vorkommt, spricht gegen diese Vermutung. In der Schweiz sind nicht nur die bereits erwähnten Journalisten, sondern auch die SRG-Angestellten, die Theaterschaffenden, die bildenden Künstler und viele andere Berufsgattungen aus dem Medienbereich in zwei oder mehrere Organisationen gespalten. Auf der Ebene der Parteien herrschen zumindest in der westlichen Welt dualistische oder pluralistische Vertretungssysteme vor. Zu ihren Gunsten spricht die Tatsache, daß sie mehr individuelle Freiheiten, gerade auch auf dem Gebiet der Meinungsäußerung, garantieren. Der Intellektuelle hätte allen Grund, den Einheits-Ideologien mit Skepsis zu begegnen.

Dualistische Systeme zeichnen sich gegenüber den monistischen durch das Vorhandensein einer Konkurrenzsituation aus. Für die Beurteilung der Frage, welches der beiden Systeme dem andern überlegen sei, spielt die Art dieses Konkurrenzverhältnisses eine wesentliche Rolle. Ist es so beschaffen, daß die Bestrebungen des einen Verbands durch den andern zunichte gemacht werden, ist es also auf Gegnerschaft, auf Verdrängung, auf Vernichtung des andern angelegt, dann schadet es der gemeinsamen Sache. Konkurrenz muß mit Kooperation gekoppelt sein, damit sie positive Resultate zeitigen kann. Das Zweiersystem ist nicht von vornherein besser, sondern nur unter der Bedingung, daß zwischen den beiden Gruppierungen eine Zusammenarbeit stattfindet.

Was zur Wahrung der beruflichen Interessen getan werden muß, tritt durchaus nicht immer klar zu Tage. Der Konkurrenzdruck bewirkt, daß die einzelnen Verbände diesbezüglich klarere Vorstellungen und eigene Initiativen entwickeln. Aber ihre Aktivitäten müssen koordiniert sein. Wenn zwei Verbände sich hinter dieselbe Forderung stellen, erhält diese mehr Nachdruck, als wenn es nur einer tut. Daher ist es notwendig, daß sie eine gemeinsame Sprache finden.

Wie schon erwähnt, besaß der SSV bis 1971 das Vertretungsmonopol der Schriftsteller. Wenn die Behauptung stimmte, das Einersystem sei der Zweiervertretung überlegen, müßte vor diesem Zeitpunkt eine sehr wirksame Interessenvertretung stattgefunden haben. Das Gegenteil ist der Fall. Ohne hier die Tätigkeit des SSV in den Fünfziger- und Sechzigerjahren abschließend beurteilen zu wollen, läßt sich sagen, daß in jener Phase von einer effizienten Vertretung beruflicher Interessen nicht die Rede sein kann. Dies wird auch in der Schrift zum 75. Jubiläum offen zugegeben. Als die GO ihre Tätigkeit aufnahm, mußte sie bei Null beginnen. Seither ist von beiden Verbänden eine kontinuierliche Interessenwahrung betrieben worden, bei der sich der Wettbewerb ohne Zweifel belebend ausgewirkt hat.

Wie sieht nun die heutige Situation für den einzelnen Schriftsteller, die einzelne Schriftstellerin aus? – Das Monopol mag der unstillbaren Sehnsucht nach Einheit, Harmonie und Einordnung in ein großes Kollektiv besser entsprechen. Aber die Realität ist komplexer als der Wunschtraum. Auch im Einheitsverband gibt es divergierende Standpunkte, Konflikte, Risse. Das Zweiersystem trägt dem Meinungspluralismus, der ein hervorstechendes Merkmal unserer Zeit ist, besser Rechnung. Der Schriftsteller, der in einen Verband eintreten möchte, besitzt eine Alternative. Wer sich mit seinem Verband verkracht hat, kann zur Konkurrenz überlaufen. Dies führt insgesamt zu einem höhern Organisationsgrad, das heißt zu einer Stärkung der Verhandlungsposition der Schriftsteller.

Vereinzelt haben Kolleginnen und Kollegen in den letzten Jahren von der Konkurrenzsituation Gebrauch gemacht und sind in den andern Verband übergetreten. Zuerst ging die Bewegung mehr auf die GO zu, dann wieder in Richtung SSV. Wir müssen das als normale Erscheinung des Konkurrenzverhaltens hinnehmen. Für den höchst unwahrscheinlichen Fall, daß einem Verband sämtliche Mitglieder davonlaufen sollten, ist juristisch vorgesorgt. SSV wie Gruppe Olten haben in ihren Statuten einen Auflösungsparagraphen. Verhandlungen über eine «Wiedervereinigung» sind überflüssig, weil der Beitritt zu einer Schriftstellerorganisation individuell erfolgen muß. Falls sich der eine Verband auflösen würde, wäre die «Wiedervereinigung» faktisch vollzogen. Somit ergibt sich diese von selbst als Folge von unzähligen individuellen Abwanderungsentscheiden.

Die Wahrung der gemeinsamen Interessen der Schriftsteller ist zwar die zentrale, aber nicht die einzige Aufgabe der Verbände. Es ist bekannt, daß SSV und GO nebst diesen kollektiven auch individuelle Güter anbieten, sei es in Form von Dienstleistungen oder von Direktzahlungen an ihre Mitglieder. In diesem Bereich soll und muß ein friedlicher Wettbewerb stattfinden. Die GO bemüht sich, von den Subventionen, die sie vom Staat erhält, einen möglichst großen Teil in Form von Geldbeiträgen an die Mitglieder weiterzuleiten. Sie versucht den administrativen Apparat möglichst klein, aber dennoch effizient zu halten. Der Vergleich mit dem SSV zeigt deutlich, daß sie in dieser Beziehung besser abschneidet. Ihre Leistungen an die Mitglieder sind in den letzten Jahren wesentlich höher, die Kosten des Sekretariats dagegen wesentlich tiefer gewesen als bei der Konkurrenzorganisation. Aber auch beim SSV läßt sich die Tendenz erkennen, die Verwaltungskosten nicht ungehindert in die Höhe schießen zu lassen. Der Konkurrenzdruck führt gerade nicht zu einer Steigerung, sondern zu einer Senkung der administrativen Ausgaben im Gesamtsystem.

Wenn die Schriftsteller in zwei Verbände geschieden sind, die auf der Ebene der Vorstände und Sekretariate kooperieren, fordert dies auch von der Basis neue Verhaltensnormen. Jede ideologische Verhärtung, jede Bildung eines Wir-Gefühls, jede Feindbild-Mentalität muß vermieden werden. Die Devise lautet: «Leben und leben lassen». Die Oltener sind der Pflicht enthoben, sich ständig neu definieren, sich gegenüber dem SSV profilieren zu müssen. Die beiden Verbände sind Partner, nicht Gegner. Sie verhalten sich wie zwei kommunizierende Systeme, die offen sind für den Austausch von Informationen und Mitgliedern. Sie haben gemeinsame Ziele und gemeinsame Tätigkeitsfelder, in denen sie veschiedene Nischen besetzen. Die Sekretariate funktionieren wie zwei Abteilungen eines «Gesamtsekretariats». Die Rollen der verantwortlichen Sekretäre und Sekretärinnen sind doppelt besetzt, so daß sie sich gegenseitig vertreten und ergänzen können. Jeder verantwortliche Sekretär besitzt in seinem Kollegen einen idealen, weil professionellen Gesprächspartner. Jedes System wird für das andere zum Ersatzsystem, welches in Notfällen einspringen kann, so daß das Ganze besser abgesichert ist.

Aus diesen Überlegungen ziehe ich den Schluß, die Existenzberechtigung der GO leite sich gerade nicht aus einem möglichst großen Gegensatz zum SSV ab, sondern aus der Tatsache, daß sie das Verhältnis von Konkurrenz und Kooperation zwischen den beiden Schriftstellerverbänden gewährleistet und den SSV zu bessern Leistungen beflügelt, so wie auch sie durch diesen zu einer effizienteren Verbandsarbeit stimuliert wird. Sie muß ihren Sinn und Zweck nicht krampfhaft suchen, sondern findet ihn in einer den SSV ergänzenden, korrigierenden und aktivierenden Funktion, die sich als Folge ihres Daseins automatisch ergibt. Was SSV und GO vorexerzieren sollten, ist eine Situation des Dialogs zwischen zwei Körperschaften, die zwar aus dem Konflikt entstanden sind, aber die sich dann allmählich unter Wahrung der gegenseitigen Autonomie zu einer fruchtbaren Zusammenarbeit gefunden haben.

Die Ressourcen

Die Ressourcen eines Verbands setzen sich aus den unentgeltlichen Arbeitsleistungen einzelner Mitglieder und aus finanziellen Zuwendungen zusammen. In der Entstehungsphase war der freiwillige, unbezahlte Einsatz von Muschg, Matter und ihren Kollegen das einzige schöpferische Potential, das der GO zur Verfügung stand. Mit der Vereinsgründung verlor die ehrenamtliche Mitarbeit rasch an Bedeutung, da der Sekretär als besoldeter Funktionär die Aufgaben des Gründungsteams übernahm und sich die Begeisterung für die formale Organisation rasch abschwächte. Es scheint ein soziologisches Gesetz zu sein, daß mit der wachsenden formalen Ausgestaltung einer Organisation die Bereitschaft zur unbezahlten Mitarbeit abnimmt. Die Spaltung zwischen dem Verbandsapparat und der Basis führt dazu, daß sich das Mitglied in die Rolle des Konsumenten versetzt sieht und nicht in diejenige eines freiwilligen Helfers. Heute wird in der GO unentgeltliche oder unterbezahlte Arbeit nur noch von den Vorstandsmitgliedern geleistet.

Die finanziellen Zuwendungen lassen sich nach ihrer Herkunft in eigene und in fremde unterteilen. Im Normalfall muß ein Verband mit den finanziellen Mitteln auskommen, die ihm aus den Mitgliederbeiträgen zufließen. Seine Ausgaben, somit auch seine Aktivitäten, haben sich nach den Einnahmen zu richten. Falls die Generalversammlung die Beiträge herabsetzt, gehen die Aktivitäten zurück. Umgekehrt muß sie bereit sein, einer Erhöhung des Mitgliederbeitrags zuzustimmen, wenn sie neue Aktivitäten beschließt. Es entspricht den Grundsätzen der Ökonomie, daß die Ausgaben und Einnahmen fortwährend ins Gleichgewicht gebracht werden.

Bei Verbänden mit finanzieller Unterstützung durch den Staat, wie dies bei GO und SSV der Fall ist, geht diese ökonomische Tugend verloren. Die Generalversammlung beschließt Ausgaben, ohne sich darum zu kümmern, woher die Einnahmen kommen. Die Tätigkeit des Apparats wird nicht kritisch geprüft, da dem einzelnen Mitglied aus deren Mängeln keine zusätzliche Belastung erwächst. Die Mitgliederbeiträge verlieren den Charakter einer notwendigen, weil existenzsichernden Leistung. Die Zahlungsmoral sinkt. Der Mitgliederbeitrag wird zu einem Konkurrenzfaktor zwischen den beiden Verbänden: je tiefer er angesetzt wird, desto grösser wird die Zahl der Mitglieder und desto höher die Subvention, sofern beim Staat die Tendenz besteht, diese an die Verbandsgröße zu koppeln.

In dieser Situation ist es schwierig, dem Mitglied die Bedeutung des Jahresbeitrags plausibel zu machen. Persönlich trete ich für ein hohes finanzielles Engagement der Mitglieder ein und sehe dafür vor allem drei Gründe:

Erstens darf sich ein Verband, trotz der Subventionierung durch den Staat, nicht in dessen Abhängigkeit begeben. Eine hohe Eigenfinanzierung der Aktivitäten ist der Garant der Autonomie. Zumindest sollten die Mitgliederbeiträge die Verwaltungskosten decken. Dadurch wird die GV motiviert, das unkontrollierte Wachstum der Verwaltung, das bei jeder marktunabhängigen Institution eine Gefahr ist, zu stoppen. Dem einzelnen Mitglied wird bewußt gemacht, daß es die Verwaltungskosten mitzutragen hat. Es wird daher nicht Forderungen stellen, welche seinen Beitrag in die Höhe treiben. Das Sekretariat wird zwar abhängig von der Generalversammlung, was in demokratischer Hinsicht als Vorteil betrachtet werden muß, aber unabhängiger vom Staat.

Ich betrachte die finanzielle Autonomie im Verwaltungsbereich als wesentliche Voraussetzung dafür, daß sich zwischen den Organen des Staates und des Verbandes eine gleichwertige Partnerschaft entwickeln kann. Ein Verband, der die Ressourcen für seine Infrastruktur selber aufbringt, wird dem Staat gegenüber selbstbewußter auftreten als einer, der am Infusionsschlauch der Subventionen hängt. Sollte der Staat in einem Konfliktfall seine Subventionen streichen, kann ein solcher Verband überleben, während der abhängige sein Leben aushauchen wird.

Zweitens übernimmt der Mitgliederbeitrag – sofern er hoch genug angesetzt wird – eine selektive Funktion beim Entscheid eines noch nicht organisierten Autors über den Beitritt zum Verband. Über die Höhe des Mitgliederbeitrags läßt sich die Zahl der Mitglieder regulieren. Da in der GO keine qualitativen Aufnahmekriterien bestehen, stellt der Mitgliederbeitrag die einzige Schranke dar, welche verhindert, daß diese zur Massenbewegung degeneriert und damit ihre berufsständischen Ziele aus den Augen verliert.

Drittens erweist sich der Mitgliederbeitrag als Zustimmungssignal zum Kurs und zu den Leistungen der Verbandsleitung. Je grösser die Zufriedenheit mit dem Vorstand und dem Sekretariat, desto höher ist auch der Beitrag, den die Mitglieder zu leisten bereit sind. Die Unzufriedenheit dagegen wird durch Zahlungsverweigerung oder Austritt kundgetan.

In der GO wurde der erste Mitgliederbeitrag schon an der konstituierenden Versammlung vom April 1971 in Biel festgelegt. Er betrug Fr. 10.– für Jahreseinkommen unter 6'000 Franken, Fr. 50.– für Jahreseinkommen darüber. *Wer es sich leisten kann, soll freiwillig mehr bezahlen,* heißt es im Protokoll. Dies erwies sich als frommer Wunsch. Die Zahl der Gönner war enttäuschend klein, diejenige der Unbemittelten überraschend groß. Die Einnahmen aus den Mitgliederbeiträgen beliefen sich im ersten Geschäftsjahr auf Fr. 2150.–, womit natürlich kein funktionierendes Sekretariat einer gesamtschweizerischen Organisation alimentiert werden kann. Inzwischen hatte jedoch, wie weiter vorn berichtet, die Pro Helvetia ihre erste Jahressubvention bewilligt.

Nach diesen negativen Erfahrungen beantragte der Vorstand der GV, die Abstufung nach Einkommen sei abzuschaffen und es sei ein einheitlicher Beitrag von Fr. 50.– festzusetzen. Mir war schon damals bewußt, daß das zu wenig war. Aber mehr hätte der GV zum damaligen Zeitpunkt nicht abgefordert werden können. Der Start auf einem viel zu niedrigen Beitragsniveau gehört mit zu den Pannen der Anfangsphase, die sich später nur mit größter Mühe korrigieren ließen.

Die Einführung abgestufter Mitgliederbeiträge ist in der GO ein permanentes Diskussionsthema. Die großen Einkommensunterschiede unter den Mitgliedern würden eine Abstufung tatsächlich rechtfertigen. Bei den Gewerkschaften sind solche Differenzierungen üblich. Die SJU (Schweizerische Journalisten-Union) beispielsweise stuft den Jahresbeitrag von Fr. 170.– bis 600.– ab (Stand 1987). Der sogenannte «Normalbeitrag» ist mit Fr. 500.– relativ hoch angesetzt.

Zwischen einer Gewerkschaft und einem Schriftstellerverband besteht jedoch ein wesentlicher Unterschied. Die Gewerkschaft organisiert Arbeitnehmer. Sie führt Lohnverhandlungen mit dem Arbeitgeber und ist daher über die Einkommensverhältnisse ihrer Mitglieder im Bild. Der Schriftstellerverband organisiert Selbständigerwerbende, über deren Einkommensverhältnisse er nur mangelhaft informiert ist. Er müßte sich auf die Selbsteinschätzung abstützen, was häufig dazu führt, daß der Ehrliche bestraft wird.

Gegen die Abstufung spricht noch ein weiteres Argument. Da der Schriftstellerverband logischerweise nur den Ertrag aus der Werknutzung zum Maßstab nehmen dürfte, kämen die renommierten Autoren automatisch in die oberste Einkommensklasse. Auf sie ist er jedoch aus Gründen der Repräsentanz am meisten angewiesen. Es wäre kontraproduktiv, sie mit exorbitanten Mitgliederbeiträgen aus dem Verband zu verdrängen.

Aus diesen Gründen befürworte ich denselben Beitrag für alle Mitglieder. Wenn der Verband einen Ausgleich zwischen Bedürftigen und Vermögenden schaffen will, so soll er dies nicht auf der Einnahmen-, sondern auf der Ausgabenseite tun, nämlich bei den Fördermaßnahmen. Dies wird bei der GO tatsächlich so gemacht und führt dazu, daß ein Drittel der Mitglieder eine positive Zahlungsbilanz aufweist.

An den folgenden Jahresversammlungen kam es mehrmals zu einem mühsamen Feilschen um eine Erhöhung des Mitgliederbeitrags. Innerhalb von zehn Jahren gelang es dem Vorstand, diesen in mehreren Schritten auf Fr. 200.– zu steigern. Auf diesem Niveau ist er seither geblieben. Die Eigenfinanzierung der Verwaltungs- und Vorstandskosten kann damit nicht gewährleistet werden.

Auch die selektive Wirkung wird kaum erreicht. Im Vergleich zum SSV und zu den Verbänden der bildenden Künstler und der Komponisten ist er aber relativ hoch. Dies wird vor allem von den Welschen und Tessinern beklagt. Tatsächlich profitieren die sprachlichen Minderheiten nicht im selben Ausmaß von den Fördermaßnahmen der GO, so daß die Bilanz für sie weniger günstig aussieht als für die Deutschschweizer. Zum Ausgleich hat ihnen der Vorstand in den vergangenen Jahren mehrmals Sonderbeiträge für ihre Aktivitäten als Sprachgruppe bewilligt.

In Gegensatz zum SSV, der jährlich einen namhaften Beitrag aus dem Kulturfonds einer Großbank erhält, muß die GO auf Zuwendungen von privater Seite verzichten. Die Frage, ob solche Unterstützungen politisch opportun seien, ist bei den Mitgliedern umstritten. Daher hat der Vorstand diesbezüglich auch keine besondern Anstrengungen unternommen.

Als einzige Fremddressource bleibt der GO somit die staatliche Subvention. Aus den oben genannten Gründen wäre zwar die finanzielle Unabhängigkeit vorzuziehen, aber sie ist nicht realistisch. Ohne staatlichen Zustupf hätte die GO die Schwierigkeiten der Anfangsphase ebensowenig überwinden können wie der SSV die Krise, in die er durch den Austritt der Zweiundzwanzig geraten war. Die Schriftstellerverbände sind ganz einfach nicht fähig, finanziell auf eigenen Füßen zu stehen. Der Grund dieser Unfähigkeit liegt nicht nur in der ökonomischen Schwäche ihrer Mitglieder, sondern auch in der Tatsache, daß sie Leistungen zu erbringen haben, die allen Schriftstellern, auch den nicht-organisierten, zugute kommen. Darüber hinaus haben sie einen Informations- und Beratungsauftrag gegenüber der Allgemeinheit zu erfüllen.

Der amerikanische Ökonom Olson teilt die von den Verbänden produzierten Güter in zwei Kategorien ein: in Individual- und Kollektivgüter. Diese unterscheiden sich von jenen dadurch, daß sie den Personen derselben Berufsgruppe nicht vorenthalten werden können, gleichgültig, ob sie dem Verband angehören oder nicht.[26] Wenn beispielsweise die beiden Schriftstellerverbände eine Verbesserung des Urheberrechtsgesetzes erreichen, so kommt das auch jenen Autoren zugute, die weder der GO noch dem SSV angeschlossen sind und die sich die entsprechenden zeitlichen und finanziellen Aufwendungen ersparen. Die nicht-organisierten Urheber betätigen sich als Trittbrettfahrer. Sie haben gegenüber den organisierten den Vorteil, daß sie von den Leistungen des Verbands profitieren, ohne dafür zu zahlen. Sie verhalten sich unsolidarisch und werden dafür belohnt, indem sie keinen Jahresbeitrag entrichten.

Die Frage lautet, wie die Verbände diesem Mißstand begegnen können. Im Gegensatz zum Staat, der mit seinem Steuersystem jeden Bürger zur Beitragsleistung zwingt, können sie keinen Zwang zur Finanzierung ihrer Aktivitäten anwenden. Daher müssen sie versuchen, nicht nur kollektive, sondern auch individuelle Güter zu produzieren, also solche, die selektiv ihren Mitgliedern zugute kommen, so daß diese gegenüber den Nicht-Mitgliedern einen Vorteil erlangen. Die Mitgliedschaft muß attraktiv gemacht werden. Dazu bedürfen sie der finanziellen Unterstützung des Staates.

Die Verkennung dieses Problems, das heißt der fast vollständige Mangel von selektiven Anreizen, hat wesentlich zur Krise des alten SSV beigetragen. Die renommierten Autoren waren auf diesen Verband nicht angewiesen, denn das Prestige, das er seinen Mitgliedern bot, besaßen sie bereits aufgrund ihres eigenen Werks. Durch den Austritt erwuchs ihnen kein Schaden, im Gegenteil: sie wurden von den lästigen Pflichten der Beitragszahlung und der Vereinsaktivität entbunden.

Es scheint mir ein Wesensmerkmal der Politik der GO in den vergangenen Jahren zu sein, daß sie versucht hat, nicht in denselben Fehler zu verfallen, sondern ihre Mitgliedschaft durch selektive Anreize attraktiv zu gestalten, dabei aber das eigentliche Ziel, nämlich die Förderung der gemeinsamen Interessen, nicht aus den Augen zu verlieren. Über die einzelnen Maßnahmen, die unter diesem Gesichtspunkt zu betrachten sind, werde ich in einem spätern Kapitel berichten.

Durch seine Subvention ermöglicht der Staat den Verbänden, ihren Mitgliedern Vorteile zu verschaffen gegenüber den

Nicht-Mitgliedern. Damit stärkt er deren gesellschaftliche Position und erhöht den Organisationsgrad in den verschiedenen Bereichen der künstlerischen Berufe. Ist er an einer solchen Entwicklung überhaupt interessiert? Was bieten ihm die Verbände als Gegenleistung für seine Unterstützung? –

Ich gehe bei der Beantwortung dieser Frage davon aus, daß der moderne Staat die Kulturpolitik als einen wichtigen Teilbereich seiner Aktivitäten betrachtet und daß er diese auf die Erfahrung und die Bedürfnisse der Kulturschaffenden abstützen will. Daher ist er auf die Zusammenarbeit mit repräsentativen und gut funktionierenden Verbänden angewiesen, welche die Vielfalt der Einzelinteressen zusammenfassen und deren Ausgleich auf der kollektiven Ebene ermöglichen. Ohne ihre Mitwirkung würde sich seine Kulturpolitik im luftleeren Raum abspielen, genauso wie eine Wirtschaftspolitik ohne Mitsprache der Gewerkschaften und Wirtschaftsverbände realitätsfremd wäre.

Die Verbände sind also nicht bloß Almosenempfänger. Sie bieten dem Staat ihre Dienste an, die er zur Gestaltung seiner Kulturpolitik benötigt. Der Staat und die Verbände gehen eine Symbiose ein, welche durch ein gegenseitiges Geben und Nehmen gekennzeichnet ist. Der Staat gibt Geld und erhält dafür Informationen, die ihm als Entscheidungshilfe dienen. Die Staatsbeiträge erlauben es den Verbänden, ihre Mitglieder durch selektive Anreize bei der Stange zu halten, was ihre Repräsentativität erhöht. Aus der Perspektive des Staates ist dies eine erwünschte Wirkung, denn er braucht repräsentative Verbände als Gesprächspartner. Wo zwei Verbände in derselben Sparte miteinander konkurrieren, sollte daher die Repräsentativität und nicht die Mitgliederzahl oder ein aufgeblasenes Programm das Kriterium für die Zumessung der Subvention sein.

Bei den selektiven Anreizen handelt es sich um Maßnahmen der Literaturförderung. Dadurch, daß der Staat den Verbänden das Geld für diesen Zweck zur Verfügung stellt, bindet er sie in den Vollzug seiner Fördermaßnahmen ein. Dies läßt sich auch aus ökonomischen Gründen rechtfertigen. Es zeigt sich immer wieder, daß die Verbände infolge ihrer Basisnähe die Literaturförderung kostengünstiger durchführen können als die staatliche Kulturadministration.

Die durch die staatliche Unterstützung ermöglichte Fördertätigkeit der Verbände bringt es mit sich, daß diese als Konkurrenten der Pro Helvetia sowie der kantonalen und städtischen Förderstellen auftreten. Der Föderalismus in der Kulturförderung ist zu begrüßen, weil er die Bevorzugung gewisser Stilrichtungen oder Personengruppen verhindert. Aber er darf nicht zu Mehrfachzahlungen an einzelne Künstler führen. Daher muß zwischen den Förderstellen des Staates und den Verbänden eine gewisse Arbeitsteilung und ein Austausch von Informationen stattfinden. Ich werde auf dieses Problem noch zurückkommen.

In einem frühern Kapitel haben wir dargelegt, daß die GO aus Konkurrenzgründen gegenüber dem SSV schon kurz nach ihrer Konstituierung gezwungen war, die Pro Helvetia um eine Subvention anzugehen. Diese wurde zwar bewilligt, aber mit der Auflage verbunden, daß die GO sich wieder mit dem SSV zu vereinigen habe. Die Pro Helvetia verhielt sich in dieser Phase nicht wettbewerbsneutral.

Die Wiedervereinigung wurde von der GV im November 1971 strikte abgelehnt. Als wir im folgenden Jahr ein neues Subventionsgesuch einreichten, reagierte die Pro Helvetia in Fortführung ihrer SSV-freundlichen Politik negativ. Nach einigen Zwischenspielen kam es dann im Oktober 1972 zu einer Aussprache zwischen Vertretern des Stiftungsrates sowie des SSV und der GO, deren Resultat in einer Aktennotiz der Pro Helvetia wie folgt festgehalten worden ist:

1. Die Anwesenden nehmen davon Kenntnis, daß Pro Helvetia aus zwingenden Budgetgründen jährlich nur eine bestimmte Gesamtsumme für Subventionen an Schriftstellervereinigungen einsetzen kann. Dabei ist zu beachten, daß Pro Helvetia keine Subventionsbehörde ist, wie etwa ein Departement des Bundes, und die Subventionen an kulturelle Dachverbände, die ihr vorübergehend übertragen wurden, nicht den Kern

176

ihres Aufgabengebietes ausmachen. Sie vermeidet deshalb nach Möglich-
keit, mehr Verbandssekretariate als bisher zu unterstützen.

2. Die Gruppe Olten gedenkt, mindestens auf Jahre hinaus,
selbständig zu bleiben und sich nicht als Teil des SSV diesem wieder
einzuordnen. Sie beansprucht deshalb einen angemessenen Teil an der
verfügbaren Gesamtsumme und möchte von einem gemeinsamen Sekreta-
riat entschieden absehen.

3. Der Schweizerische Schriftsteller-Verband anerkennt den
Willen der Gruppe Olten, wenigstens bis auf weiteres völlig autonom zu
bleiben, als berechtigt. Auch wenn eine spätere Wiedervereinigung
wünschenswert ist, will gut Ding Weile haben. Auch der Anspruch der
Gruppe Olten auf einen angemessenen Anteil an der Gesamtsubvention,
die Pro Helvetia geben kann, wird anerkannt.

4. Beide Gruppen erklären ihre Bereitschaft, für künftige Jahre,
erstmals für die Subventionsperiode 1974, ihre Gesuche an die Pro Helve-
tia im Rahmen der verfügbaren Gesamtsumme aufeinander abzustimmen.

Diese Erklärung ist verpflichtend unter dem Vorbehalt, daß sie
von den Vereinsvorständen gutgeheissen wird.[27]

Das Dokument zeigt, daß wir für unsere Anliegen kaum
bessere Anwälte hätten finden können als die beiden Vertreter des
SSV. Die Pro Helvetia, die ihre Abneigung gegen die finanzielle
Unterstützung des Verbandsneulings unverhohlen zugegeben
hatte, mußte sich geschlagen geben. Sie gewährte der GO einen
Beitrag von Fr. 40 000.– für das laufende Jahr. Der SSV erhielt wie
schon im Jahr zuvor Fr. 150 000.– Das Ziel, in die privilegierte
Klasse der subventionierten Verbände Eingang zu finden, war
erreicht worden. In diesem Punkt konnten wir mit dem Resultat
zufrieden sein.

Offenbar mußten die SSV-Vertreter von ihrem Vorstand
wegen ihrer allzu nachgiebigen Haltung eine Rüge entgegenneh-
men, was sich darin äußerte, daß dieser es ablehnte, sein Gesuch mit
dem unsrigen abzustimmen. Immerhin war die Idee eines gemeinsamen Vorgehens geboren worden, und sie wurde ein paar Jahre
später, als die Zeit dafür reif war, auch verwirklicht.

Unbefriedigend war dagegen die Höhe unserer Subvention im Verhältnis zum SSV. Die Pro Helvetia maß nicht mit gleichen Ellen. Zwar zählte des SSV zu Anfang des Jahres 1973 420 Mitglieder, die GO dagegen nur 70. Aber wir vertraten den Standpunkt, daß ein Verband nicht nach der Zahl seiner Mitglieder, sondern nach deren literarischer Bedeutung zu beurteilen sei. In dieser Hinsicht hatten wir eindeutig mehr Gewicht in die Waagschale zu werfen als unsere Konkurrenzorganisation.

Unser nächstes Beitragsgesuch, es datiert vom 21. Mai 1973, enthielt die Forderung nach einer Teilung der Gesamtsubvention im Verhältnis 1:1, unter Ausklammerung der besondern Leistungen des SSV gegenüber verdienten alten Kollegen und der Pension für den ehemaligen Sekretär. Die Pro Helvetia überging dieses Begehren. In den beiden folgenden Jahren hob sie den Beitrag an die GO noch um je 5000 Franken an. Von 1974 an blieben jedoch die Subventionen der beiden Verbände sechs Jahre lang gleich hoch. Die GO erhielt 50 000, der SSV 150 000 Franken, womit sich eine Differenz eingependelt hatte, die sich bis auf den heutigen Tag erhalten hat.

Die lange Blockierung der Subventionen hatte zwei Gründe. Erstens erhielt die Pro Helvetia in dieser Phase nur unwesentlich mehr Mittel vom Bund zugesprochen. Sie mußte mit dem Geld haushälterisch umgehen. Der zweite Grund lag in einer falschen Taktik der GO. Wir hielten unbeirrt an der unrealistischen Forderung nach Gleichbehandlung fest, während der SSV dies ebenso entschieden ablehnte. Selbstverständlich hatte die Pro Helvetia kein Interesse, diesen Konflikt zwischen den beiden Verbänden zu lösen, sondern benutzte ihn dazu, die Subventionen auf dem tiefen Niveau einzufrieren. Als sie auf unsere Forderung nicht eintreten wollte, gingen wir auf Kollisionskurs und erhoben beim Eidgenössischen Departement des Innern Beschwerde. Sie wurde abgelehnt. Die unnötige Machtdemonstration brachte nichts als ein gespanntes Verhältnis zu unserem Subventionsgeber.

Der Mißerfolg führte dazu, daß wir unser Verhalten überdachten und uns zu einem Kurswechsel entschlossen. Erstens versuchten wir das Verhältnis zur Pro Helvetia zu entkrampfen. Zweitens muteten wir den Entscheid über die Verteilung der Gesamtsubvention nicht mehr ihr zu, sondern wollten versuchen, dieses Problem in Verhandlungen mit dem SSV selber zu lösen.

In der Annahme, daß die Verbandssubventionen erst dann gesteigert werden könnten, wenn die Pro Helvetia auch vom Bund mehr Mittel erhalte, setzten wir den Hebel vorerst an dieser Stelle an. An der GV vom November 1978 wurde auf Antrag des Vorstands eine Resolution angenommen, die eine großzügigere finanzielle Unterstützung der Pro Helvetia durch den Bund forderte. Darin heißt es unter anderem:

Es fehlt uns mehr und mehr jegliches Verständnis für die Kurzsichtigkeit einer Parlamentsmehrheit, die entweder nicht willens oder nicht fähig ist zu sehen, daß freie kreative Tätigkeit im eigenen Land und eine großzügige Präsenz der kulturellen Schweiz im Ausland entscheidend ist für unser Überleben als Nation in der Welt.

Dieses nicht ganz uneigennützige Engagement für die nationale Kulturstiftung fand in der Presse ein gutes Echo. Wir brachten dasselbe Anliegen auch in einem Gespräch mit dem Chef des EDI und in Unterredungen mit Parlamentariern vor. Das Klima für eine bessere Alimentierung der Pro Helvetia war günstig, und so wurden die Bundesbeiträge an die Kulturstiftung innerhalb einer relativ kurzen Zeitspanne von 6 auf 20 Millionen Franken erhöht. Es darf angenommen werden, daß die Lobbytätigkeit der GO auch ein bißchen zu dieser positiven Entwicklung beigetragen hat.

Auf Betreiben der GO wurde im Frühjahr 1980 zwischen den beiden Verbänden eine Vereinbarung über die Aufteilung der Gesamtsubvention getroffen, die auf dem Grundsatz der Besitzstandwahrung beruht. Keiner der beiden Verbände erhielt weniger als bisher, jedoch sollte die durch gemeinsame Anstrengung erreichte Erhöhung im Verhältnis 1:1 geteilt werden. Die beiden Verbände geben jährlich ein gemeinsames Gesuch ein und spielen mit offenen Karten, indem sie auch die Unterlagen zum gemeinsamen Gesuch, Jahresrechnung, Jahresbericht etc. austauschen. Das

Abkommen ist im Frühjahr 1988 für weitere vier Jahre erneuert worden. Damit wird der Konkurrenzkampf auf einem Gebiet, auf dem die Verbände besonders verletzlich sind, ausgeschaltet, was die Zusammenarbeit bei der Wahrung der gemeinsamen Berufsinteressen begünstigt.

Der Erfolg dieses Wechsels von Konfrontation auf Kooperation war frappant. Die Pro Helvetia gab die Blockierung auf und belohnte den Konsens zwischen den beiden Verbänden mit einer kontinuierlichen Erhöhung der Gesamtsubvention von 200 000 auf 400 000 Franken bis zum Jahr 1987, wodurch der GO gemäß Verteilungsvertrag Fr. 150 000.–, dem SSV Fr. 250 000.– zufielen. In Anbetracht des wachsenden Finanzbedarfs muß diese Summe noch immer als bescheiden betrachtet werden.

Am 1. Januar 1988 ist eine Neuordnung der Subventionspraxis in Kraft getreten. Entsprechend einem von der Pro Helvetia seit Jahren geäußerten Wunsch, wie er auch in der vorhin zitierten Aktennotiz vom 7. 11. 1972 zum Ausdruck kommt, und im Zuge einer bessern Aufgabenausscheidung übernimmt das Bundesamt für Kultur die Subventionen an die kulturellen Verbände, während sich die Pro Helvetia auf die Einzelförderung in der Musik und Literatur, im Theater und im Tanz konzentriert. Die Auswirkungen dieser Neuregelung können im jetzigen Zeitpunkt noch nicht beurteilt werden. Es bleibt zu hoffen, daß künftig der gesellschaftlichen Bedeutung der künstlerischen Berufsorganisationen mehr Beachtung geschenkt wird als in der Vergangenheit und diese für ihre Fördertätigkeit auch mehr Mittel erhalten.

Die Aktivitäten

Der Traum vom gemeinsamen Schreiben

Ein Schriftsteller ist kulturell tätig, indem er Bücher schreibt. Der Verband schreibt keine Bücher. Er kann kulturell nicht im eigentlichen, sondern bloß in einem abgeleiteten Sinn des Begriffes tätig sein. Die kulturelle Tätigkeit des Verbands unterscheidet sich also wesentlich von derjenigen des einzelnen Schriftstellers. Sie kann diese nicht ersetzen, sondern nur ergänzen. Sie ist umso wirksamer, je besser sie auf die Tätigkeit des einzelnen Schriftstellers abgestimmt ist.

Wie ich bereits erwähnt habe, hat die GO kein literarisches Programm und keine Schule entwickelt, obschon dies in der Entstehungsphase einigen Mitgliedern vorgeschwebt haben mag. Ihr literarisches Erscheinungsbild ist uneinheitlich, ihr Programm die Programmlosigkeit. Am Anfang mag es inhaltlich noch einen gemeinsamen Nenner gegeben haben. Was die Zweiundzwanzig durch ihren Protest gegen das Zivilverteidigungsbuch dokumentierten, brachten sie auch in ihren damals erschienen Werken zum Ausdruck, nämlich die Ablehnung des «Mythos Schweiz», des Bildes der Schweiz als eines Musterstaates, in welchem die gesellschaftlichen Konflikte auf ideale Weise gelöst seien. Aber die penetrante schweizerische Selbstgerechtigkeit ist heute nicht einmal mehr in konservativen Kreisen üblich, so daß sich deren Anprangerung erübrigt hat. Sofern sich die Schriftsteller überhaupt noch für gesellschaftliche Fragen engagieren, stehen andere, zumeist ökologische Themen im Vordergrund. Was jedoch die stilistische Ebene betrifft, so bestanden schon in der Gründerphase große Unterschiede zwischen den einzelnen Werken, und es ist anzunehmen, daß sich diese mit der wachsenden Zahl der Mitglieder noch verstärkt haben.

Trotzdem wäre es reizvoll, all das, was von Mitgliedern der GO geschrieben wird, als Beitrag zu einem «Gesamtwerk» zu betrachten. Aus einer solchen Sicht würden der Arbeit des Einzelnen ganz neue Maßstäbe gesetzt. Es ginge nicht mehr um den Erfolg des einzelnen Werks beim Publikum, sondern um das Bemühen, mit seinem individuellen Schaffen das Gesamtwerk der GO zu bereichern und voranzubringen. Aber solche Gedanken müssen notgedrungen eine Spielerei bleiben. Die Realität fordert vom einzelnen Autor ein anderes Verhalten. Damit er sich auf dem Markt behaupten kann, muß sich sein Werk von allen andern möglichst stark unterscheiden, statt sich in ein Gesamtes einzufügen.

In der Phase des ersten Taumels war der Wunsch nach dem gemeinsamen Produzieren und Veröffentlichen noch deutlich spürbar. Der Drang zum kollektiven und die Geringschätzung des individuellen Schaffens entsprach durchaus dem Geist der 68er Generation. Das nie verwirklichte Projekt von Diggelmann, eine «Oltener Zeitung» ins Leben zu rufen, habe ich weiter vorn erwähnt. Seine Idee tauchte später in gewandelter Form, als «Oltener Seite» der «Weltwoche», noch einmal auf. Auch sie scheiterte daran, daß zu wenig substanzielle Beiträge in Aussicht standen.

Der Vorstand gab in dieser Phase einer Anthologie, in welcher die GO ihr literarisches und politisches Profil dokumentieren würde, den Vorzug. Er verfolgte sein Ziel mit größter Hartnäckigkeit, indem er der Generalversammlung bereits im Dezember 1971 ein Konzept vorlegte, das von dieser in modifizierter Form genehmigt wurde. Die Erwartungen waren hoch geschraubt, nicht nur aufgrund des literarischen Potentials, welches durch die GO repräsentiert wurde, sondern auch aufgrund des Herausgeberteams, das sich aus den prominenten Mitgliedern Fringeli, Nizon und Pedretti zusammensetzte. In völliger Verkennung der Marktsituation schwebte dem Vorstand ein Billigbuch vor, das bei einem renommierten deutschen Verlag erscheinen und eine Massenauflage erreichen sollte. Den drei Herausgebern wurden Vorschüsse auf ein Honorar gewährt, das nach damaligen Verhältnissen recht ansehnlich war.

Die Erfahrungen waren ernüchternd. Das auf Bitte der Herausgeber eingesandte Textmaterial entsprach nur in bezug auf die Quantität den Erwartungen. Nur wenige von jenen Autoren, welche der GO das literarische Gepräge gaben, hatten reagiert, und auch diese zum Teil bloß mit «Ladenhütern». Dagegen waren zahlreiche Texte eingetroffen von jenen Autoren, die gierig nach jeder kollektiven Publikationsmöglichkeit greifen, weil ihnen die individuelle fehlt. Der renommierte Verlag in Deutschland lehnte die Herausgabe ab. «Es scheint mir, daß uns kein Kollege etwas Vollgültiges zur Verfügung gestellt hat,» schrieb Fringeli resigniert.

In dieser Situation nahm sich der damalige Leiter des Benziger-Verlags der Sache an. Im Auftrag der Herausgeber schickte er die ausgeschiedenen Manuskripte an deren Verfasser zurück, was Empörung hervorrief. Die Prominenz ging er in persönlichen Briefen um Beiträge an und erhielt auf diese Weise zwar einige gute, aber leider schon anderswo veröffentlichte Texte. Sein eigenmächtiges Vorgehen, das angesichts der Passivität des von der Generalversammlung ernannten Herausgeberteams verständlich war, führte zu einem Zerwürfnis mit diesem. Aus andern Gründen, nämlich wegen der Verschleppung des Erscheinungstermins und anderer Versäumnisse, trübte sich auch das Verhältnis der Vorstands zum Verlagsleiter. Statt daß das gemeinsame Werk Freude und Begeisterung geweckt hätte, löste es nichts als Streit und Verbitterung aus.

Die Anthologie erschien im Herbst 1974 unter dem Titel «Taschenbuch der Gruppe Olten». Ein «Taschenbuch» war es jedoch nur in bezug auf das Format und den Umschlag, aber nicht bezüglich Preis und Auflage. Trotz seiner langen Leidensgeschichte war es besser geworden als erwartet und erhielt sogar einige wohlwollende Rezensionen. Der Text war aufgelockert durch die Fotos, die auf Geheiß des Verlagsleiters an der Krisen-GV in Solothurn von Andreas Wolfensberger gemacht worden waren und die wegen ihres dokumentarischen Gehalts auch in dieses Buch aufgenommen worden sind. Literarisch standen die meisten Beiträge auf einem guten Niveau. Was dem «Taschenbuch» fehlte, war die thematische Einheit und die Verschmelzung von Wort- und Bildteil.

Ursprünglich war eine gemeinsame Publikation der beiden Sprachgruppen deutsch und französisch geplant. Die Streitigkeiten der Deutschschweizer führten dazu, daß die welschen Kollegen die Initiative zu einer eigenen Anthologie ergriffen. Diese erschien früher als das «Taschenbuch», nämlich im Herbst 1973 bei L'Age d'Homme unter dem Titel «Almanach du Groupe d'Olten». Die drei Herausgeber verzichteten auf ihre Honorare von insgesamt Fr. 9'000.– zugunsten des Verlags und hatten auch keine Probleme mit der Prominenz, da es eine solche in der welschen Schweiz nicht gab, so daß das Buch in erstaunlich kurzer Zeit entstehen konnte. Ein Jahr später erschien schon die Fortsetzung, der «Almanach 1974», im selben Verlag.

Die negativen Erfahrungen mit dem «Taschenbuch», namentlich die latente Unzufriedenheit derjenigen Mitglieder, die vom Verlagsleiter übergangen worden waren, führten innerhalb des Vorstands zu eingehenden Diskussionen über das Problem der Selektion. Wie weiter vorn erwähnt, hatte die GV von Solothurn es abgelehnt, bei der Aufnahme der Mitglieder die literarischen Fähigkeiten und den Rang eines Autors zu berücksichtigen. Bei der Herausgabe des «Taschenbuchs» jedoch waren genau diese Kriterien maßgebend gewesen.

In formaljuristischer Hinsicht ist die GO auf dem Prinzip der Gleichberechtigung aufgebaut. Jedes Mitglied, gleichgültig ob als Autor weltberühmt oder unbekannt, besitzt an der GV eine Stimme und dieselbe Chance zu einer Karriere innerhalb des Verbands. Jedes hat dieselben Verpflichtungen, wobei zu bemerken ist, daß sich diese praktisch auf die Bezahlung des Mitgliederbeitrags beschränken. Daraus läßt sich ableiten, daß das Prinzip der Gleichberechtigung und Gleichbehandlung nicht auf das Stimm- und Wahlrecht beschränkt sein kann. Es muß auf alle Leistungen ausgedehnt werden, die der Verband seinen Mitgliedern bietet. Auch die Veröffentlichung einer Anthologie ist als Dienstleistung zugunsten der Mitglieder zu betrachten. Daher muß die Möglichkeit, darin einen Text zu publizieren, allen Mitgliedern offenstehen und nicht nur denjenigen, die auf dem Markt ohnehin eine bevorzugte Stellung einnehmen. Solches gebietet nicht nur das Prinzip der internen Demokratie, sondern auch die Überlegung, daß ein Autor kaum bereit ist, im Verband mitzuwirken und den Jahresbeitrag zu zahlen, um dort dieselben deprimierenden Erfahrungen zu machen wie auf dem Markt. Er sucht vielmehr die Kompensation für den fehlenden Widerhall seiner Arbeit in der Öffentlichkeit. Wenn der Verband überhaupt nach qualitativen Kriterien selektieren will, muß dies bei der Aufnahme geschehen und nicht in der Weise, daß gewisse Mitglieder von einzelnen Dienstleistungen ausgeschlossen werden. Es gehört zu den Aufgaben eines Verbands, den Schwachen zu schützen, seine Chancen gegenüber dem Starken zu verbessern und für eine ausgleichende Gerechtigkeit zu sorgen.

Solche Überlegungen führten den Vorstand zu einem neuen Konzept für die Publikationen. Nach dem Je-Ka-Mi-Prinzip wurden jedem Mitglied maximal acht Seiten zur Verfügung gestellt. Die Beiträge wurden mit Fr. 50.– pro Seite honoriert, nicht nur um die Mitarbeit attraktiver zu gestalten, sondern auch aus der Erwägung, daß der Verband nicht um bessere Honorare kämpfen kann, wenn er bei seinen eigenen Publikationen keine auszahlt. Eine Selektion oder Lektorierung der Texte fand nicht statt, wodurch die entsprechenden Kosten gespart werden konnten. Als einzige Bedingung wurde festgelegt, daß es sich um Erstveröffentlichungen handeln mußte.

Das Buch bekam den Titel «Zwischensaison», denn es sollte zwischen den beiden Haupterscheinungsterminen auf den Markt gebracht werden. Die erste Ausgabe erschien im März 1975, die zweite ein Jahr später. «Muss man nicht gewisse Autoren schützen vor ihren Texten, vor sich selbst?» fragte Walter Vogt, der damalige Präsident, im Vorwort und gab sich selber die ironische Antwort: «Wir finden, man müsse nicht».

Der Publikationseifer führte dazu, daß die GO innerhalb von drei Jahren fünf Bücher mit Texten ihrer Mitglieder auf den Markt brachte. Aber das Echo bei Presse und Publikum war mehr als dürftig. Hatte das «Taschenbuch» mit 2'000 verkauften Exemplaren wenigstens noch einen Achtungserfolg errungen, so sank der

185

Verkauf bei den übrigen Publikationen von einigen Hundert bei der «Zwischensaison» auf praktisch Null beim «Almanach deux». Finanziell hatte sich die GO bei allen fünf Ausgaben mit rund Fr. 60 000.– engagiert. Sie hatte dieses Geld dank der Subventionen der Pro Helvetia flüssig machen können. Die Frage lautete, ob es keine sinnvollere Verwendung gab als für Projekte, die weder beim Publikum noch bei den Mitgliedern Zustimmung fanden.

War das «Taschenbuch» am Unwillen der Übergangenen gescheitert, so scheiterte «Zwischensaison» am mangelnden Willen zur Selbstkritik. Die wenigen phantasievollen Beiträge gingen in der Masse mittelmäßiger Texte verloren. Die Frage Vogts, wie die Autoren vor der eigenen Blamage zu schützen seien, bedurfte der Ergänzung: Wie war das Publikum vor solch nichtssagenden Texten zu schützen?

«Taschenbuch» und «Zwischensaison» stehen für zwei unterschiedliche Konzepte. Mit dem «Taschenbuch» hatte sich die GO über das Bedürfnis der einzelnen Mitglieder nach Publikationsmöglichkeiten hinweggesetzt, in «Zwischensaison» setzte sie sich über das Bedürfnis des Publikums nach anregender Lektüre hinweg. Offensichtlich waren die beiden Ziele nicht vereinbar.

Aus diesen Erfahrungen zog ich den Schluß, daß ein Verband, der bei der Aufnahme keine qualitativen Kriterien anwendet, nicht zur Herausgabe von Texten seiner Mitglieder geeignet ist, weil er sonst bei seiner editorischen Tätigkeit jene Qualitätsschranken errichten müßte, die er bei der Selektion seiner Kandidaten bewußt weggelassen hat. Diese Erkenntnis hatte uns viel Geld, Zeit und Nerven gekostet. Als ich dem Vorstand den Stopp aller Publikationen beantragte, widersetzten sich die beiden Vertreter aus der französischen Schweiz. Sie hätten die Reihe ihrer Anthologien trotz totaler Erfolglosigkeit gerne fortgesetzt. Auch an der Generalversammlung waren die Meinungen geteilt, wobei jedoch eine starke Mehrheit quer durch die beiden Sprachgruppen meinem Antrag zustimmte.

Zu diesem Entscheid hält das Protokoll der GV vom 19. 6. 76 fest: «Die kurze Diskussion zeigt, daß die Meinungen über

Sinn und Zweck dieser Publikationen auseinandergehen. Der Vorstand wird erst wieder ein Projekt ausarbeiten, wenn eine deutliche Mehrheit für deren Weiterführung eintritt.» Damit war den Wünschen der Minderheit Rechnung getragen, daß die Tür nicht für immer zugestoßen bleiben dürfe. Da sich jedoch eine Mehrheit für eine Wiederaufnahme seither nie auch nur ansatzweise gezeigt hat, war damit die Phase der gemeinsamen Veröffentlichungen, die so euphorisch begonnen hatte, endgültig abgeschlossen.

Die Honorarzuschüsse

Mir lag auch deshalb viel am Stopp der aufwendigen und erfolglosen Publikationen, weil ich unterdessen Pläne entwickelt hatte, wie die Subventionsgelder effizienter eingesetzt werden könnten. Schon 1972 hatte der Vorstand auf meinen Antrag eine Mindesthonorargarantie für Lesungen eingeführt. Die GO zahlte jedem Mitglied auf Gesuch hin für öffentliche Lesungen die Differenz bis zu einem Honorar von Fr. 200.— Diese Einrichtung brachte der Führungsgruppe viel Sympathie ein, obschon sich der finanzielle Aufwand in bescheidenem Rahmen hielt: er kletterte in den ersten Jahren nicht über Fr. 3000.—

In Analogie zu diesen Direktzahlungen schlug ich 1976 eine Mindesthonorargarantie für Bücher vor, deren Modell ich in den folgenden Jahren allmählich weiterentwickelte. Die Grundidee ist dieselbe wie bei der Honorargarantie für Lesungen: Wenn ein Mitglied mit den Einkünften aus einer Buchveröffentlichung innerhalb von zwei Jahren nicht ein bestimmtes Honorar erreicht, zahlt die GO die Differenz. Anders als bei den Lesezuschüssen sind jedoch nicht alle Mitglieder bezugsberechtigt, sondern nur diejenigen mit geringem Einkommen. Anfänglich stützten wir uns zur Feststellung desselben auf die Selbsteinschätzung, was jedoch zu Mißbräuchen führte. Heute wird auf die Einschätzungsmitteilung der «Direkten Bundessteuer» abgestellt. Als «bedürftig» gelten in der Regel Mitglieder mit steuerbarem Einkommen unter Fr. 36000.—

Das Mindesthonorar wurde rein quantitativ nach der Seitenzahl des Buches berechnet. Eine degressive Skala sorgte dafür, daß dicke Bücher etwas schlechter gestellt waren als dünne. Die Honorare, die der Autor vom Verlag für die verkauften Exemplare oder aus dem Erlös der Nebenrechte erhalten hatte, wurden abgezogen. Das Modell entsprach einer Defizitgarantie.

In den letzten zehn Jahren konnte die GO für diese Honorarzuschüsse rund eine halbe Million Franken ausschütten, also im Schnitt Fr. 50000.— pro Jahr. Die Zahl der Gesuchsteller ist im

Steigen begriffen. Die Subventionen der Pro Helvetia sind jedoch nicht proportional zum größern Bedarf gewachsen, so daß die Beiträge pro Werk gesenkt werden mußten. Bei den Mitgliedern ist diese Unterstützungsart sehr beliebt, und sie wird häufig als Modell einer gerechten Literaturförderung schlechthin gepriesen.

Am meisten mag zu deren Beliebtheit beitragen, daß in ihr die sonst in der Kulturförderung so häufigen Zufalls- und Willkürentscheide ausgeschlossen sind. Sobald ein Mitglied die Meßgrößen kennt, die dem Vorstand als Grundlage seiner Entscheidung dienen, kann es den ihm zustehenden Geldbetrag selber ausrechnen. Als weiterer positiver Punkt fällt ins Gewicht, daß diese Art des Geldverteilens mit einem Minimum an administrativem Aufwand verbunden ist. Wenn das Geschäft gut vorbereitet wird, benötigt der Vorstand für seine Entscheide kaum mehr als eine Stunde pro Jahr. Verglichen mit der Entscheidungsfindung einer Literaturkommission mit ihren endlosen, zermürbenden Diskussionen über die Qualität des einzelnen Werks ist dies erstaunlich wenig. Rekurse an die GV, obschon sie laut Statuten möglich wären, sind bisher nicht vorgekommen. Die aufwendige Qualitätsbeurteilung wird gleichsam an externe Instanzen, an die Verlage und ihre Lektorate delegiert. Damit die externe Selektion überhaupt stattfinden kann, sind Veröffentlichungen im Selbstverlag ausgeschlossen. In besondern Fällen, etwa bei Lyrikbändchen, können Ausnahmen von dieser Regel gemacht werden.

Das ursprüngliche Modell erfuhr im Laufe der Jahre zwei wichtige Modifikationen. Bezog sich die Garantie zuerst nur auf Bücher, so wurde sie später auch auf Theaterstücke ausgedehnt, sofern diese veröffentlicht, das heißt vor Publikum gespielt worden waren.

Mit der zweiten Änderung wurde ein eigentlicher Systemwechsel vollzogen. Der Nachteil der Mindesthonorargarantie zeigte sich darin, daß praktisch nur die erfolglosen Autoren zum Zug kamen. Je weniger Exemplare von einem Buch verkauft worden waren, desto höher war der Zuschuß. Das Verzeichnis der unterstützen Werke nahm sich wie eine negative Bestsellerliste aus.

Das Modell ließ außer acht, daß im Normalfall die Einkünfte eines Autors im Vergleich zu andern qualifizierten Berufen auch dann zu niedrig sind, wenn sich seine Bücher relativ gut verkaufen. Daher bedürfen die «erfolgreichen» Autoren – ich setze den Begriff bewußt in Anführungszeichen – der finanziellen Unterstützung durch den Verband ebenso wie die erfolglosen.

Diese Überlegungen veranlaßten den Vorstand, das Prinzip einer Mindesthonorargarantie zugunsten eines einfachen Zuschusses für Bücher und Theaterstücke, der nicht von den erhaltenen Honoraren abhängig ist, aufzugeben. Bei den Büchern richtet sich der Zuschuß nach dem Ladenpreis, in welchem sich normalerweise auch der Umfang eines Buchs ausdrückt. Dies hat den Vorteil, daß auf das umständliche Ausrechnen einer «mittleren Seitenzahl», wie es im alten System notwendig gewesen war, verzichtet werden kann. Erstveröffentlichungen im Taschenbuch kommen von vornherein schlechter weg, was sich als beabsichtigter Nebeneffekt einstellt. Bei den Theaterstücken hängt die Höhe des Beitrags von der Spieldauer ab: Stücke über 90 Minuten gelten als abendfüllend und erhalten den Maximalbetrag, kürzere den entsprechenden Teil. Das Kriterium der Bedürftigkeit wurde beibehalten. Ist ein Mitglied durchs Bücherschreiben oder sonstwie reich geworden, fällt es wegen zu hohem Einkommen aus dem Kreis der Berechtigten heraus.

Ein ähnliches System ist auch bei den Lesungen eingeführt worden. Für jede öffentliche Lesung wird ein Honorarzuschuß von Fr. 200.– gewährt, und zwar unabhängig davon, wie hoch das Honorar des Veranstalters ist. Die Gesamtsumme dieser Zuschüsse wird jedoch pro Jahr und Mitglied auf Fr. 1000.– beschränkt. Mit dieser Regelung bringt die GO zum Ausdruck, daß sie ihre Verbandspolitik vermehrt nach jenen Autoren ausrichten möchte, denen es der Bekanntheitsgrad erlaubt, ein normales Lesehonorar zu fordern, das etwa bei Fr. 400.– pro Abend angesetzt werden kann. Die Ausgaben für diese Bezuschussung sind in den letzten Jahren ebenfalls stark gestiegen, sie betragen momentan ungefähr Fr. 40000.– pro Jahr.

190

Mit dem konsequenten Ausbau des Modells der Honorarzuschüsse hat die GO innerhalb der Literaturförderung eine neue Entwicklung eingeleitet. Zwar hatte schon der alte SSV in einzelnen Fällen Werkbeiträge ausbezahlt, aber er tat dies nach den üblichen fragwürdigen Qualitätskriterien und ohne systematische Erhebung der materiellen Bedürftigkeit. Der jetzige SSV hat sein Autorenförderungsmodell weitgehend an dasjenige der GO angepaßt, so daß zwischen den beiden konkurrierenden Verbänden diesbezüglich keine grundsätzlichen, sondern nur graduelle Unterschiede bestehen. Während der SSV ca. 20 % seiner Subvention für seine Honorarzuschüsse verwendet, sind es bei der GO 70 %. Anzustreben wäre eine 100prozentige Verwendung der Bundessubvention für diesen Zweck. Das würde bedeuten, daß die übrigen Aktivitäten durch erhöhte Mitgliederbeiträge abgedeckt werden müßten.

Wenn nun aber die GO ihre finanziellen Mittel wesentlich auf die Ausrichtung von Beihilfen an ihre Mitglieder konzentriert, wird sie zum Konkurrenten der Pro Helvetia sowie der kantonalen und städtischen Förderstellen. Die Pro Helvetia und die beiden Schriftstellerverbände erhalten ihre Fördergelder aus derselben Quelle, nämlich aus der Bundeskasse. Somit stellt sich die Frage, ob es nicht besser wäre, die Zahlungen an die Autoren bei einer einzigen Stelle zu konzentrieren. Führt der Dualismus nicht zu Mißbräuchen, indem er in einzelnen Fällen die doppelte Subventionierung für ein und dieselbe Leistung, für ein und dasselbe Werk zur Folge hat? –

In der Tat sind solche Mängel nicht ausgeschlossen. Sie sind es nirgends in der Kulturförderung, wo es üblich ist, daß bei einer Produktion, beispielsweise bei einem Film, mehrere Geldgeber um Beiträge angegangen werden. Wichtig ist daher der Informationsaustausch zwischen den einzelnen Förderstellen. Wichtig ist auch, daß sich diese überlegen, wie eine sinnvolle Arbeitsteilung geschaffen werden kann.

Grundsätzlich lassen sich bei der Autorenförderung des Bundes in bezug auf die Vergabestelle drei Modelle denken.

a) Die Förderung kann über den Verband erfolgen, wie das in den nordischen Staaten der Fall ist. Das bedeutet, daß der Verband vom Staat die notwendigen Mittel erhält und autonom entscheidet, welche seiner Mitglieder er für förderungswürdig hält.

b) Sie kann ausschließlich von den Instanzen des Bundes vorgenommen werden, gleichgültig ob von der Pro Helvetia oder vom Bundesamt für Kultur, wie dies in der Schweiz in andern Sparten der Kunstförderung üblich ist.

c) Sie besteht aus einer Kombination von a) und b), wie es sich bei uns in der Literaturförderung eingespielt hat.

Es leuchtet ein, daß alle drei Modelle Vor- und Nachteile aufweisen. Die Förderung durch den Verband hat gegenüber der Förderung durch die Verwaltung den Vorteil der Basisnähe. Im Verband sind diejenigen Personen, welche über die Vergabe entscheiden, den Betroffenen verantwortlich. Durch das Instrument der Generalversammlung können diese ihre Unzufriedenheit zum Ausdruck bringen und eine Verbesserung der Förderungsmodalitäten oder die Auswechslung der Entscheidungsträger verlangen. Daher besteht hier eher die Gewähr, daß das Förderungsmodell den Bedürfnissen der Betroffenen angeglichen wird.

Die Verwaltung dagegen ist in ihren Entscheiden den Begünstigten oder Abgewiesenen in keiner Weise verantwortlich. Vielmehr kann sie sich, wie es zum Glück nicht häufig der Fall ist, hochnäsig über deren Bedürfnisse hinwegsetzen. Theoretisch besteht eine Verantwortung gegenüber dem Parlament, doch wird es diesem in der Praxis kaum möglich sein, Fehlurteile nachzuweisen, wo es um Fragen des literarischen Geschmacks geht. Ein weiterer Vorteil der Verbandsförderung liegt im günstigeren Kostenverhältnis.

Eine andere Differenzierung der Autorenförderung ergibt sich in bezug auf den Zeitpunkt der Geldzuwendung. Im einen Fall erfolgt diese für ein noch zu schaffendes, im andern für ein schon geschaffenes Werk. Der erstgenannte Auszahlungsmodus nimmt dem Autor gleichsam die Investitionskosten ab. Er soll sich während einer bestimmten Zeit sorgenfrei dem von ihm gewählten

Projekt widmen können. Beiträge dieser Art werden «Werkstipendien» oder «Werkjahre» genannt. Sie erfordern eine Selektion, die sich auf eine Projektbeschreibung, manchmal auch auf eine Textprobe oder auf beides stützt. Die Qualität eines Werks läßt sich jedoch erst beurteilen, wenn dieses in seiner endgültigen Form vorliegt. Daher wird zur Beurteilung einer solchen Textprobe öfters auch das gesamte bisherige Schaffen des Autors herangezogen.

In die zweite Kategorie, bei welcher die Zuwendung erst nach Vollendung und Veröffentlichung des Werks erfolgt, gehören Preise aller Art, aber auch die Honorarzuschüsse der GO. Die Beurteilung ist in diesem Fall weniger problematisch, weil sie sich auf das abgeschlossene Werk beziehen kann und weil der Markt schon eine gewisse Selektion vorgenommen hat.

Es kann kein Zweifel bestehen, daß die «Vorausförderung» gewissen Vorstellungen der Autoren besser entspricht als die Zahlung nach Vollendung des Werks. Sie sehen sich gerne in der Rolle eines Angestellten, der für seine Arbeit dann entschädigt sein will, wenn er sie leistet. Ich halte diese Mentalität für fragwürdig. Wie jeder andere Freischaffende muß ein Schriftsteller seine Erzeugnisse vorfinanzieren. Mit dem Erlös aus dem ersten Werk finanziert er das zweite, mit den Erträgnissen aus dem zweiten das dritte, etc. Von daher erweist sich die Frage, ob die Werke vor oder nach ihrer Entstehung bezuschußt werden sollen, bloß als ein Liquiditätsproblem.

Solche Erwägungen werden an der Tatsache nichts ändern, daß die Pränumerando-Förderung weiterhin eine wichtige Rolle spielen wird. Weil diese jedoch eine qualitative Selektion voraussetzt, sind die Verbände zu ihrer Durchführung wenig geeignet. Wie wir im vorangehenden Kapitel festgestellt haben, führt die Anwendung qualitativer Kriterien innerhalb der Verbände zur Verletzung des Gleichheitsprinzips. Daher muß die qualitative Selektion durch eine externe Stelle vorgenommen werden. Somit ergibt sich eine klare Aufgabenteilung zwischen dem Bund – worunter ich auch die Pro Helvetia verstehe – und den Verbänden: der Bund ist da zuständig, wo eine qualitative Selektion vorgenommen werden muß, während die Verbände eine «selektionsfreie», auf die Existenzsicherung abzielende Förderung durchführen. Notwendigerweise muß diese Art der Förderung postnumerando erfolgen, und sie muß auf bloß quantitativen Kriterien, eben zum Beispiel dem Umfang des Werks oder dem Ladenpreis beruhen.

Die Beiträge des Bundes erlauben es der GO, nebst den Honorarzuschüssen ihren Mitgliedern noch eine Reihe anderer individueller Vorteile oder Dienstleistungen anzubieten. Da diese keine besondern Probleme verursachen, möchte ich sie hier nur kurz erwähnen.

Die GO entsendet Mitglieder an internationale Kongresse und an Tagungen über die verschiedensten Themen im Bereich der Literatur. Im Zusammenhang mit Austauschprojekten zwischen ihr und ausländischen Schriftstellerverbänden ermöglicht sie Studien- und Lesereisen in andere Länder durch Übernahme der Reisekosten. In den vergangenen Jahren konnten verschiedene Reisen in Ostblockstaaten und Drittweltländer durchgeführt werden. Im Gegenzug muß sich die GO jeweils verpflichten, ausländische Delegationen in die Schweiz einzuladen und zu betreuen. Bei solchen Austauschprogrammen besteht eine enge Zusammenarbeit mit dem SSV und mit der Pro Helvetia, die in manchen Fällen die Aufenthalte ausländischer Schriftsteller in unserem Land organisiert und finanziert, so daß die Verbände bloß die Kontakte zu den Schweizer Schriftstellern vermitteln müssen. Solche Studienreisen sind oft mit großem administrativem Aufwand verbunden. Ein Teilzeit-Sekretariat, wie es die GO besitzt, kann sich nur in Ausnahmefällen damit befassen.

Seit einigen Jahren mietet die GO in Paris und Berlin je eine Dreizimmerwohnung, die sie ihren Mitgliedern zu einem reduzierten Preis für Aufenthalte bis zu sechs Monaten überläßt. Diese Möglichkeit zum Tapetenwechsel und zum Sammeln neuer Eindrücke in zwei der wichtigsten Kulturzentren Europas wird rege benutzt.

Eine weitere Dienstleistung besteht in der Vermittlung von Informationen. Diese geschieht sowohl nach aussen wie nach innen an die Mitglieder. Zur internen Information gibt das Sekretariat periodisch ein Mitteilungsblatt in deutscher und französischer Sprache heraus. Von allen Dokumenten, die es zur Verfügung stellt, ist jedoch das Mitglieder-Verzeichnis das begehrteste. Fast täglich treffen von Redaktionen, Studenten, Veranstaltern von Lesungen und andern Interessenten Anfragen über die Adressen einzelner oder ganzer Gruppen von Autoren ein. Häufig sind solche Ermittlungen mit der Frage verbunden, welche Autoren sich für welchen Anlaß, für welche Art von Themen am besten eignen. Von den Autoren wird dem Nutzen solcher Listen oft zu wenig Bedeutung zugemessen. Die Nennung im Mitglieder-Verzeichnis ist ein wesentlicher Vorteil, den ein Mitglied gegenüber einem Nicht-Mitglied genießt.

46 *Die von der GO gemietete Künstlerwohnung an der Rue Labat in Paris-Montmartre. Am Fenster Otto Marchi. Im Hintergrund die Sacré Cœur. Frühjahr 1988.*

47 *Das von der GO gemietete Kutscherhäuschen in Berlin-Steglitz. Frühjahr 1988.*

Wie in einem frühern Kapitel erwähnt, habe ich schon kurz nach der Gründung begonnen, ein Werkverzeichnis der GO zu erstellen. Dieses beruht auf Erhebungen, die mit einem Fragebogen durchgeführt werden. Jedes Mitglied bestimmt den Inhalt und die Länge seines Beitrags selber. Leider hat dieses Prinzip dazu geführt, daß unbekannte Autoren den Katalog mit akribischen Angaben über ihre längst vergessenen Werke belasten, während die bekannten auf den Fragebogen oft überhaupt nicht reagieren. Wegen des Zuwachses an Mitgliedern und an veröffentlichten Werken ist das Verzeichnis in den letzten Jahren immer umfangreicher geworden, wodurch nicht nur der Arbeitsaufwand, sondern auch die Druckkosten stark gestiegen sind. Dem stehen ein geringer Bekanntheitsgrad und eine kleine Nachfrage gegenüber, so daß es sich fragt, ob eine Veröffentlichung, wie sie bisher in periodischen Zeitabständen erfolgt ist, überhaupt sinnvoll sei oder ob es als bloßes Dokument zum internen Gebrauch angelegt werden solle. Jedenfalls hat die Publikation eines Werkkatalogs nur dann einen Sinn, wenn er vorher einer strengen, auf die Bedürfnisse der Benutzer ausgerichteten Selektion unterzogen worden ist.

Im Gegensatz dazu ist das vor einigen Jahren geschaffene, bisher in drei erweiterten Auflagen erschienene Theaterstück-Verzeichnis zu einem begehrten Nachschlagewerk geworden. Es enthält einen Kurzbeschrieb der von Mitgliedern der GO geschriebenen oder projektierten Theaterstücke und ein Verzeichnis der Bühnenverlage. Verlangt wird es häufig von Laien-Spielgruppen, bei denen ein großes Bedürfnis nach Kontakten mit Dramatikern und nach spielbaren modernen Texten vorhanden ist. Dagegen haben die Berufsbühnen, die von neuen Stücken geradezu überschwemmt werden, bisher kein großes Interesse daran bekundet.

Die Revision des Urheberrechts

Im Zentrum der urheberrechtlichen Tätigkeit der GO steht und stand von Anfang an die Mitwirkung bei der Revision des Urheberrechtsgesetzes, welche schon mehr als drei Jahrzehnte anhält. Die lange Dauer hängt mit dem Umstand zusammen, daß infolge der rasanten Entwicklung der Vervielfältigungs- und Übermittlungstechnik ständig neue Nutzungsarten entstehen, die der gesetzlichen Regelung bedürfen. Das Ende der jetzigen Revisionsphase ist leider noch immer nicht abzusehen. Aber auch dann, wenn das aus dem Jahre 1922 stammende, in der teilrevidierten Fassung von 1955 in Kraft stehende Bundesgesetz endlich erneuert sein wird, werden nicht alle Probleme gelöst sein. Die Revision des Urheberrechts wird sich als ein Dauerprozeß erweisen, der der ständigen Aufmerksamkeit und Überwachung durch die Urheberverbände bedarf.

Das Urheberrecht ist das einem schöpferischen Menschen aus eigener geistiger Leistung erwachsende Eigentumsrecht an den Ergebnissen seiner Arbeit und deren Nutzung.[29]

Dies scheint eine klare, allgemein verständliche und akzeptierbare Definition zu sein. Aber in ihrer Auswirkung wird sie oft weder von den Urhebern noch von den Konsumenten verstanden. Die meisten Schriftsteller beginnen ihre Karriere nicht mit dem Studium des Urheberrechts, sondern mit dem Schreiben und Veröffentlichen eines Werks. Daß sie aber mit der Veröffentlichung bereits den wichtigsten urheberrechtlichen Akt vollzogen haben, wird ihnen, wenn überhaupt, zumeist erst nachträglich bewußt.

Ebensowenig wird sich der Käufer eines Buchs überlegen, daß sich der erworbene Gegenstand juristisch ganz wesentlich von irgend einem andern Produkt, einer Taschenlampe oder einem Brotmesser unterscheidet, und daß mit dem Kauf nicht nur ein Bündel geleimtes und bedrucktes Papier an ihn übergegangen ist, sondern auch ein gesetzlich definiertes Nutzungsrecht. Er darf das Buch zwar lesen, aber damit keine öffentliche Lesung veranstalten.

Er darf es seinem Freund ausleihen, aber nicht nachdrucken, um daraus einen Gewinn zu erzielen.

Der Urheber ist vergleichbar mit einem Hausbesitzer, der sein Haus selber gebaut hat, nicht um darin zu wohnen, sondern um es an andere zu vermieten. Wer ein Haus mietet, weiß, wie er sich zu benehmen hat. Er darf sich darin einrichten, darf Gäste beherbergen, aber er darf es niemals ohne Erlaubnis des Eigentümers verändern oder gar abreißen. Er ist sich dessen bewußt, daß er mit der Zahlung der Miete nicht Besitzer des Hauses wird. Sobald es jedoch um die Nutzung von Urheberrechten geht, scheint den meisten Leuten das entsprechende Bewußtsein zu fehlen. Sie verhalten sich so, als seien sie mit der Bezahlung der Benutzergebühr Eigentümer geworden und könnten darüber nach freiem Ermessen verfügen.

Dieser Irrtum hat drei Gründe. Zum einen unterscheiden die Leute bei einem Werk der Kunst oder der Literatur nicht oder nur ungenau zwischen dem Werkexemplar, also dem Zeichenträger, und dem «Werk» als der Gesamtheit der Zeichen, die auf dem Träger gespeichert ist. Der Käufer eines Buchs erwirbt nur ein Werkexemplar, nicht aber das Werk. Das Entgelt für die Werknutzung, aber nur für eine solche in einem engen privaten Rahmen, ist im Preis für das Werkexemplar inbegriffen. Es erscheint nicht als zusätzliches Preiselement, weshalb den meisten Leuten nicht bewußt ist, daß sie es bezahlt haben.

Zum andren entfällt diese Nutzungsgebühr bei all jenen Werken, die der Schutzfrist entwachsen sind, also praktisch beim größten Teil der Werke der Weltliteratur. Weil leider bei der Preisgestaltung dieser Unterschied nicht oder kaum gemacht wird, kann er dem Publikum auch nicht bewußt werden. Geschützte Werke sollten sich von den ungeschützten dadurch unterscheiden, daß sie einen um die Urheberrechtsgebühr erhöhten Preis aufweisen. Der Nachteil einer solchen Regelung bestände freilich darin, daß sie ihre Konkurrenzfähigkeit gegenüber den ungeschützten einbüßen würden.

Eine dritte Ursache für das mangelnde Unrechtsbewußtsein der Nutzer von Urheberrechten liegt bei den Urhebern selbst. Oft

199

sind es gerade die führenden Köpfe unter ihnen, welche gewisse Utopien über die Abschaffung des Privateigentums und über die Unentgeltlichkeit kultureller Leistungen verbreiten. Die große Zunahme der Raubdrucke während der 68er Jahre war kein Zufall, sondern entsprach durchaus der sozialistischen, das heißt eigentumsfeindlichen Ideologie der damaligen Generation. Die GO, die aus der 68er Bewegung hervorgegangen ist, leidet stärker an diesem Widerspruch zwischen politischer Utopie und gesellschaftlicher Realität als konventionelle Verbände.

Daß der Schutz des Privateigentums zu Auswüchsen führen kann, soll hier nicht bestritten werden. Aber die Urheber müßten sich der Tatsache bewußt werden, daß mit dessen Abschaffung sämtliche Ansprüche auf ein Entgelt der urheberrechtlichen Nutzung dahinfällt. Die Folge davon wäre, daß entweder der Staat oder private Mäzene für ihren Lebensunterhalt aufkommen müßten und sie damit ihre ökonomische Unabhängigkeit verlören.

In diesem Zusammenhang kann nicht oft genug betont werden, daß es sich bei den Urhebern um eine schwache, leicht verletzbare Minderheit handelt, die in besonderem Maße auf den Schutz des bürgerlichen Staates angewiesen ist. Die Vertretung urheberrechtlicher Postulate wird dem Verband nicht leichter gemacht, wenn seine Mitglieder in öffentlichen Erklärungen eine Gesellschaftsordnung herbeiwünschen, in der das private Eigentum abgeschafft ist. Ihm bleibt zur Durchsetzung seiner Forderung keine andere Grundlage als das bürgerliche Recht, das durch seinen ausgeprägten Schutz des Eigentums die Reichen gegenüber den Armen privilegiert. Aus dieser Problematik heraus ist es verständlich, wenn engagierte Autoren den bürgerlichen Rechtsstaat ablehnen. Konsequenterweise müßten sie aber auch auf den Schutz ihrer Urheberrechte verzichten. Wer zum Schutze seiner Werke den starken Arm des Staates beansprucht, muß auch den Schutz der übrigen Eigentumsrechte bejahen, sonst verwickelt er sich in einen unlösbaren Widerspruch.

Die Urheber sitzen mit den Besitzenden im selben Boot. Eine Gesellschaftsordnung, die das Privateigentum abgeschafft hat, kennt auch kein Urheberrecht. In ihr sind die kulturellen Leistungen tatsächlich gratis zu haben, und die Urheber werden zu Funktionären des Staates degradiert.

Im Gegensatz zu solchen Utopien besitzt der Urheber nach der Konzeption des bürgerlichen Rechts ein absolutes Verfügungsrecht über das von ihm geschaffene Werk. Jede Nutzung bedarf einer Erlaubnis, welche gegen Entgelt erteilt wird. Dies kann durch eine einmalige Vergütung, eine sogenannte Pauschale, oder durch eine fortgesetzte Beteiligung am Umsatz geschehen. Die letztere Vergütungsart ist gerechter und sollte überall, wo sie sich ohne allzu großen administrativen Aufwand verwirklichen läßt, angewendet werden.

Nach schweizerischem Recht, auch nach dem neusten Entwurf der Expertenkommission, kann der Urheber sein Eigentumsrecht auf andere Personen, also zum Beispiel auf einen Verleger, ein Theater, eine Sendeanstalt, eine Verwertungsgesellschaft etc. übertragen. In der BRD ist das Urheberrecht unübertragbar, es können nur sogenannte Nutzungsbefugnisse eingeräumt werden. Da die beiden Systeme im Ergebnis sehr ähnlich sind, erübrigt es sich, hier näher auf dieses Problem einzugehen.

Die moderne Vervielfältigungs- und Übermittlungstechnik erlaubt Werkverwendungen, die sich der Kontrolle des Urhebers oder seiner Rechtsvertreter entziehen. Als Beispiel kann das Fotokopieren, aber auch das Überspielen von Schallplatten auf Kassetten angeführt werden. Während früher nur der Buchdrucker mit seinen Maschinen imstande war, Werkexemplare in großer Zahl herzustellen, kann dies heute mittels eines Kopiergeräts jedermann tun. Wer aus Büchern oder andern Druckerzeugnissen kopiert, braucht diese nicht zu kaufen, wodurch deren Umsatz sinkt und sowohl der Urheber als auch der Verleger zu Schaden kommen.

Die Problematik der unkontrollierbaren Maßennutzung war in dem ersten, 1971 veröffentlichten Entwurf zum neuen Urheberrechtsgesetz nicht gelöst. Wie ich schon im Entstehungskapitel erwähnt habe, fehlte auch die Grundlage für die Einführung der Verleihgebühr. Die von einer zweiten Expertenkommission überarbeitete Fassung brachte auch nur eine halbherzige Lösung, so daß sich das zuständige Bundesamt gezwungen sah, zu einzelnen Teilaspekten des Gesetzesentwurfs verschiedene mündliche und schriftliche Vernehmlassungsverfahren durchzuführen, die sich über Jahre hinzogen. An allen beteiligten sich SSV und GO gemeinsam, wobei letztere nach dem Weggang von Beidler die Federführung übernahm. Der Grund für die Verzögerung der Revisionsarbeiten lag darin, daß es schwierig war, für das Kopieren und das Überspielen von Werken eine Lösung zu finden, die sowohl von Urheber- wie von Nutzerseite akzeptiert werden konnte. Inzwischen wurden von urhebernahen Kreisen weitere Begehren angemeldet: die Interpreten sowie die Hersteller von Software beanspruchten ebenfalls den staatlichen Schutz.

Der Entwurf, der 1984 endlich ans Parlament weitergeleitet werden konnte, löste bei den Nutzer-Organisationen heftige Kritik aus. Die Medien verstärkten die negative Reaktion. Offenbar stellt es ein untrügliches Zeichen für kritischen Journalismus dar, wenn alles, was von Bern kommt, bemängelt und zerzaust wird. So gerieten die Kommentatoren von Presse und Radio, obwohl doch selber Urheber, unversehens ins falsche Lager.

In der Absicht, der starken Opposition der Nutzer eine positive Beurteilung der bundesrätlichen Vorlage entgegenzusetzen, lud ich im Frühjahr 1985 den sogenannten «Fünferklub» – also die Verbände der Kunstschaffenden – sowie die beiden Verwertungsgesellschaften Suisa und Pro Litteris zu einer Konferenz nach Zürich ein. Es war das erstemal in der langen Revisionsgeschichte des Urheberrechts, daß sich die Vertreter der Urheber-Organisationen an einen Tisch setzten, um sich auf ein gemeinsames Vorgehen zu einigen. Erfreulicherweise zeigte das Gespräch, daß in allen grundsätzlichen Fragen Übereinstimmung herrschte.

Als Resultat dieser Zusammenkunft ergab sich ein gemeinsames Schreiben an die ständerätliche Kommission, welche inzwischen die Beratung des bundesrätlichen Entwurfs aufgenommen hatte. Dieses verfolgte das Ziel, dem Ständerat, der als Erstkammer in der Revision URG die Hauptrolle spielt, die positive Haltung der Urheber zum bundesrätlichen Entwurf zu erläutern.

Bevor die ständerätliche Kommission ihre Entscheide fällte, veranstaltete sie Hearings mit allen am Urheberrecht interessierten Kreisen. Die Meinungen waren so widersprüchlich, daß sie darauf dem Plenum beantragte, die Vorlage an den Bundesrat zurückzuweisen. Beide Kammern stimmten dem zu. Der Bundesrat erhielt den Auftrag zu prüfen, *wie der Schutz der Produzenten und der verschiedenen Nutzerkreise verbessert werden könnte. Vor allem sei ein differenzierter Leistungsschutz (Interpreten, Computerprogramme usw.) in die Vorlage einzubauen und die Kontrolle der Verwertungsgesellschaften zu verstärken.*[30]

Der Rückweisungsbeschluß ist eindeutig als Sieg der Nutzer und als Niederlage der Urheber zu werten. In dessen Ausführung setzte das zuständige Departement eine neue Expertenkommission ein. Es war die dritte seit Beginn der Revision.

Der Wandel in der Zusammensetzung dieser drei Kommissionen ist frappant. War die erste noch ein Gremium von Akademikern gewesen, so durften in der zweiten bereits vereinzelt Interessenvertreter Einsitz nehmen, während die dritte nur noch aus solchen bestand. In dieser Entwicklung äußert sich der zunehmende Einfluß der Verbände auf die Gesetzgebungsarbeiten des Bundes. Es geht heute nicht so sehr um objektive, akademisch lupenreine Lösungen als um solche, die den Interessenausgleich zwischen Urhebern und Nutzern gewährleisten.

Ich hatte den ehrenvollen Auftrag, in dieser Kommission die freischaffenden Urheber zu vertreten. In unzähligen ganztägigen Plenums- und Subkommissionssitzungen wurde der bundesrätliche Entwurf von A bis Z überarbeitet, und es wurden ihm, gemäß dem Auftrag des Parlaments, die Teile über den Schutz der Interpreten und den gänzlich anders gelagerten Schutz der Software beigefügt. Die Kommission schloß ihre Arbeit Ende 1987 ab. Das Resultat fiel besser aus, als wir es anfänglich befürchtet hatten. Die für die freischaffenden Schriftsteller wichtigen Errungenschaften der Einführung des Verleihrechts und der Gebühren für das

Fotokopieren urheberrechtlich geschützter Werke konnte in die neue Fassung hinübergerettet werden. Am meisten Konfliktstoff barg die Bestimmung über das Verhältnis zwischen angestellten Urhebern und ihren Arbeitgebern.

Die Arbeitgeberseite fordert hier die Legalzession, das heißt von Gesetzes wegen die Abtretung sämtlicher Rechte an Werken, die im Arbeitsverhältnis geschaffen werden. Die Autoren dagegen verlangen die Anerkennung der Grundsätze der Vertragsfreiheit und der Zweckübertragungstheorie. Diese besagt, daß die Urheberrechte nur soweit an den Arbeitgeber übergehen sollten, als es der mit diesem geschlossene Arbeitsvertrag erfordert. Ein Redakteur der SRG beispielsweise ist angestellt, um Sendungen zu produzieren. Sind diese Sendungen so gut, daß davon auch Bücher, Kassetten hergestellt werden, sollten diese Zweitverwertungsrechte nicht automatisch der SRG gehören. Da die GO von diesen Problemen nicht berührt wird – sie vertritt die Schriftsteller als Freischaffende und nicht als Angestellte –, möchte ich darauf nicht näher eintreten.

Unter dem Eindruck des Scheiterns des bundesrätlichen Entwurfs entschloß ich mich, den «Fünferklub», ergänzt durch die Organisationen der Journalisten und der SRG-Angestellten, zu einem gemeinsamen Vorgehen in der neu anbrechenden Revisionsphase zu bewegen. So entstand unter Mithilfe des Sekretärs des Verbands der Schweizer Journalisten, Charles S. Haenni, im Herbst 1985 eine lockere Vereinigung der wichtigsten Urheberorganisationen der Schweiz, die sich «Arbeitsgemeinschaft der Urheber» (AGU) nennt. Ob es ihr gelingen wird, die Interessen der Urheber gesamtschweizerisch besser zu koordinieren, als dies in der Vergangenheit geschehen ist, wird sich erst noch erweisen müssen.

Das Ringen
um einen einvernehmlichen Verlagsvertrag

Aus unserer Definition des Schriftstellers als eines «Bücherschreibers» ergibt sich, daß unter allen Werknutzern den Verlegern eine besondere Bedeutung zukommt und daß somit der Verlagsvertrag als das wichtigste urheberrechtliche Dokument betrachtet werden kann, das der Schriftsteller in seiner beruflichen Karriere zu unterzeichnen hat. Innerhalb der Tätigkeit eines Schriftstellerverbands sollte daher die Beschäftigung mit diesem Dokument den Vorrang vor allen andern Aktivitäten erhalten. Sie allein würde schon die Existenz des Verbands rechtfertigen. Die Erfahrung lehrt jedoch, daß diese Tätigkeit im Urteil der Mitglieder keinen hohen Stellenwert besitzt, sondern deutlich hinter dem gesellschafts- und kulturpolitischen Engagement plaziert wird.

Der Verlagsvertrag unterliegt keinen Formvorschriften. Wird keine spezielle Abmachung getroffen, so gelten die gesetzlichen Bestimmungen von OR Art. 380 ff. Aus einsichtigen Gründen erübrigt sich der Abschluß eines Verlagsvertrags dann, wenn der Autor sein Buch im Selbstverlag herausgibt. Dies kann in Ausnahmefällen sinnvoll sein. In der Regel ist jedoch der Autor bei der Produktion und Verbreitung seines Buchs dringend auf die Mithilfe eines Verlegers angewiesen. Zwischen ihm und dem Verleger entwickelt sich ein partnerschaftliches, auf Arbeitsteilung ausgerichtetes Verhältnis, was dem Autor die Konzentration auf sein Werk ermöglicht. Er liefert nur den «Rohstoff», nämlich sein Manuskript, und ist danach der Sorge enthoben, wie daraus ein marktgängiges Produkt hergestellt, wie es bekanntgemacht, an die unzähligen Verkaufsstellen vertrieben und wie das Inkasso besorgt werden soll.

Wie umfangreich das Tätigkeitsfeld eines modernen Verlags sein kann, haben wir im Kapitel «Vom Manuskript zum Buch» dargestellt. Ein Schriftsteller, der als sein eigener Verleger amtet, muß die verschiedensten Rollen in seiner eigenen Person vereinigen, was kein leichtes Unterfangen sein dürfte. Zudem muß er auf die literarische Beratung verzichten, die ihm durch das Lektorat eines Verlags zukommen kann. Er muß sich entweder mit einer winzigen Auflage begnügen, die er nur in seinem Bekanntenkreis verkauft, oder aber einen eigenen Vertriebsapparat aufbauen, was sich für ein einzelnes Buch nicht lohnt.

Der Verlagsvertrag regelt das arbeitsteilige Verhältnis der beiden Geschäftspartner «Autor» und «Verleger». Er legt fest, welche Einkünfte dem Autor für die Nutzung seines Werks zustehen. Wenn die wirtschaftliche Situation des Autors verbessert werden soll – nicht durch staatliche Almosen, sondern durch bessere Entschädigung der Leistungen, die er für die Konsumenten erbringt –, muß der Hebel beim Verlagsvertrag angesetzt werden. Ein Schriftstellerverband, der sich dieser grundsätzlichen Erkenntnis verschließt, wird seiner eigentlichen Aufgabe, nämlich der Wahrung der gemeinsamen Interessen, nicht gerecht. Umgekehrt sind der Verbandstätigkeit gerade in diesem zentralen Bereich enge Grenzen gesetzt. Es handelt sich um Grenzen, die in der Natur der Sache begründet liegen. Denn zwischen den einzelnen Autoren bestehen nicht nur gemeinsame, sondern auch gegensätzliche Interessen.

Gemeinsam ist das Interesse an einem höhern Honorarsatz, und entgegengesetzt ist das Interesse an einem höhern Absatz. Eine generelle Anhebung des Honorarsatzes führt dazu, daß der Absatz für gewisse Buchkategorien nicht mehr gesichert ist und diese unter Umständen nicht mehr veröffentlicht werden können. Jede Änderung am Verlagsvertrag muß daher in bezug auf eine mögliche unerwünschte Reaktion des Marktes überlegt werden. Wenn sich der Autor durch den Verlagsvertrag zu hohe materielle Ansprüche sichern will, ist sein Buch nicht mehr konkurrenzfähig. Da jedoch nicht jedes Buch auf dem Markt gleich gefragt ist – das eine findet reißenden Absatz, während das andere in den Gestellen liegen bleibt –, kann auch nicht jeder Autor dieselben vertraglichen Forderungen stellen.

Das Prinzip der Vertragsfreiheit, so sehr es auch mit Nachteilen behaftet ist, halte ich daher für richtig. Ein kollektives Vertragswerk zwischen Autoren und Verlegern könnte die großen ökonomischen Unterschiede, die auf beiden Seiten vorhanden sind, nicht genügend berücksichtigen. Daher hat sich die Verbandstätigkeit darauf zu beschränken, die Autoren bei ihrem Vertragsabschluß zu beraten und ihnen dort, wo die herrschenden, meist einseitig von den Verlagen diktierten Vertragsformulare unbefriedigend sind, autorengerechte Lösungen anzubieten. Wenn eine solche Beraterfunktion von den Autoren intensiv genutzt wird, kann sie durchaus einen positiven Einfluß auf das gesamte Vertragsgeschehen ausüben.

In diesem Zusammenhang möchte ich die wichtigsten Punkte des Verlagsvertrags kurz durchgehen. Wie schon erwähnt, sollte der Autor darauf achten, daß darin der Erscheinungstermin verbindlich festgelegt wird. Es gibt Verleger, vor allem in den mittlern und kleinern Kategorien, die mehr versprechen, als sie halten, das heißt finanziell verkraften können. Ein Verlag, der Erscheinungstermine von Büchern, deren Manuskripte längst abgeliefert sind, immer wieder hinauszögert, ist konkursverdächtig. In solchen Fällen ist es ratsam, das Werk so schnell wie möglich zurückzuziehen.

Mit dem Vertragsabschluß übernimmt der Verlag die Erfüllungspflicht. Ob er das Werk drucken will oder nicht, liegt nicht mehr in seinem Ermessen. Er ist dazu verpflichtet. Im Gegenzug überträgt ihm der Autor die Rechte, die zur Erfüllung dieser vertraglichen Pflichten notwendig sind. Beides, Verlagspflicht und Rechtsübertragung, bilden das Gerüst des Vertragstextes.

Abzulehnen ist eine Generalklausel für die Rechtsübertragung, die etwa den folgenden Wortlaut haben kann: «Der Autor überträgt dem Verlag alle Verlagsrechte auf die Dauer des urheberrechtlichen Schutzes.» Vielmehr sollten die einzelnen Rechte aufgezählt werden, damit sich der Autor über den Umfang der Rechtsübertragung ein klares Bild machen kann. Er hat dem Verleger zu gewährleisten, daß er die Rechte auch wirklich besitzt und nicht schon an Dritte abgetreten hat.

Die Idee, die Übertragung sollte sich auf eine Auflage beschränken, mag aus der Sicht des Autors, der sein Herrschaftsrecht möglichst schnell wieder an sich ziehen möchte, richtig sein. Aber sie berücksichtigt zu wenig die ökonomische Lage des Verlegers, für den das Geschäft erst dann lohnend wird, wenn er mehrere Auflagen produzieren kann. Daher werden die meisten Verlage *das ausschließliche Recht der Vervielfältigung und Verbreitung für alle Auflagen, und zwar auf die Dauer des urheberrechtlichen Schutzes,* beanspruchen.

Immer wieder gibt es Lektoren – aber auch Verleger, welche die Rolle des Lektors übernehmen –, die den Text des geplanten Buches nicht nur verbessern, wie es ihre Aufgabe wäre, sondern ihn soweit verändern, daß der Autor seinen eigenen Stil nicht wiedererkennt oder daß der Gehalt des Werks in sein Gegenteil verkehrt wird. Daher muß sich der Autor vertraglich die Garantie zusichern lassen, daß nur eine von ihm autorisierte Fassung in den Druck geht. Auch bezüglich des Titels sollte der Autor das letzte Wort behalten.

Für manche Autoren ist der Honorarsatz der einzige Punkt der ganzen Vereinbarung, der sie interessiert. Sie blicken wie gebannt auf diese magische Zahl und machen sie zum Maßstab für die Richtigkeit ihrer Verlagswahl. Ohne dessen Bedeutung herabspielen zu wollen, möchte ich doch betonen, daß die Gesamtheit der Bedingungen für die Qualität eines Vertrags maßgebend ist und nicht ein einzelner Paragraph. Auch wird die Höhe der Einkünfte nicht nur vom Honorarsatz, sondern auch vom Verteilschlüssel der Nebenrechtseinnahmen beeinflußt.

Bei belletristischen Werken wird das Honorar üblicherweise als Prozentsatz des Ladenpreises festgelegt. Dieser liegt durchschnittlich bei 10 %. Bei Taschenbüchern ist er tiefer, bei Hardcover-Ausgaben renommierter Autoren kann er bis auf 16 % klettern. Zu empfehlen ist ein progressiver Satz je nach Zahl der verkauften Exemplare. Ich halte die prozentuale Beteiligung am Verkaufserlös grundsätzlich für richtig. In ihr spiegelt sich das partnerschaftliche Verhältnis zwischen dem Autor und dem Verleger wider. Verkaufsunabhängige Abgeltungen urheberrechtlicher Leistungen scheinen mir nur in Ausnahmefällen gerechtfertigt zu sein.

Da es sich beim Ladenpreis um eine bekannte Größe handelt, läßt sich das Verdienst des Autors an einem bestimmten Buch jederzeit ausrechnen, sofern die Zahl der abgesetzten Exemplare bekannt ist. Wie wir in einem frühern Kapitel gesehen haben, liegt es in den für die Schweiz durchschnittlichen Auflagen etwa bei einem Monatsgehalt eines Lehrers oder Beamten.

Bei bestimmten Kategorien, etwa den Kriminalromanen, kann der Erlös aus den Nebenrechten denjenigen aus dem Buchverkauf übersteigen. Daher kommt dem entsprechenden Verteilschlüssel eine ebenso große Bedeutung zu wie dem Honorarsatz. Unter den Nebenrechten verstehen wir das Abdrucksrecht in Zeitungen, das Übersetzungsrecht, das Taschenbuchrecht, das Senderecht, das Bearbeitungsrecht für Filme und Theaterstücke etc. Der Anteil des Autors an den Nettoeinnahmen aus dem Erlös dieser Lizenzvergabe schwankt normalerweise zwischen 50 und 70 Prozent, je nach Art des Nebenrechts. Oft werden «buchnahe» und «buchferne» unterschieden, oder es wird das Kriterium angewandt, ob der Autor die Nutzung vermittelt habe oder der Verlag.

Über den Ladenpreis, die Ausstattung (Hardcover oder Paperback), die graphische Gestaltung des Buchs entscheidet in der Regel der Verleger. Diese Punkte sind daher kein Gegenstand des Verlagsvertrags. Selbstverständlich wird der Autor diesbezüglich seine Wünsche anbringen können, aber er sollte dem Verleger, welcher die Marktsituation besser beurteilen kann, das letzte Wort lassen. Wenn es aus ökonomischen Gründen tragbar ist, sollte die erste Ausgabe eines Buches in der Hardcover-Version erscheinen, und die Taschenbuch-Ausgabe sollte erst mit einer zeitlichen Verzögerung von mindestens fünf Jahren folgen, sofern sich eine solche überhaupt rechtfertigt.

Eine Vertragsbestimmung, die von den Autoren häufig unterschätzt wird, ist die Kündigungsklausel. Ihre Bedeutung geht aus der einfachen Überlegung hervor, daß ein schlechter Vertrag für den Urheber nur halb so schlimm ist, wenn er wenigstens gekündigt werden kann. Wie wir gesehen haben, wird der Verlagsvertrag zumeist für die Dauer des urheberrechtlichen Schutzes abgeschlossen, das heißt fünfzig Jahre über den Tod des Urhebers hinaus. In extremen Fällen kann also die Vertragsdauer ein volles Jahrhundert betragen. Dies ist eine Zeitspanne, in der sich manches ändern, der Verlag den Besitzer, das Gesicht wechseln kann und das Buch in eine völlig fremde literarische oder ideologische Umgebung gerät.

Andere Verträge, bespielsweise in der Versicherungsbranche, pflegen nach zehn Jahren abzulaufen. Praktisch gibt es freilich nur wenig Bücher, die während einer so langen Zeitdauer genutzt, das heißt immer wieder aufgelegt werden. Von einem solchen Erfolg träumen die meisten Autoren umsonst. Wenn aber ein Werk wegen mangelnder literarischer Bedeutung nicht mehr genutzt wird, so verliert auch der Verlagsvertrag seine Wirkung. Trotzdem sollte sich der Autor bei jedem Vertragsabschluß die Möglichkeit der extrem langen Gültigkeitsdauer vor Augen halten und sich mit dem Vertragstext gründlich auseinandersetzen, bevor er ihn unterschreibt.

Die Autoren pflegen zuweilen aus dieser unbefriedigenden Situation den Schluß zu ziehen, die Schutzdauer sollte verkürzt werden. Das nennt man «das Kind mit dem Bade ausschütten». Nicht die Verkürzung, sondern die Verlängerung der Schutzdauer liegt im Interesse der Autoren. Ein Werk, das länger geschützt wird, ist als Verhandlungsgegenstand mehr wert. Also profitieren auch die Autoren von einer langen Schutzdauer und nicht erst die Erben, wie fälschlicherweise immer wieder angenommen wird.

Grundsätzlich gelten für den Verlagsvertrag die im OR genannten allgemeinen Kündigungs- und Rücktrittsbestimmungen. Darüber hinaus sollte im Text erwähnt werden, daß der Autor – ohne daß sein Honoraranspruch erlischt – vom Vertrag zurücktreten kann, wenn ihm der Verlag keine Abrechnung vorlegt und die Honorare unbegründet schuldig bleibt. Ist das Werk vergriffen oder wird es nicht mehr angeboten, (das heißt: nicht mehr in den Katalogen erwähnt) und nicht mehr ausgeliefert, sollte der Autor seine Rechte ebenfalls zurückrufen können. Gerade in bezug auf die Nebenrechte, vor allem auf das Bearbeitungsrecht, können unliebsame Konflikte entstehen, wenn der Rückfall nicht klar geregelt ist.

Die übliche Kündigungsklausel beruht auf dem an sich vernünftigen Grundsatz, daß das Geschäft so lange weiter gehen soll, als es gut läuft. Als Folge davon wird dem Autor die Kündigung nur dann ermöglicht, wenn die Nachfrage nach seinem Buch erloschen ist. Erfolgreiche Autoren sind deshalb länger an den Verlag gekettet als erfolglose. Es ist dies der Preis, den der Autor für seinen Erfolg zahlen muß.

Eine ernsthafte Sorge des Autors drückt sich in der Furcht vor dem Verkauf «seines» Verlags an ein ihm mißliebiges Großunternehmen aus. Wenn wie üblich die Rechtsübertragung für «alle Auflagen und Ausgaben auf die Dauer des urheberrechtlichen Schutzes» erfolgt, bindet sie die Rechtsnachfolger beider Parteien auch dann, wenn dies nicht ausdrücklich erwähnt ist. Wird der Verlag verkauft, gehen die Autorenrechte an den neuen Besitzer über und können beim Verkaufspreis als Aktivum in Rechnung gestellt werden.

Natürlich lassen sich individuelle Vereinbarungen treffen, die dies verhindern. Die Frage ist nur, ob sich der Verleger damit einverstanden erklären wird. Er will den Wert seines Unternehmens genau so in die Waagschale werfen können wie der Autor sein literarisches Prestige, und dieser Wert besteht gerade nicht aus Schreibmaschinen und Büromöbeln, sondern aus unkündbaren Lizenzen marktgängiger Autoren. Es wäre wenig realistisch, vom Verleger ein anderes Geschäftsgebaren zu erwarten, als wir es dem Autor zubilligen.

Die GO wurde auf dem Gebiet des Verlagsvertrags erst relativ spät aktiv. Ich war mir der Komplexität dieser Aufgabe bewußt und verspürte wenig Neigung, mich auf eine Tätigkeit einzulassen, die von Anfang an nur wenig Aussicht auf Erfolg verhieß. Als dann von verschiedenen Mitgliedern der Wunsch nach einem Vertragsmuster an mich herangetragen wurde, nahm ich im Sommer 1977 mit dem Kollegen Böni vom SSV Kontakt auf und schlug ihm die Bildung einer Arbeitsgruppe vor, in welcher unsere beiden Verbände sowie der Schweizerische Buchhändler- und Verlegerverband (SBVV) vertreten sein sollten und welche den Auftrag erhielt, ein solches Vertragsmuster zu entwerfen. Ich war mir bewußt, daß dieses für beide Seiten nicht bindenden, sondern nur empfehlenden Charakter haben konnte. Durch die gemeinsame Tätigkeit im Vorstand der Pro Litteris bestanden gute Kontakte zum SBVV, so daß dieser unserem Anliegen grundsätzlich zustimmte.

Die erste Sitzung der Arbeitsgruppe «Verlagsvertrag» kam jedoch erst ein Jahr später zustande. Nachfolgend fanden mit großen zeitlichen Unterbrüchen noch verschiedene Zusammenkünfte statt, an denen der SBVV mit wechselnder Zusammensetzung vertreten war, während bei den Schriftstellerverbänden durch die Teilnahme der beiden Sekretäre die Kontinuität gewahrt wurde.

Ein entscheidendes Ereignis in diesem Arbeitsprozeß war unsere Bekanntschaft mit dem Normvertrag, den der Verband deutscher Schriftsteller (VS) mit dem Börsenverein des Deutschen Buchhandels abgeschlossen hat. Ohne Neid mußten wir zugeben, daß unsere Kollegen vom VS ihre Verhandlungen mit den Verlegern zielstrebiger geführt hatten als wir. Aber es handelte sich bei diesem Vertragsmuster auch nur um eine Empfehlung, jedoch verpflichteten sich die beiden Parteien in einem Rahmenvertrag, darauf hinzuwirken, daß «ihre Mitglieder nicht ohne triftigen Grund zu Lasten des Autors von diesem Normvertrag abweichen.»[31]

Böni und ich schlugen dem SBVV vor, diesen Text als Diskussionsgrundlage zu benutzen, nicht nur um uns die Mühe zu ersparen, eine eigene ausgereifte Fassung zu erarbeiten, sondern auch wegen der wirtschaftlichen Abhängigkeit unserer Mitglieder von den Verlagsverhältnissen in der BRD. Es ist eine Tatsache, daß eine ansehnliche Zahl von Schweizer Autoren bei renommierten deutschen Verlagshäusern beheimatet ist, was den Betreffenden nicht nur einen Prestigegewinn bringt, sondern ihnen auch den Markt der Bundesrepublik erschließt. Als Nachteil wirkt sich aus, daß wegen des überbewerteten Frankens für den Absatz in der Schweiz Währungsverluste in Kauf genommen werden müssen.

Im Gegensatz zum VS gelang es uns nicht, das gesteckte Ziel zu erreichen und uns mit dem SBVV auf ein gemeinsames Vertragsmuster zu einigen. Die Differenzen waren zwar nicht gravierend, aber wir zogen es vor, unsern Mitgliedern ein Vertragsmuster anzubieten, das den Autorenstandpunkt unmißverständlich zum Ausdruck brachte. Da eine kollektive Lösung ohnehin nicht geplant war, schien es uns wenig sinnvoll, Kompromisse einzugehen. Die Gespräche mit dem SBVV können trotzdem nicht als nutzlos betrachtet werden, da sie mir viele Erfahrungen brachten, die ich bei meiner Beratertätigkeit verwerten konnte.

Ein wesentlicher Unterschied unseres Vertragsmusters zum VS-Normvertrag besteht darin, daß sich dieses auf «fertige, angebotene Werke belletristischer Art» beschränkt und somit den Fall abdeckt, der für unsere Mitglieder am häufigsten ist. Auch geht es von der Voraussetzung aus, daß der Autor Mitglied der Pro Litteris sei und dieser das Senderecht sowie andere davon abgeleitete Rechte bereits abgetreten habe. Denn es ist üblich, daß der Autor der Verwertungsgesellschaft nicht nur die Rechte an den geschaffenen, sondern auch an den noch zu schaffenden Werken abtritt. Daher ist der Katalog der Nebenrechte kürzer als im VS-Normvertrag. Auch die übrigen Punkte sind, soweit sinnvoll, gestrafft worden, und einige nebensächliche Bestimmungen wurden in den Begleittext verlegt, damit die Verständlichkeit für den Autor, der in den meisten Fällen ein urheberrechtlicher Laie ist, verbessert werden konnte.

Der VS-Normvertrag enthält eine Klausel, wonach der Verlag verpflichtet ist, dem Autor anzuzeigen, «wenn sich in seinen Eigentums- oder Beteiligungsverhältnissen eine wesentliche Veränderung ergibt». In diesem Fall kann der Autor von Optionen oder von Verträgen über noch nicht hergestellte Werke zurücktreten. Da wir unsern Autoren grundsätzlich davon abraten, dem Verlag Optionen auf künftige Werke abzutreten, konnten wir auf die Aufnahme einer entsprechenden Formel verzichten. Eine weitergehende Absicherung des Autors bei unerwünschtem Besitzerwechsel ist auch dem VS nicht gelungen.

Nebst dem Verlagsvertrag hat die GO auch ein Vertragsmuster für den Aufführungsvertrag ausgearbeitet, das heißt für denjenigen Vertrag, den der Dramatiker mit der Bühne abschließt, die sein Stück zur Aufführung bringt. Ich möchte hier auf dessen Probleme nicht näher eintreten. Oft übertragen die Dramatiker ihre Aufführungsrechte einem Bühnenverlag, der an ihrer Stelle mit den Bühnen verhandelt. Diese Art der Rechtsabtretung wird im Bühnenverlagsvertrag geregelt. Bis jetzt ist von den Mitgliedern der GO kein Bedürfnis nach einem Muster dieses Vertragstyps angemeldet worden.

Die Schriftstellerverbände als Vertragspartner der SRG

Eine wesentlich andere Situation als beim Verlagsvertrag treffen wir auf dem Gebiet des Senderechts an. Als die GO gegründet wurde, besaß die SRG ein absolutes Monopol als Sendeanstalt für Radio und Fernsehen. Seither sind ihr im lokalen Bereich Konkurrenten erwachsen, die jedoch infolge ihrer einseitigen Abhängigkeit von den Werbeeinnahmen kulturelle Sendungen entweder nicht ausstrahlen oder nicht bezahlen können. Im überregionalen und nationalen Bereich bleibt das Monopol der SRG unangetastet. Somit ist auch heute für Radio- und Fernsehsendungen praktisch nur ein Vertragspartner vorhanden, während wir es bei den Verlagen mit einer Vielheit von Kontrahenten zu tun haben. Daraus ergibt sich beim Senderecht die Notwendigkeit zum Abschluß von Kollektivverträgen. Denn anders als im Bereich des Buches kann der einzelne Autor, der mit den angebotenen Bedingungen der SRG unzufrieden ist, nicht zur Konkurrenz abwandern.

Die Anregung, daß mit der SRG Tarifverträge abgeschlossen werden sollten, hörte ich erstmals an der schon erwähnten Zusammenkunft von Gewerkschafts- und Medienvertretern im Juli 1971. Ich war fest entschlossen, etwas in dieser Richtung zu unternehmen. Ein Gespräch mit meinem Kollegen Vollenweider ergab, daß der SSV schon gewisse Vorabklärungen getroffen hatte. Aufgeschreckt durch den Austritt der Zweiundzwanzig hatte Beidler im Herbst 1970 die SRG um Auskunft über die bestehende Tarifsituation gebeten. Wie die Antwort zeigte, war die Lage für die Autoren wenig erfreulich. Zwar bestanden Tarifverträge mit drei ausländischen Verwertungsgesellschaften und mit dem Schweizerischen Bühnenverleger-Verband, aber die Honorare der Deutschschweizer Schriftsteller waren davon nicht erfaßt und wurden von der SRG einseitig und nach dem Gutdünken der einzelnen Redakteure festgelegt. Im Durchschnitt waren sie viel zu niedrig. Dieser bedauerliche Zustand war das Resultat der jahrelangen Inaktivität des alten SSV.

Beide Verbände stellten vorerst getrennt einen Forderungs-katalog für die Verhandlungen mit der SRG auf. Im November 1971 wurden diese Aktivitäten zusammengelegt und ein gemeinsames Vorgehen vereinbart, was von beiden Seiten bis auf den heutigen Tag eingehalten worden ist. Die ersten Kontakte mit der SRG fanden im folgenden Frühling statt. Bald danach wurde der Schweizerische Bühnenverleger-Verband in die Verhandlungen mit einbezogen. In einer ersten Phase ging es darum, einen Vertrag über wortdramatische Werke am Radio, also über Hörspiele, auszuhandeln. Dieser konnte im Sommer 1973 abgeschlossen werden. Ein Jahr später folgte der Vertrag über wortdramatische Werke am Fernsehen. Beide wurden später erneuert und waren bis 1979 gültig. Die SRG zeigte unter dem damaligen Leiter des Rechtsdienstes klar ihre Bereitschaft, mit den beiden Schriftsteller-Verbänden ein vertragliches Verhältnis aufzubauen. Der Abschluß eines Vertrags über nichtdramatische Literatur wurde uns in Aussicht gestellt. Dieser kam jedoch nie zustande. Auch wurden die Verträge über die wortdramatischen Werke später nicht erneuert. Auf die Gründe werde ich nachher zu sprechen kommen.

Das Vertragswerk aus den Jahren 1973 und 74 regelt den Rechtserwerb und die Honorare an wortdramatischen Auftrags-und Angebotswerken. Da die Verbände nicht Inhaber der Sende-rechte ihrer Mitglieder sind, machte es den individuellen Sendever-trag nicht überflüssig. Es verpflichtet jedoch die SRG, in den individuellen Verträgen die vereinbarten Bedingungen einzuhalten. Diese erwirbt die Rechte nur für ihre eigenen Sender, kann sie also nicht an ausländische Anstalten weitergeben. Diese Einschränkung wird sich später als strittiger Punkt erweisen. Die SRG darf die Werke ohne besondere Erlaubnis des Autors auch nicht bearbeiten, sondern nur an die spezifischen Bedürfnisse von Radio und Fernsehen anpassen. Sie erhält jedoch das Übersetzungsrecht, was in einem dreisprachigen Land unerläßlich ist. Auch sichert sie sich für eine bestimmte Dauer die Exklusivität am betreffenden Werk.

Die Tarifstruktur unterscheidet zwischen Exposé-Honorar, Sendegebühr, Auftrags-Honorar und Zuschlag für die Erstsendung. Die Regelung der Sendegebühr warf gewisse Probleme auf. Einmal war zu entscheiden, ob eine Differenzierung nach den drei Sprachregionen stattfinden sollte, wie sie in den Verträgen der SRG mit den bisherigen Partnern üblich war. Der Entscheid fiel zugunsten eines Einheitstarifs aus. Diese Lösung ist später auch in den Tarifverträgen der Pro Litteris übernommen worden. Ich halte sie für problematisch. Zwar sprechen kulturelle Gründe für die Gleichbehandlung der deutschen, französischen und italienischen Sprachregionen. Die Autoren der sprachlichen Minderheiten sollten nicht schlechter gestellt sein als diejenigen der deutschen Schweiz. Dem steht jedoch die ökonomische Tatsache gegenüber, daß die Sender der Suisse romande und der Svizzera italiana wesentlich geringere Einnahmen haben als die DRS-Stationen. Gleichhohe Autorenhonorare belasten daher ihr Budget prozentual viel höher. Es ist zudem ein wichtiger urheberrechtlicher Grundsatz, daß sich die Einnahmen des Autors proportional zu den Einnahmen des Nutzers verhalten. Daher schuldet ein großes Theater dem Autor ein höheres Honorar als ein kleines. Dieses Prinzip wäre auch beim Senderecht anzuwenden.

Ein weiteres Argument, das für eine Differenzierung spricht, sehe ich in der Tatsache, daß sich in einem kleinern Sendegebiet weniger Autoren in den Kuchen teilen müssen. Wenn dort der Sendetarif niedriger ist, sind die Einkünfte des einzelnen Autors trotzdem nicht kleiner, weil ihm mehr Sendeminuten zur Verfügung stehen.

Eine andere Frage war die, ob die Sendegebühr nach qualitativen Kriterien zu differenzieren sei. Auch hier wurde auf eine Abstufung verzichtet, was ich für richtig halte. Gewiß bestehen bei den einzelnen Hör- und Fernsehspielen große qualitative Unterschiede. Aber die Qualität sollte, wenn überhaupt, nicht bei der Sendegebühr, sondern bei den Auftragshonoraren berücksichtigt werden, weshalb sich diese innerhalb einer gewissen Bandbreite bewegen müssen.

Es versteht sich von selbst, daß solche Tarifverträge eine nivellierende Wirkung ausüben. Der einzelne renommierte Autor könnte durch geschicktes Verhandeln bessere Honorare erzielen, während der unbekannte von der Verbandsvereinbarung profitiert. An diesem Beispiel läßt sich deutlich demonstrieren, wie sich die Aktivität des Verbands zu Gunsten der Schwachen und zu Ungunsten der Starken auswirkt.

Mit der Gründung der Pro Litteris im Jahr 1974 änderte sich die vertragliche Situation im Bereich des Senderechts grundlegend. Zwar hatten vor diesem Zeitpunkt im Welschland und im Tessin bereits drei ausländische Verwertungsgesellschaften die Rechte der Autoren wahrgenommen, aber in der deutschen Schweiz hatte diesbezüglich eine große Lücke geklafft. Nun war diese geschlossen worden.

Eine Verwertungsgesellschaft besitzt gegenüber der SRG die stärkere Verhandlungsposition als ein Berufsverband. Sie vertritt Rechte, während der Verband nur Personen vertritt. Für die Sendeanstalt ist die Verwertungsgesellschaft ebenfalls der attraktivere Vertragspartner, weil diese ein Repertoire anzubieten hat und ihr die administrativen Arbeiten auf dem Gebiet der Rechtseinräumung und der Honorarzuweisung abnehmen kann. Die Verbände traten deshalb bewußt die Verhandlungen über die Sendegebühr der Pro Litteris ab, obschon sie dadurch einen Terrainverlust in Kauf nehmen mußten.

Da zwischen dem Direktor der Suisa und der Pro Litteris eine Personalunion bestand, ergab sich zwei Jahre nach deren Gründung die Möglichkeit, das damals noch recht schwache Repertoire der Pro Litteris in den Tarif A der Suisa einzubeziehen. Dieses bei den musikalischen Werken übliche Tarifmodell zeichnet sich dadurch aus, daß die Verwertungsgesellschaften der SRG die Sendeerlaubnis für ihr ganzes Repertoire gegen Bezahlung einer Pauschale erteilen, die in Prozenten der Einnahmen aus den Konzessionsgebühren errechnet wird.

Die beiden Schriftstellerverbände sowie die Buchverleger befürworteten diese großzügige Lösung, während sich die Bühnenverleger dagegen stemmten. Ihre Haltung muß aus ihrer besondern Situation verstanden werden. Anders als der Buchverlag ist

218

der Bühnenverlag kein Produzent einer bestimmten Ware, sondern eine bloße Agentur. Seine materielle Existenz beruht darauf, daß er im Subverlag einen Teil des Weltrepertoires im wort- und musikdramatischen Bereich vertritt. Eine Verwertungsgesellschaft könnte diese Funktion fast vollwertig übernehmen, wie dies in Frankreich der Fall ist. Daher fürchteten die Bühnenverleger um ihre Existenz und wollten das Senderecht an den von ihnen vertretenen Werken nicht dem Tarif A unterstellen, sondern mit der SRG weiterhin eigene Verträge aushandeln.

Dieser kurze Einschub war nötig, um die nachfolgende Entwicklung im Verhältnis der beiden Schriftstellerverbände als Vertragspartner der SRG zu verstehen. Die vorgesehenen Verhandlungen über einen Sendetarif für literarische Werke war durch den am 1.Januar 1977 in Kraft getretenen Tarif A überflüssig geworden. Das Veto der Bühnenverleger schuf auf dem Gebiet der Wortdramatik eine unbefriedigende Situation. Die beiden Schriftstellerverbände zogen sich nach 1979 als Vertragspartner aus den Verträgen über wortdramatische Werke zurück, weil sie die Auffassung vertraten, die Pro Litteris hätte an ihrer Stelle über die Sendegebühr zu verhandeln. Zudem hatte die SRG inzwischen ein neues Vertragsmuster für den individuellen Autorenvertrag in Kraft gesetzt, das einige problematische Bestimmungen, vor allem hinsichtlich der Auslandsverwertung der von ihr produzierten Sendungen, enthielt. Sie forderte, daß dieses einseitig erlassene Dokument zum integrierenden Bestandteil eines neuen Rahmenvertrags gemacht werde, was wir nicht akzeptieren konnten.

Im Prinzip galten in den ersten Jahren nach dem Scheitern dieser Verhandlungen noch die alten Verträge, obschon sie abgelaufen waren. Heute ist dies nicht mehr der Fall. Der vertragslose Zustand wirkt sich zum Nachteil der Autoren aus. Diese wissen nicht mehr, woran sie sich halten sollen. Inzwischen ist auch der Tarif A aus dem Jahre 77 abgelaufen, und in zweijährigen Verhandlungen hat die Pro Litteris mit der SRG einen neuen Tarifvertrag abgeschlossen, der endlich auch die Senderechte an wortdramatischen Werken mit einbezieht. Damit ist eine klare Situation geschaffen worden, die als Grundlage eines neuen Rahmenvertrags dienen könnte, den die SRG mit den Schriftstellerverbänden über all jene Punkte abschließen müßte, die im Tarifvertrag der Pro Litteris nicht abgedeckt sind. Ich meine damit die Auftragsmodalitäten, die Regelung der Exklusiv- und Abdrucksrechte sowie die Exposé- und Recherchierhonorare.

Trotz des seit bald zehn Jahren anhaltenden vertragslosen Zustands haben die beiden Verbände den Kontakt mit der SRG aufrechterhalten. Es fanden regelmäßig Kontaktgespräche mit den Leitern der Honorarabteilungen von Radio und Fernsehen statt, die den Zweck hatten, vereinzelte Unstimmigkeiten, die beim Abschluß der individuellen Verträge aufgetaucht waren, zu bereinigen und die Verbände über den von der SRG festgesetzten Honorarrahmen zu informieren. Es muß anerkannt werden, daß die SRG ihre Dialogbereitschaft immer wieder unter Beweis gestellt hat. Diese Tatsache sollte jedoch die Verbände nicht am Bestreben hindern, wieder Vertrags- und nicht nur Gesprächspartner der SRG zu werden.

Die Zusammenarbeit mit der Pro Litteris

Im Kapitel «Erste Aktivitäten und Pannen» habe ich über das Scheitern des ersten Gründungsversuchs der Pro Litteris berichtet. Ich war damals gegen die Gründung einer Verwertungsgesellschaft an literarischen Werken, da ich, nicht anders als die meisten meiner Kollegen, deren Zweck und deren Vorteile für die Autoren falsch einschätzte. Erst nachdem ich mich eingehender mit den Problemen der kollektiven Verwertung beschäftigt hatte, ließ ich meine Vorurteile fallen und wurde von einem Saulus zum Paulus.

Die kollektive Verwertung des Senderechts ist bei den musikalischen Werken schon seit Jahrzehnten üblich. Die Suisa läßt sich von den Komponisten aller Musikgattungen, einschließlich der Jazz-, Rock-, Schlager- und Volksmusik die Rechte übertragen und verbindet sich durch Gegenseitigkeitsverträge mit den Verwertungsgesellschaften der andern Länder, so daß sie der SRG die Sendeerlaubnis für das Weltrepertoire anbieten kann. Ohne diese generelle Sendeerlaubnis müßte die SRG individuelle Sendeverträge abschließen mit den Komponisten all der unzähligen Musikstücke, welche uns Radio und Fernsehen tagtäglich in die Ohren träufeln. Wie schon erwähnt, zahlt die SRG der Suisa gemäß Tarif A eine Pauschalentschädigung, die in Prozenten der Konzessionsgebühr berechnet wird. Sie übernimmt die Verpflichtung, die von ihr gesendeten Werke mit Angabe der jeweiligen Zeitdauer zu melden.

Die Suisa ihrerseits zieht von dieser Pauschalentschädigung vorerst ihre Verwaltungskosten ab, dann leitet sie zehn Prozent der verbleibenden Summe in ihren Alters- und Kulturfonds. Den Rest verteilt sie nach Maßgabe der gesendeten Minuten unter ihre Mitglieder bzw. diejenigen der ausländischen Schwestergesellschaften, wobei sie eine bestimmte Skala anwendet, die dazu führt, daß die ernste Musik gegenüber der Unterhaltungsmusik höher bewertet wird. Es findet also eine Subvention der «höhern» durch die «tiefere» Kultur statt. In der Gestaltung ihrer Tarife ist die Suisa autonom.

Wie weit lassen sich nun die Verhältnisse bei den musikalischen Werken auf die Sendung von Wortwerken übertragen?– Das Musikprogramm des Radios setzt sich aus zahlreichen Einzelstücken von Komponisten zusammen, die in der Regel im Ausland leben und die der Sendeleitung nicht bekannt sind. Die Suisa mit ihren internationalen Verflechtungen nimmt ihr die Mühe ab, das Sendehonorar an die richtige Adresse weiterzuleiten. Dagegen enthält das Wortprogramm vergleichsweise wenig Beiträge von externen Mitarbeitern, die zudem normalerweise in der Schweiz wohnen und die mit den Redakteuren durch persönliche Beziehungen verbunden sind. Von daher ist es weniger dringlich als beim musikalischen Programm, eine Verwertungsgesellschaft einzuschalten. Bis zum Inkrafttreten des Tarifs A im Jahr 1977 haben die Autoren in der Region DRS denn auch individuelle Sendeverträge abgeschlossen und deren Einhaltung, soweit dies möglich war, selber kontrolliert.

Gemäß dem Grundsatz, daß der Urheber nicht mehr Rechte abtreten sollte als nötig, verfochten wir nach dem Scheitern der ersten Gründungsversammlung der Pro Litteris die Idee einer Verwertungsgesellschaft, welche vorerst nur das Recht des öffentlichen Sendeempfangs verwalten sollte. Was dieses beinhaltet, soll im folgenden kurz erklärt werden. Der Konsument erhält durch die Bezahlung der Konzessionsgebühr für den Empfang von Radio- und Fernsehsendungen nur die Erlaubnis, diese im privaten Bereich zu nutzen. Sobald er seinen Apparat öffentlich aufstellt, etwa in einem Restaurant oder Verkaufsgeschäft, muß eine zusätzliche Urhebergebühr bezahlt werden. Es handelt sich um ein Recht, das nur kollektiv wahrgenommen werden kann. Der entsprechende Tarif war bis 1974 von der Suisa mit den Nutzerverbänden (Wirte, Hoteliers etc.) nur für ihr Repertoire ausgehandelt worden. Die Wortautoren waren leer ausgegangen. Wir beabsichtigten also, eine Verwertungsgesellschaft zu gründen, damit die Wortautoren an diesen Einkünften beteiligt werden konnten. Später sollte die Pro Litteris auch das Weitersenderecht durch Kabel wahrnehmen, sobald juristisch der Weg zu dessen Nutzung geebnet sein würde.

Die Suisa jedoch lehnte eine solche Schmalspur-Verwertungsgesellschaft ab und beharrte auf dem Konzept, das sie in Zürichhorn vorgelegt hatte. Sie machte geltend, ohne den Einbezug des Senderechts wäre die finanzielle Basis zu schmal. Zudem sei eine gerechte Verteilung der Gebühren aus dem öffentlichen Sendeempfang nur aufgrund von Sendemeldungen der SRG möglich. Zu diesen aber konnte die SRG nur dann verpflichtet werden, wenn die Pro Litteris ihr das Senderecht anbot.

Nach einigem Zögern schlossen sich die beiden Schriftstellerverbände und die Buchverleger dieser Argumentation an, während die Bühnenverleger aus den schon genannten Gründen das Senderecht nicht aus der Hand geben wollten. So kam es 1974 gleichzeitig zur Gründung von zwei Verwertungsgesellschaften, einer Pro Litteris mit Einschluß und einer Teledrama mit vorläufigem Ausschluß des Senderechts. Beide standen unter der Leitung der Suisa und arbeiteten eng zusammen, hatten jedoch eigene Vorstände. Beide waren nach dem Vorbild der Suisa als Genossenschaften im Sinne von OR Art. 828 ff. organisiert. Ohne die tatkräftige Unterstützung der Suisa-Leitung, ohne deren Wissen und Erfahrungsschatz hätten sie sich niemals so rasch zu gut funktionierenden Verwaltungsapparaten entwickeln können.

Über die Verwertungsgesellschaften werden sowohl von Autoren als auch von Außenstehenden häufig falsche Meinungen verbreitet. Diese sind keine profithungrigen Unternehmen, welche die Ausbeutung der Autoren betreiben, sondern Selbsthilfeorganisationen, also Instrumente in der Hand der Autoren. Das Mitbestimmungsrecht muß in ihnen nicht erkämpft werden. Es ist den Mitgliedern durch die Statuten zugesichert. Das Problem liegt jedoch darin, daß es von den meisten Autoren aus mangelndem Interesse nicht wahrgenommen wird.

Der schon erwähnte Tarif A, der die Pro Litteris innert Kürze zu einer vollwertigen Verwertungsgesellschaft werden ließ, bewährte sich in den ersten Jahren gut. Seine Schwäche machte sich erst im Laufe der Jahre bemerkbar. Sie lag darin, daß sich das literarische Repertoire, im Gegensatz zum musikalischen der Suisa,

48 *Generalversammlung der Pro Litteris am 3.9.1988 in Lugano. Im Vordergrund Franz Hohler, am Mikrofon Erich von Däniken.*

schlecht abgrenzen läßt. Daher zahlte die SRG für ein dehnbares Repertoire einen festen Preis, der am Anfang relativ hoch war. Aber das Sendevolumen wuchs von Jahr zu Jahr, und somit sank der Ansatz pro Minute. Die Ursache dieses Wachstums lag nicht etwa in einer Zunahme der literarischen Sendungen, was an sich positiv gewesen wäre. Vielmehr hatten die Abteilungsleiter im Tarif A ein Mittel entdeckt, ihr Budget zu schonen. Weil dieser durch die Generaldirektion vergütet wurde, hatten sie ein Interesse, ihm immer mehr Wortsendungen zu unterstellen. Das brachte die Pro Litteris in einen finanziellen Engpaß, denn wie schon erwähnt, war der Tarif A nicht durch die Zahl der Sendeminuten, sondern durch die Höhe der Konzessionsgebühren bestimmt.

Nach dem seit 1988 gültigen Tarifvertrag zahlt die SRG für das Repertoire der Pro Litteris keine Pauschale mehr, sondern einen

49 *GV 1988 der Pro Litteris, Foyer des Hotels Splendide Royal in Lugano. Von links nach rechts: Hans Christof Sauerländer, Dr. Ernst Hefti, Dr. Dieter Meier, Karl Govoni.*

Minutenansatz pro gesendetes Werk. Auf diese Weise ließen sich die Nachteile des Tarifs A vermeiden. Es besteht jedoch die Gefahr, daß die SRG aus Sparsamkeitsgründen weniger literarische oder dramatische Sendungen ausstrahlt. Daher bleibt zu hoffen, daß sie sich ihres kulturellen Auftrags bewußt bleibt und bei Finanzknappheit nicht zuerst bei den Sendungen der freischaffenden Autoren zu sparen beginnt.

Im Januar 1981 fällte das Bundesgericht in einem Prozeß der Suisa gegen das Kabelunternehmen Rediffusion ein vielbeachtetes Urteil, das dazu führte, daß die Urheber für das Weitersenden durch Kabel eine Entschädigung geltend machen konnten. Nebst dem materiellen Gewinn hatte das Urteil auch Auswirkungen auf die Struktur der Verwertungsgesellschaften in der Schweiz. Infolge eines Konflikts, der wegen des Weitersendetarifs mit der Suisa entstanden war, lösten sich die beiden Tochtergesellschaften Pro Litteris und Teledrama von ihrer Muttergesellschaft und stellten sich auf die eigenen Füße. Für die Verwertung der Weitersenderechte im audiovisuellen Bereich gründeten die Filmschaffenden eine neue Gesellschaft, genannt Suissimage.

Nachdem der Bundesrat auf Begehren der Autorenverbände die Verwertung des Weitersenderechts der Bewilligungspflicht unterstellt hatte, war das Bundesamt für geistiges Eigentum bemüht, eine möglichst einfache Verwertungsstruktur zu schaffen. Es übte auf die Pro Litteris und die Teledrama einen sanften Druck zur Fusion aus. Dies war durchaus gerechtfertigt, denn es hatte sich inzwischen gezeigt, daß es ein Fehler gewesen war, nach dem Vorbild Frankreichs für die literarischen und die dramatischen Werke zwei verschiedene Gesellschaften zu gründen. Es ist dem damaligen Vorstand der Teledrama hoch anzurechnen, daß er in die Fusion einwilligte, was praktisch dazu führte, daß diese von Beginn an nicht sehr umsatzstarke Verwertungsgesellschaft von der Bildfläche verschwand.

Die Verhandlungen zwischen den Kabelunternehmen und den drei konzessionierten Verwertungsgesellschaften Suisa, Pro Litteris und Suissimage über den Weitersendetarif zogen sich über Jahre dahin. Erst nachdem der Entscheid der Schiedskommission ans Bundesgericht weitergezogen worden war, konnte eine Einigung erzielt werden, freilich auf einem Niveau, das für die Autoren enttäuschend niedrig war. Da die Entschädigung für das Weitersenden in Kabelnetzen von der Pro Litteris auf die Sendegebühren der SRG aufgestockt wird, ergeben sich weder zusätzliche Kosten noch Verteilungsprobleme.

In wenigen Jahren hat sich nun die Pro Litteris, die in den ersten beiden Jahren ihres Bestehens nichts als die bescheidenen Einnahmen aus dem öffentlichen Sendeempfang zu verteilen hatte, zu einer Gesellschaft mit einer vielseitigen Verwaltungtätigkeit entwickelt. Nebst den traditionellen Aufgaben im Bereich des Senderechts nimmt sie heute auch die Verwertung des Reprographie- und des Reproduktionsrechts wahr. Auf letzteres möchte ich in diesem Rahmen nicht eingehen, da es sich um eine Angelegenheit der bildenden Künste handelt.

Auch im Bereich des Reprographierechts, also der Fotokopie, konnte die Tätigkeit erst aufgenommen werden, nachdem das Bundesgericht in einem durch die Pro Litteris angestrengten Prozeß feststellte, daß das Kopieren von geschützten Werken nach geltendem Recht grundsätzlich der Erlaubnis des Urhebers bedürfe, es sei denn, die Kopie werde nur zu privatem und eigenem Gebrauch und ohne Gewinnzwecke angefertigt. Mit Gewinnzweck handelt nach Meinung des Bundesgerichts nicht nur, wer ein Werk vervielfältigt, um sich daraus Einnahmen zu verschaffen, sondern auch, wer durch das Kopieren die Kosten für die Anschaffung der Vorlage einsparen will.[32]

Aufgrund dieser Rechtslage hat die Pro Litteris begonnen, mit einzelnen Branchen und mit der öffentlichen Verwaltung Verträge abzuschließen, in denen die Erlaubnis zum betrieblichen Fotokopieren erteilt wird gegen eine Gebühr von 6 Rappen pro Kopie für ein urheberrechtlich geschütztes Werk. Natürlich ist der prozentuale Anteil der geschützten Vorlagen je nach Branche unterschiedlich hoch. Die Pro Litteris ließ aus diesem Grund in den letzten Jahren durch die neutrale «Schweizerische Gesellschaft für praktische Sozialforschung» in verschiedenen Branchen repräsentative Erhebungen durchführen, die Aufschluß geben über den Anteil des geschützten Kopierguts.

Bei der Verteilung muß davon ausgegangen werden, daß es beim heutigen Stand der Technik nicht möglich ist zu erfassen, welche Werke wie häufig kopiert werden. Daher werden die Entschädigungen an die Urheber bzw. Verleger nach dem Umfang der von ihnen im Handel befindlichen Werkexemplare verteilt. Ich halte es für möglich, daß dieses Verteilungssystem in Zukunft mit Hilfe der EDV-Anlagen noch wesentlich verfeinert und verbessert werden kann.

Sollte demnächst ein alter Traum der Schriftsteller verwirklicht und das Verleihrecht eingeführt werden, wie es im Entwurf zum neuen URG vorgesehen ist, so wäre die Pro Litteris zu dessen

Verwertung bestens vorbereitet. Sie verteilt heute schon die Gelder der VG-Wort für die Bücher von Schweizer Autoren, die in den Bibliotheken der BRD ausgeliehen werden.

Durch die Gründung der Pro Litteris sind den Schriftsteller-verbänden bestimmte Aktivitäten abgenommen worden, wie wir das im Fall der SRG-Verträge gesehen haben. Dafür haben sich andere, neue Aufgaben ergeben, indem die Verbände gegenüber der Verwertungsgesellschaft eine gewisse Steuerungsfunktion übernommen haben. Zwischen den beiden unterschiedlichen Körperschaften muß eine enge Zusammenarbeit bestehen, welche dadurch sicher gestellt wird, daß die Schriftstellersekretäre im Vorstand der Pro Litteris Einsitz nehmen. Letztere hat eine klar umgrenzte administrative Funktion zu erfüllen, während die Verbände einen weiten Fächer von kulturellen und berufsständischen Aufgaben wahrzunehmen haben. Sie besitzt zwar eine wesentlich größere wirtschaftliche Macht, da sie jährlich eine Summe von mehreren Millionen Franken umsetzt, aber in ihrem gesellschaftlichen Ansehen liegt sie hinter den Schriftstellerverbänden zurück. Beide Körperschaften ergänzen sich gegenseitig und können als Teil eines umfassenden Vertretungssystems betrachtet werden.

Das politische Credo der Gruppe Olten

Als erste und folgenreichste politische Aktion der Oltener muß der Austritt aus dem SSV betrachtet werden. Er erfolgte mit der Absicht, gegen die Zivilverteidigungsbuch-Bearbeitung von Zermatten zu protestieren. Wie wir gesehen haben, erreichte er das angestrebte Ziel eines Meinungsumschwungs in der Schweizer Bevölkerung nicht, löste aber innerhalb des SSV eine ernsthafte Krise aus. Nicht nur die Ausgetretenen, sondern auch etliche Autoren, die dem SSV aus Loyalität die Treue hielten, waren mit Zermatten nicht einverstanden und erzwangen schließlich seinen Rücktritt.

Wenn wir in der Geschichte etwas zurückblättern, stellen wir fest, daß der Zermatten-Konflikt keineswegs die erste politische Auseinandersetzung innerhalb des SSV war. Schon zwei Jahre nach der Gründung kam es zur ersten heftigen Auseinandersetzung. Als im Juli 1914 der erste Weltkrieg ausbrach, veröffentlichte der damalige Präsident Ernst Zahn in der deutschen Illustrierten «Über Land und Meer» ein Gedicht mit dem Titel «Sturmlied». Der Ort der Veröffentlichung, aber auch der Kommentar, den Zahn zu seinem Opus lieferte, ließen keinen Zweifel aufkommen, daß seine Sympathie den Deutschen gehörte. Um den Charakter dieses Gedichts näher zu bezeichnen, zitiere ich hier die letzte Strophe:

Hei, wie der Sturm die Fahnen fand!
Laßt fliegen! Laßt fliegen!
Dich grüß' ich noch, mein Vaterland:
«Sterben oder siegen!» [33]

Als daraufhin in der Presse der welschen Schweiz heftige Angriffe gegen den deutschfreundlichen Präsidenten gerichtet wurden und etliche Schriftsteller aus dem SSV austraten, entschloß sich Zahn zum Rück- und Austritt. Die Parallelen zur Zermatten-Krise sind frappant. Bei beiden Präsidenten handelt es sich um Schriftsteller mit einer ausgeprägt vaterländischen Gesinnung, welche bei Zahn durch antifranzösische, bei Zermatten durch antikommunistische Feindbilder beherrscht war. Beide Konflikte nahmen ihren Ursprung in der Westschweiz. Anders als Zermatten war jedoch Zahn nachgiebiger, und so konnte damals die Spaltung verhindert werden.

Eine andere, vielleicht noch tiefer reichende Krise wurde erst nachträglich in ihrer ganzen Tragweite erkannt. Es handelt sich um die Asylpolitik des SSV während der Nazizeit. Eine gewisse fremdenfeindliche Neigung läßt sich bei diesem Verband bis in die Gründerzeit zurückverfolgen. In den ersten Jahren konnten Ausländer gemäß Statuten nicht in den SSV aufgenommen werden. Später wurde die strenge Regelung etwas gelockert, indem Schriftsteller fremder Nationalität als ordentliche Mitglieder aufgenommen werden konnten, sofern sie sich um die «schweizerische Eigenart und das schweizerische Schrifttum» verdient gemacht hatten und das aufnehmende Gremium, das heißt der Vorstand, einstimmig dafür war.

Nach der Machtergreifung Hitlers im Jahr 1933 reisten SSV-Präsident Felix Moeschlin und Sekretär Karl Naef nach Berlin, um mit dem neu gegründeten, von den Nazis beherrschten «Reichsverband Deutscher Schriftsteller» gewisse verbandspolitische Probleme zu besprechen. Die Reise war einerseits wegen der entstandenen Unklarheiten über die Publikationsmöglichkeiten für Schweizer Schriftsteller in Deutschland gerechtfertigt. Andrerseits überraschte aber doch die Eile, mit der sich die SSV-Leitung an die neue Situation anpaßte.

Zur selben Zeit wurde ein Resolutions-Antrag zweier SSV-Mitglieder gegen die Bücherverbrennungen und die Gefangennahme liberaler Schriftsteller durch die Nazis von der Generalversammlung des SSV mit fadenscheinigen Argumenten abgelehnt. Später erlitt der Antrag, der SSV solle den von den Nazis in ein Konzentrationslager gesteckten Carl von Ossietzky für den Friedensnobelpreis vorschlagen, dasselbe Schicksal.

Bereits im Mai 1933 diskutierte die Generalversammlung, welche Haltung gegenüber den Flüchtlingen einzunehmen sei. Sie faßte folgenden Beschluß:

Den prominenten Vertretern des deutschen Schrifttums sowie den literarisch tätigen politischen Flüchtlingen soll der Aufenthalt in der

Schweiz erlaubt werden. Es soll ihnen auch gestattet werden, in unserem Land ihr Brot zu verdienen. Dagegen soll gegen die kleinen Schreiber Stellung genommen werden, die lediglich in die Schweiz gekommen sind, um hier eine Konjunktur auszunützen.[34]

Auf der Grundlage dieses Beschlusses begann SSV-Sekretär Naef eine Gutachtentätigkeit im Dienste der Fremdenpolizei, indem er zu den Asylgesuchen von Schriftstellern und Journalisten Stellung nahm, die von den Nazis verfolgt wurden. Bei einigen befürwortete er die Aufnahme, bei andern lehnte er sie ab. Gute Chancen, bei ihm Gnade zu finden, hatten die reinen Buchautoren, denn bei den ohnehin geringen Publikationsmöglichkeiten kamen diese niemandem ins Gehege. Dagegen empfahl er die Zurückweisung mehrerer bekannter Feuilletonisten, mit der Begründung, diese würden den Schweizern die Arbeit wegstehlen.

Diese Tätigkeit spielte sich in einer Sphäre der Verschwiegenheit ab. Der Vorstand ließ sich über die Details nicht informieren. Die Mitglieder fragten nicht. Der Fleiß des Sekretärs hatte, wie schon gesagt, nicht nur negative Seiten. Mir scheint jedoch allein schon die Tatsache bedenklich zu sein, daß der Vorstand es zuließ, den Verband zum Instrument der Fremdenpolizei zu machen. Erst 1942 wurden von einem seiner Mitglieder Bedenken geäußert. Der ein Jahr später zum neuen Sekretär gewählte Beidler stellte die Begutachtung ganz ein.

Den Oltenern war diese Episode bekannt. Dies hat zwar ihren Entschluß, dem SSV den Rücken zu kehren, nicht direkt beeinflußt. Es wäre völlig verfehlt gewesen, den SSV von 1970 für Vorkommnisse verantwortlich zu machen, die dreißig Jahre früher, in einer völlig andern Zeit, unter einer völlig andern Leitung geschehen waren. Aber indirekt waren die Auswirkungen dieses trüben Kapitels doch spürbar, indem dadurch die Abneigung gegen eine Rückkehr und der Drang zur Autonomie gestärkt wurde. Es gehört mit ins Bild der 68er Generation, daß sie auf Enthüllungen aus der Nazizeit mit großer Betroffenheit reagierte und sich sehr intensiv mit der Frage befaßte, wie solche Katastrophen in Zukunft zu vermeiden seien. Aus dieser Perspektive gibt es durchaus einen Zusammenhang zwischen der fragwürdigen Asyl-politik des SSV in der Nazizeit und dem Austritt der Zweiund-zwanzig.

Wie ich im ersten Teil dieses Buches dargelegt habe, war die Gruppe Olten als politisch aktive Schriftstellervereinigung ge-dacht. Die Bildung eines Freundeszirkels, einer Art schweizerischer Gruppe 47, wurde gerade deshalb verworfen, weil durch diese lockere Organisationsform das politische Engagement nicht genü-gend hätte zum Ausdruck gebracht werden können. Das erste politische Programm, dasjenige des dritten Oltenertreffens vom Oktober 1970, enthielt zwei Punkte: die Ablehnung der bestehen-den Gesellschaftsordnung und die Forderung nach deren Neuge-staltung.

Das Konzept des Gründungsausschusses vom Frühjahr 71 war klar: für die Vertretung der beruflichen Belange sollte die Gruppe einen starken Koalitionspartner, wenn möglich eine Ge-werkschaft finden, während sie für Proteste und andere politische Stellungnahmen autonom bleiben wollte. Der Plan war nicht realistisch.

Wie schon erwähnt, fehlte in den Matter'schen Statuten jeder Hinweis auf ein politisches Programm. Matter war ein kühler Kopf. Er haßte große Worte und dachte gleich wie Vogt, der vor einer extremen Formulierung des Zweckartikels gewarnt hatte. Zudem konnte er sich auf einen Beschluß des vierten Oltener-Treffens abstützen, das den Zweckartikel ebenfalls im Sinne einer bloßen Interessenvertretung gefaßt hatte. Darüber, daß sich die Gruppe auch politisch profilieren sollte, war man sich einig. Erst im Jahr 1974, als sich ein allgemeines Malaise breit machte, weil diese Profilierung nicht gelungen war, wurde ein politischer Zweckartikel in die Statuten aufgenommen.

Wie ich weiter vorn dargestellt habe, hatte mein Vorschlag zur Statutenrevision ganz andere Gründe. Es ging darum, die Kompetenzen der Vorstandswahl und der Mitgliederaufnahme der Generalversammlung zu übertragen, da sich die Regionalgruppen dazu als unfähig erwiesen hatten, was zu einer Blockierung der

232

innern Bewegungsabläufe führte. Für mich war der politische Zweckartikel nicht mehr als ein Zückerchen, womit der widerstrebenden GV der Abschied von den Statuten des populären Mani Matter versüßt werden sollte. Tatsächlich wurde über die organisatorischen Probleme kaum gesprochen. Man feilte nur an der Formulierung der politischen Zielsetzung. Ich zitiere den Zweckartikel hier im Zusammenhang mit den beiden andern, leider oft vergessenen Teilen:

Die Gruppe Olten verfolgt kulturelle, gewerkschaftliche und politische Ziele.

Sie fördert die Verbreitung der Literatur und deren Austausch zwischen Autoren, Sprachgebieten und Nationen.

Sie setzt sich für die Wahrung der wirtschaftlichen und rechtlichen Interessen ihrer Mitglieder ein. Sie ist zum Abschluß von Kollektivverträgen befugt, die ihren Mitgliedern Mindestgarantien verschaffen.

Sie unterstützt politische Bestrebungen auf nationaler und internationaler Ebene, die die gerechte Verteilung der materiellen Güter, die Demokratisierung der Wirtschaft und der öffentlichen Einrichtungen sowie die Wahrung der Menschenrechte bezwecken. Ihr Ziel ist eine demokratische sozialistische Gesellschaft.

Die Formulierung des politischen Ziels ist das Ergebnis einer langen Debatte und hat verschiedene Autoren, was die fehlende Homogenität erklären mag. Der erste Satz, der eine Art von sozialistischem Minimalprogramm enthält, beruht auf der Annahme, daß die GO politisch nicht primär, sondern nur sekundär in unterstützender Funktion tätig sein kann. Der zweite enthält ein Bekenntnis zum demokratischen Sozialismus. Er ist zum eigentlichen Stein des Anstoßes geworden.

Nachdem die neuen Statuten von einer schwach besuchten GV am 7. September 1974 genehmigt und der Text an alle Mitglieder verschickt worden war, trat Hans Boesch, der in der ersten Phase der Vereinsgründung eine wichtige Rolle gespielt hatte, aus der GO aus. Er wolle nicht in einer Schriftsteller-Vereinigung mitmachen, die ihren Mitgliedern eine politische Überzeugung aufzwinge, teilte er mit.

Im Vorstand stellte sich die Frage, ob der neue Zweckartikel bedinge, daß die Kandidatinnen und Kandidaten auf ihre politische Haltung hin überprüft werden müßten. Ich lehnte dies als Gesinnungsschnüffelei ab. Wir verlangten bloß eine Bestätigung, daß das Begehren um Aufnahme in die GO nach Kenntnisnahme der Statuten erfolge. So wird es noch heute gehandhabt. Damit ist es dem einzelnen Kandidaten überlassen, ob er sich einer Vereinigung anschließen will, die sich die Verwirklichung des demokratischen Sozialismus zum Ziel gesetzt hat.

Es läßt sich schwer abschätzen, ob das politische Credo vereinzelt Autoren davon abgehalten hat, der GO beizutreten. Ich vermute, daß es eine gewisse selektive Wirkung ausübt und militante Antikommunisten von einem Beitritt abschreckt. Andrerseits sind in den letzten Jahren Autorinnen und Autoren aufgenommen worden, deren politische Haltung durchaus nicht mit der Formel «demokratischer Sozialismus» definiert werden kann. Ein gewisser Opportunismus scheint gegenüber der Prinzipientreue begünstigt zu werden.

Unter den Mitgliedern lassen sich verschiedene, zum Teil sehr gegensätzliche Haltungen zum politischen Zweckartikel feststellen. Die einen messen ihm eine sehr große Bedeutung zu. Sie reagieren regelmäßig mit Austrittsdrohungen, sobald von irgend einer Seite dessen Streichung zur Diskussion gestellt wird. Die andern halten den demokratischen Sozialismus als politisches Ziel zwar für erstrebenswert, stoßen sich aber an der Diskrepanz zwischen der hohen Zielsetzung und der politischen Passivität der meisten Mitglieder. Eine dritte Gruppierung findet ihn veraltet und möchte ihn durch eine Formulierung ersetzen, welche ökologische und asylpolitische Postulate mitberücksichtigt. Eine vierte lehnt jede Verpflichtung auf eine politische Überzeugung ab und tritt für die ersatzlose Streichung ein.

An der GV vom 11. September 1988 in Frauenfeld wurde ein Antrag des Vorstands auf Modernisierung mit deutlichem Mehr abgelehnt. Die Basis ließ sich nur zu einer Mini-Revision des ersten Satzes bewegen, welcher den folgenden Wortlaut erhielt (die

Änderungen sind kursiv gedruckt): «Sie (die GO) unterstützt politische Bestrebungen auf nationaler und internationaler Ebene, die die gerechte Verteilung der materiellen Güter, die Demokratisierung der Wirtschaft und der öffentlichen Einrichtungen, *den Schutz der Welt vor militärischer und ziviler Zerstörung* sowie die *Verwirklichung* der Menschenrechte bezwecken.»

In der hitzig geführten Debatte zeigte sich deutlich, daß das Bekenntnis zum demokratischen Sozialismus nach wie vor zur Identifikation benötigt wird. Auf die eigentliche Verbandsarbeit jedoch hat es sich kaum ausgewirkt. Mir ist kein Fall bekannt, bei dem es als Entscheidungshilfe hätte dienen können. Dies scheint damit zusammenzuhängen, daß sich aus der Verpflichtung auf den demokratischen Sozialismus keine Norm für die Durchsetzung der kollektiven Interessen der Schriftsteller ableiten läßt. Die Verbandstätigkeit muß auf die gegenwärtige, nicht auf eine utopisch-zukünftige Situation bezogen sein.

Es war der Zweck dieses Buches, den Nachweis zu erbringen, daß die Wirkungslosigkeit des politischen Credos kein Grund zur Verzweiflung ist und daß auf dem Gebiet der Interessenvertretung genügend Spielraum für sinnvolle und dringend notwendige Aktivitäten bleibt. Trotzdem soll nicht verschwiegen werden, daß das Scheitern auf der politischen Ebene, verursacht durch eine zu hohe Zielsetzung, die Gruppe Olten in all den Jahren belastet hat und vermutlich auch in Zukunft belasten wird. Das Malaise äußert sich regelmäßig in Vorwürfen einzelner Mitglieder, der Vorstand sei politisch träge und inaktiv geworden. «Weder literarische noch sozialpolitische Belange wurden zum Thema gemacht in Verlauf der Jahre» beklagte sich Otto F. Walter letzthin in einem Interview.[35]

Walter hat insofern unrecht, als der Vorstand sich die größte Mühe gibt, an jeder GV ein aktuelles literarisches oder gesellschaftspolitisches Thema auf die Traktandenliste zu setzen, wofür die oben erwähnte Versammlung ein Beispiel abgibt. Aber diese Diskussionen lassen keine Spuren zurück, so daß die abwesenden Mitglieder nicht den Eindruck erhalten, etwas verpaßt zu haben.

Die Führungsgruppe ist zwar aktiv, aber es ist ihr nicht gelungen, die Basis zu aktivieren.

Wenn wir einen Blick auf die Resolutionen und Proteste werfen, welche die GO seit ihrer Gründung veröffentlicht hat, so ist der Vorwurf der Passivität ebenfalls kaum berechtigt. In den vergangenen siebzehn Jahren sind nicht weniger als achtzig Verlautbarungen den Medien übergeben worden, die sich zu den verschiedenartigsten Themen äußern. Das Spektrum reicht von Protesten gegen die Inhaftierung regimefeindlicher Schriftsteller in Südkorea bis zur Bitte um vermehrte Berücksichtigung der Schweizer Dramatiker am Zürcher Schauspielhaus. Lag am Anfang das Schwergewicht vor allem bei Menschenrechtsverletzungen und kulturpolitischen Fragen, so tauchen später gelegentlich Stellungnahmen zur Friedens- und Asylpolitik sowie zu ökologischen Problemen auf. In besondern Fällen wurden auch Abstimmungsparolen herausgegeben. Es gab Phasen, in denen der politische Eifer der Gruppe beinahe zu einer Inflation von Protesten führte, was einen Kollegen, der diesem Treiben kritisch gegenübersteht, zur Bemerkung veranlaßte: «Im Dutzend billiger!» –

Der Außenstehende macht sich kaum einen Begriff, wieviel Arbeit hinter all diesen Communiqués steckt. Manche von uns mit größter Sorgfalt ausgearbeiteten Texte wanderten in den Papierkorb der Redaktionen, weil wir die kurze Zeitspanne, in der eine Meldung für die Medien aktuell ist, verpaßt hatten. Das Resultat dieser Bemühungen ist eher ernüchternd. Ich nehme nicht an, daß unser Protest gegen die Terrormethoden des Schahs von Persien oder gegen die Verhängung des Kriegsrechts in Polen in den betreffenden Ländern etwas bewirkt hat. Auch Biermann konnte trotz der von uns geäußerten «tiefen Bestürzung» über seine Ausbürgerung nicht wieder in die DDR zurückkehren. Die Wirkung war im besten Fall eine interne: wir hatten vor der schweizerischen Öffentlichkeit und vor den eigenen Mitgliedern unsere Wachsamkeit, unsern Einsatz für die «gerechte» Sache unter Beweis gestellt.

Tatsächlich resultiert aus der Gewohnheit, zu fast jedem unerfreulichen gesellschaftlichen Ereignis Stellung zu nehmen, ein gewisser Erwartungsdruck. – «Warum hat die GO nicht protestiert?» – Den Vorwurf mußte ich ein paarmal hören. Proteste nutzen sich jedoch sehr rasch ab, und wenn keine echte Empörung derjenigen, die sie verfassen, dahintersteckt, werden sie zur lästigen Pflichtübung. Die Fähigkeit eines Protestschreibers, sich zu empören, stößt bald einmal an ihre Grenzen. Aus all diesen Gründen müßte eine strengere Selektion der Themen, zu denen sich der Verband äußert, vorgenommen werden.

Manchmal besteht bei den Mitgliedern die Tendenz, aus Bequemlichkeit oder fehlendem Mut die eigene Stellungnahme zu politischen Tagesfragen an den Verband zu delegieren. Wenn dieser sich zu einem Unrecht geäußert hat, läßt sich das eigene Schweigen besser rechtfertigen. Auch das Gegenteil kommt vor: daß politisch engagierte, aber wenig beachtete Autoren versuchen, den Verband als Sprachrohr einzusetzen, um ihre eigene Stimme zu verstärken.

Nach meinen Erfahrungen hatten die Verlautbarungen der GO dann Gewicht und wurden von der Öffentlichkeit zur Kenntnis genommen, wenn es um eigene, berufsspezifische Anliegen ging. Auch Protestbriefe an fremde Staatsoberhäupter wegen der Inhaftierung von regimekritischen Schriftstellern können durchaus ihre Wirkung tun. Meist erhält die GO, die in solchen Fällen nicht selber recherchieren kann, die entsprechenden Hinweise von der «amnesty international».

Nach meiner Ansicht besteht für einen Verband der Schriftsteller die moralische Pflicht, auf Menschenrechtsverletzungen hinzuweisen, vor allem dann, wenn dies nicht bereits durch die Medien geschehen ist. Mit meinen kritischen Bemerkungen gegen die Protestflut möchte ich daher keineswegs den Eindruck erwekken, ich sei grundsätzlich gegen jede politische Äußerung des Verbands eingestellt. Aber das Mittel müßte sparsam eingesetzt werden, und die Mitglieder dürften davon nicht zu viel erwarten.

Abschließend möchte ich darauf hinweisen, daß der wirksamste Einfluß auf das gesellschaftliche Geschehen und auf die Veränderung der Denk- und Lebensgewohnheiten einer ganzen

Epoche nicht durch kollektive Aufrufe geschieht, sondern durch das Werk des einzelnen Schriftstellers. Nur dieses vermag bis in die Tiefen der menschlichen Existenz zu wirken. So betrachtet besteht die gesellschaftlich relevante Aufgabe des Verbands nicht in der Abfassung von Protestcommuniqués, sondern in einer effizienten Interessenvertretung, durch welche dem begabten Schriftsteller die materielle Basis zur Vervollkommnung seines Werks gesichert wird. Gerade dann, wenn der Verband es aufgibt, die politische Tätigkeit als sein Hauptziel zu betrachten, wird er auf eine wesentlich wirksamere Weise politisch tätig sein.

50 *Diskussion der Arbeitsgruppen an der GV vom 10./11. September 1988 in Frauenfeld.*

238

51 *Ueli Zingg, Serge Ehrensperger, Markus Werner, Marcel Konrad, Klaus Merz.*
Diese sowie die folgenden Aufnahmen von der GV Frauenfeld.

52 *Gilbert Musy, Renata Münzel, Giovanni Orelli, Anne Cuneo.*

239

53 *Katharina Zimmermann, Walter Landert, Tadeus Pfeifer, Markus Michel, René Regenass, Lukas Hartmann, Isolde Schaad.*

54 *Jürg Amann, Reto Hänny, Walter Gross, Verena Stössinger, Hans Mühlethaler.*

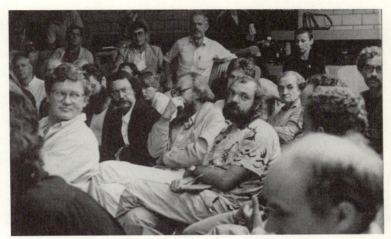

55 GV Frauenfeld 1988

56 GV Frauenfeld 1988

241

Schluß

Die Punkte, auf die es mir in diesem Buch angekommen ist, möchte ich hier kurz zusammenfassen.

1. Die zweiundzwanzig prominenten Autoren, die 1970 aus dem SSV ausgetreten sind, wollten keinen Berufsverband und keine Konkurrenzorganisation zum SSV gründen. Vielmehr schwebte ihnen die Bildung eines «Freundeskreises», einer Gemeinschaft von politisch Gleichgesinnten vor. Die GO ist etwas anderes geworden, als es von den Männern der ersten Stunde beabsichtigt war. Der Widerspruch zwischen dieser Wunschvorstellung und der Wirklichkeit begleitet diese Organisation in ihrer gesamten Entwicklung und ist eine Quelle ständiger Frustration.

2. Die Vorstellung, daß sich in der ersten Phase die gesamte Prominenz für die Verbandstätigkeit engagiert habe, ist eine Legende. Mit der Vereinsgründung begann die innere Abkehr derjenigen, die der jungen Organisation ihren Rang und Namen gaben. Diese hat nie größere Krisen durchgemacht als am Anfang.

3. Als den eigentlichen Gründer betrachte ich Mani Matter, der sich konsequent für die Vereinsgründung eingesetzt und der GO die ersten Statuten gegeben hat.

4. Vom alten SSV hat die GO das Problem der Verbandsunwilligkeit der prominenten Autoren geerbt. Es äußert sich durch Absenz an den Generalversammlungen sowie in der mangelnden Bereitschaft, Funktionen innerhalb des Verbands zu übernehmen. Dieses Abseitsstehen birgt die Gefahr, daß diejenigen, die dem Verband nur aus Prestigegründen angehören, die Verbandspolitik bestimmen, was wiederum die Verbandsunwilligkeit der Prominenten verstärkt und den Verband zu einem «Klub der Erfolglosen» werden läßt.

5. Ich sehe zwei Ursachen dieser ablehnenden Haltung. Zum einen sind die Schriftsteller genauso wie andere Künstler ausgeprägte Individualisten. Sie betrachten die Repräsentation von Interessen, welche die eigentliche Tätigkeit eines Berufsverbands ausmacht, mit Mißtrauen. Diese Skepsis ist insofern berechtigt, als die Überbetonung des Kollektiven zum Kollektivismus verkommen kann, der die Freiheit des Individuums zerstört. Zum andern zeigen berühmte Künstler genauso wie andere renommierte Personen die Tendenz, sich gegenüber untergeordneten Berufskollegen abzugrenzen.

6. Das Problem der Verbandsunwilligkeit ist nicht spezifisch für die GO, sondern für alle Organisationen von Kunstschaffenden, bei denen ein starkes soziales Gefälle zwischen «berühmten» und «unbekannten» Mitgliedern besteht. Es kann nicht durch verwaltungstechnische Maßnahmen beseitigt werden, sondern erfordert von den Führungsleuten des Verbands ein ausgesprochenes Fingerspitzengefühl.

7. Ich betrachte den Werdegang der GO von der rebellierenden Schriftstellergeneration zum Berufsverband nicht als isolierte Erscheinung, sondern als eine Folge der immer größer werdenden Verflechtung ökonomischer Prozesse, die sich durch den einzelnen Autor, er mag noch so berühmt sein, nicht steuern lassen. Ein solche Steuerung läßt sich nur durch Bündelung der Einzelinteressen erreichen. Wenn die Schriftsteller das nicht einsehen, werden sie materiell gegenüber andern Berufsgattungen noch mehr ins Hintertreffen geraten.

8. Auch der Staat wird auf gut funktionierende Berufsverbände immer mehr angewiesen sein, sofern er seine Kulturpolitik auf die Bedürfnisse der Kunstschaffenden abstützen will. Daher wird die Bedeutung der Verbände zunehmen. So betrachtet steht die Konsolidierung der GO zum Berufsverband nicht am Ende, sondern am Anfang einer Entwicklung.

9. Im Lauf der Geschichte der GO ist immer wieder der Wunsch nach einer Fusion mit dem SSV geäußert worden. Entgegen solchen Tendenzen halte ich dafür, daß die gemeinsamen Interessen der Schriftsteller wirksamer vertreten werden können, wenn SSV und GO autonom bleiben. Die Voraussetzung für eine effiziente Interessenvertretung ist freilich nur dann erfüllt, wenn zwischen den beiden Organisationen ein kooperatives Konkurrenzverhältnis besteht, so wie dies in den letzten Jahren der Fall war. Unter diesen Bedingungen führt das Zweiersystem zu keiner Schwächung der Schriftstellerposition und ist auch kein Luxus, sondern stellt einen optimalen Vertretungsmechanismus dar.

Anhang

Anmerkungen

1 Zivilverteidigung. Miles-Verlag Aarau. Auslieferung: Eidg. Drucksachen-
und Materialzentrale, 3000 Bern.
2 Gazette de Lausanne 23. 5. 64
3 Neue Zürcher Zeitung 24. 5. 70
4 ebenda
5 Feuille d'Avis du Valais, Sion 22. 5. 70
6 Der Bund, Bern 26. 5. 70
7 Rundschreiben Dr. Franz W. Beidler, Sekr. SSV, 4. 6. 70, in «Literatur geht
nach Brot», herausgegeben vom Schweizerischen Schriftsteller-Verband,
Verlag Sauerländer, Aarau 1987
8 Brief an den SSV 11. 6. 70
9 Rundschreiben 9. 6. 70
10 Brief vom 26. 6. 70 an Werner Schmidli
11 Brief vom 12. 3. 72 an Dieter Fringeli
12 Rundschreiben an die Ausgetretenen vom 27. 8. 70
13 In «Literatur geht nach Brot»
14 ebenda
15 Neue Zürcher Zeitung 14. 10. 70
16 Hans Werner Richter und die Gruppe 47. Ullstein Buch Nr. 26051. 1981
17 ebenda
18 Farago, Kriesi. Wirtschaftsverbände in der Schweiz. Verlag Rüegger. Grüsch
1986. S.53ff
19 Entwurf 1987 zum neuen URG
20 Hirschmann, Albert O. Engagement und Enttäuschung. Suhrkamp 1984.
S.35ff
21 Baldes, Ambroz, Mottini, Sogne: Schweizer Hörspielautoren bei Radio DRS
22 NZZ Nr. 290/1986
23 Hörspielprogramm Januar–April 1987, Radio DRS
24 Solothurner Literaturtage. Auswertung der Umfrage zur materiellen Situation
der Schriftstellerinnen und Schriftsteller in der Deutschschweiz 1986, zusam-
mengestellt von Rolf Niederhauser.
25 Mills, Theodore M. Soziologie der Gruppe. Juventa Verlag München 1969
26 Olson Mancur, Die Logik des kollektiven Handelns. J.C.B. Mohr, Tübingen
1985. S.13ff
27 Aktennotiz der Pro Helvetia vom 7. 11. 1971
28 Olson Mancur. Die Logik des kollektiven Handelns

29 Georgi, Friedrich. Mitteilungen der Dramatikerunion 3–4, Berlin 1986
30 Protokoll der Ständeratssitzung 9. 10. 85
31 Rahmenvertrag vom 19. 10 1978, abgeschlossen zwischen dem Verband deutscher Schriftsteller in der IG Druck und Papier und dem Börsenverein des Deutschen Buchhandels
32 BGE 108 II 475
33 In «Literatur geht nach Brot»
34 ebenda
35 «Sortiment» Nr. 3/1988

Zeittafel der Gründungsphase

1969 Das Buch «Zivilverteidigung», eine Anleitung für das richtige Verhalten der Zivilbevölkerung im Kriegsfall, herausgegeben vom Eidg. Justiz- und Polizeidepartement, wird an alle Schweizer Haushalte verteilt. Der Teil über die ideologische Form der Krieges löst bei den Linksintellektuellen der 68er Generation Empörung aus.

1970 Der Waadtländer Schriftsteller Franck Jotterand findet heraus, daß sein Kollege aus dem Wallis, Maurice Zermatten, an der französischen Fassung des Zivilverteidigungs-Buchs mitgearbeitet und einige intellektuellenfeindliche Passagen verschärft hat. Zermatten ist Präsident des Schweizerischen Schriftsteller-Vereins(SSV). Zweiundzwanzig prominente Schriftsteller treten aus Protest über diese Mitarbeit aus dem SSV aus. Sie treffen sich in Olten und beschließen die Gründung einer eigenen Schriftsteller-Organisation.

1971 25. April in Biel: Gründungsversammlung der sogenannten «Gruppe Olten». Anzeichen einer ersten Distanzierung der «Prominenz». Generalversammlung vom 13. Juni in Neuchâtel: Genehmigung der von Mani Matter entworfenen «Mini-Statuten». Wahl von Hans Mühlethaler zum Sekretär. Aufnahme der Tätigkeit als Berufsorganisation. Erste Subvention der Pro Helvetia. Bekräftigung der Absicht, die GO neben dem SSV als autonome Schriftsteller-Vereinigung weiterzuführen.

1972 Erste Zusammenarbeit mit dem SSV in berufspolitischen Belangen: Urheberrechtsrevision, Kontakte mit der SRG, Projekt einer Verwertungsgesellschaft.

1973 Organisatorische Krise wegen Versagens der regionalen Zellen («Stammtische»). Konflikt an der GV von Solothurn im Zusammenhang mit der Mitglieder-Aufnahme. Erster Vertrag mit der SRG über wortdramatische Werke.

1974 Genehmigung der neuen Statuten, die ein realistischeres Organisations-Modell einführen und die politischen Ziele der «Gruppe» definieren. Mitbeteiligung bei der Gründung der Verwertungsgesellschaft «Pro Litteris». Übergang zum verbandspolitischen Alltag.

Die Mitglieder

1971

Région romande
Nicolas Bouvier
Pierre Chappuis
Gaston Cherpillod
Jeanlouis Cornuz
Anne Cuneo
Jean Cuttat
Claude Frochaux
Louis Gaulis
Vahé Godel
Franck Jotterand
Roger-Louis Junod
Jean-Jacques Langendorf
Bernard Liengme
Madeleine Santschi
Edgar Tripet
Yves Velan
Michel Viala
Alexandre Voisard
Walter Weideli

Regionalgruppe Basel
Peter A. Bloch
Dieter Fringeli
Martin A. Fromer
Massimo Hauswirth
Elisabeth Kuhn
Christoph Mangold
René Regenass
Werner Schmidli
Hansjörg Schneider
Heinrich Wiesner

Regionalgruppe Bern
Guido Bachmann
Peter Bichsel
Ernst Eggimann
Ludwig Hohl

Pierre Imhasly
Sam Jaun
Ueli Kaufmann
Peter Lehner
Kurt Marti
Mani Matter
Gerhard Meier
Paul Michael Meyer
Hans Mühlethaler
Jörg Steiner
Walter Vogt
Otto F. Walter

Regionalgruppe Zürich
Jürg Acklin
Silvio Baviera
Hans Boesch
Beat Brechbühl
Max Frisch
Walter Gross
Franz Hohler
Louis Jent
Herbert Meier
Jürg Meier
Clemens Mettler
Doris Morf
Adolf Muschg
Paul Nizon
Fredy Murbach
Erica Pedretti
René Peter
Stefan Sadkowski
Manfred Schwarz
Gerold Späth
Peter K. Wehrli
Gerda Zeltner-Neukomm
Manfred Züfle

1988

Scrittori della lingua italiana
Virgilio Gilardoni
Angelo Gregorio
Gilberto Isella
Silvana Lattmann
Alberto Nessi
Giovanni Orelli
Ugo Petrini
Fabio Pusterla
Antonio Rossi
Fabrizio Scaravaggi
Donata Berra Schwendimann
Paolo Di Stefano

Ecrivains de langue française
Ariel
Nicolas Bouvier
Freddy Buache
Pierre Chappuis
Gaston Cherpillod
Jeanlouis Cornuz
Anne Cuneo
Claude Darbellay
Francis Dindeleux
Vahé Godel
Anne-Lise Grobéty
Roger-Louis Junod
Monique Laederach
Jean-Marc Lovay
Benoist Magnat
Juan Martinez
François Masnata
Gilbert Musy
Alex Périence
Gilbert Pingeon
Amélie Plume
Jacque Probst
Odette Renaud-Vernet

Madeleine Santschi
Edgar Tripet
Alexandre Voisard
Jean-Bernard Vuillème
Hughes Wülser

Deutschsprachige
Autorinnen und Autoren
Mario C. Abutille
Jürg Acklin
Kurt Aebli
Felix Aeschlimann
Yadi Ahmadi
Urs Allemann
Jürg Amann
Peter Arnold
Katharina von Arx
Guido Bachmann
Dres Balmer
Christoph Bauer
Margrit Baur
Silvio Baviera
Martin Roda Becher
Carlo Bernasconi
Peter J. Betts
Maja Beutler
Tobias C. Biancone
Peter Bichsel
Simon Bischoff
Silvio Blatter
Peter A. Bloch
Franz Böni
Ernst Born
Res Bosshart
Peter Braunsteiner
Beat Brechbühl
Irena Brezna
Erica Brühlmann-Jecklin
Dominik Brun
Hermann Burger
Ernst Burren
Peter Burri
Pil Crauer

Claude Cueni
Margrit von Dach
Martin R. Dean
Urs Dickerhof
Julian Dillier
Fritz H. Dinkelmann
Hans Döös
Adelheid Duvanel
Rosemarie Egger
Ernst Eggimann
Ursula Eggli
Serge Ehrensperger
Urs Faes
Martin Frank
Dieter Fringeli
Max Frisch
Hans Peter Gansner
Frank Geerk
Christoph Geiser
Manfred Gerig
Alex Gfeller
Franziska Greising
Walter Gross
Hanspeter Gschwend
Antonia Gubser
Roswitha Hamadani
Reto Hänny
Lukas Hartmann
Martin Hauzenberger
Thomas Heckendorn
Bruno Heinzer
Heinrich Henkel
Martin Hennig
August E. Hohler
Franz Hohler
Peter Höner
Rolf Hörler
Otto Höschle
Thomas Hostettler
Urs Hostettler
Kurt Hutterli
Max Huwyler
Pierre Imhasly

Sam Jaun
Hanna Johansen
Jürgmeier
Markus Kägi
Ingeborg Kaiser
André Kaminski
Urs Karpf
Ueli Kaufmann
Christoph Keller
Markus Keller
Jochen Kelter
Fritz Kobi
Marcel Konrad
Christoph Kuhn
Elisabeth Kuhn
Jürg Läderach
Walter Landert
Rolf Lappert
Gertrud Leutenegger
Charles Lewinsky
Romie Lie
Martin Liechti
Charles Lombard
Barbara Luginbühl
Christoph Mangold
Hans Manz
Otto Marchi
Kurt Marti
Mariella Mehr
Niklaus Meienberg
Hansruedi Meier
Herbert Meier
Klaus Merz
Paul Michael Meyer
Elisabeth Meylan
Markus Michel
Francesco Micieli
Doris Morf
Peter Morger
Hans Mühlethaler
Hans-Ulrich Müller
Renata Münzel
Adolf Muschg

Rolf Niederhauser
Paul Nizon
Klara Obermüller
Jona Ostfeld
Paul Parin
Erica Pedretti
Tadeus Pfeifer
Gusti Pollak
Hans Raaflaub
Heinz Reber
René Regenass
Linus Reichlin
Marbeth Reif
Hartlib Rex
Joachim Rittmeyer
Karin Rüttimann
Hans Saner
Isolde Schaad
Toni Schaller
Jürg Schatzmann
Antoine Schaub
Bea Schilling
Werner Schmidli
Hansjörg Schneider
Margrit Schriber
Jürg Schubiger
Marcel Schwander
Manfred Schwarz
Alexander J. Seiler
Arnold Sigrist
Gerold Späth
Flurin Spescha
Franz Stadelmann
Martin Stadler
Toni Stadler
Heinz Stalder
Bruno Steiger
Jörg Steiner
Roland Stiefel
Claudia Storz
Verena Stössinger
Heinzpeter Studer
Bruno Suter

Hans Suter
Jürgen Theobaldy
Daniel Tröhler
Alberigo Albano Tuccillo
Selma Urfer
Walter Vogt
Alfred Wälchli
Otto F. Walter
Beat Weber
Peter K. Wehrli
Jürg Weibel
Heidi Werdenberg – Noll
Markus Werner
Fritz Widmer
Gisela Widmer
Urs Widmer
Werner Wiedenmeier
Heinrich Wiesner
Adolf Winiger
René Wohlhauser
Werner Wüthrich
Hedi Wyss
Peter Zeindler
Katharina Zimmermann
Ueli Zingg
Manfred Züfle

Verzeichnis der Vorstände

25. April 1971	Anne Cuneo (P), Nicolas Bouvier, Hans Mühlethaler, Werner Schmidli, Manfred Schwarz
13. Juni 1971	Ueli Kaufmann ersetzt Hans Mühlethaler, der zum Sekretär gewählt wird.
Herbst 1971	Dieter Fringeli ersetzt Werner Schmidli.
23. April 1972	Manfred Schwarz (P), Anne Cuneo, Dieter Fringeli, Ueli Kaufmann, Edgar Tripet
30. November 1974	Peter Lehner (P), Nicolas Bouvier, Christoph Geiser, Madeleine Santschi, Walter Vogt
6. November 1976	Walter Vogt (P), Jeanlouis Cornuz, Christoph Geiser, Peter Lehner, Madeleine Santschi
6. November 1977	Franz Hohler ersetzt Peter Lehner.
5. November 1978	Yves Velan ersetzt Madeleine Santschi.
4. November 1979	Margrit Schriber ersetzt Christoph Geiser.
9. November 1980	Jeanlouis Cornuz (P), Giovanni Orelli, René Regenass, Margrit Schriber, Manfred Züfle
8. November 1981	Virgilio Gildardoni ersetzt Giovanni Orelli.
7. November 1982	René Regenass (P), Silvio Blatter, Virgilio Gilardoni, Jürgmeier, Monique Laederach
9. Juni 1985	Lukas Hartmann (P), Virgilio Gilardoni, Monique Laederach, Heinz Staler, Hedi Wyss
8. Juni 1986	Giovanni Orelli ersetzt Virgilio Gilardoni.
30. August 1987	Hughes Wülser ersetzt Monique Laederach.
21. November 1987	Jochen Kelter ersetzt Hans Mühlethaler als Sekretär.
11. September 1988	Dres Balmer (P), Franziska Greising, Giovanni Orelli, Heinz Stalder, Hughes Wülser

Bildnachweis

Yvonne Böhler Umschlag, 37, 38, 41–56
Nicolas und Eliane Bouvier 3, 7, 22
Peter Friedli 19
Fotorodo 17
Otto Mühlethaler 39, 40
Claire Niggli 14, 15, 16
Ringier Bilderdienst 2
Rolf Schenk-Ehrsam 20
Schweizerischer Schriftsteller-Verband 11
Weltwoche Archiv 6
Andreas Wolfensberger 4, 5, 8, 9, 10, 12, 13, 23, 24, 27–36